KB040886

"19세기에는 자동차가, 20세기에는 인터넷이 있다면
21세기에는 블록체인이 있다."

_돈 탭스콧(《블록체인 혁명》 저자)

★★★★★

이 책에 쏟아진 찬사

★★★★★

블록체인에 대한 모든 질문의 답을 찾을 수 있는 책! 시공간 좌표가 없는 애매한 다른 기술 트렌드서와 달리 이 책에는 해외 사례는 물론 국내의 최신 사례들을 충실히 다루었다. 누구나 이를 바탕으로 블록체인이 가져올 미래에 대한 합리적인 예측이 가능하다. 블록체인과 ICT 트렌드에 관심 있는 사람이라면 반드시 읽어야 한다.

_최철, SK㈜ C&C 블록체인 플랫폼 그룹장

블록체인의 진화가 비즈니스 생태계를 급격히 변화시키고 있다. 이 책은 블록체인이 산업 전반을 어떻게 바꿔놓을지 날카로운 통찰력으로 꿰뚫어 본다. 또한 어떻게 이를 대비해야 하는지도 체계적으로 제시하고 있다. 생존을 위해 변화와 혁신을 주도하는 기업들에게 좋은 지침서가 될 것이다.

_문홍기, PwC 컨설팅 부대표

금융, 포털, 통신, 게임 등 다양한 분야에서 지식과 경험을 쌓은 저자들이 집필한 국내 최초 '블록체인 트렌드' 책! 디지털 시대에 간과해서는 안 될 중요한 지식을 전달하고 있다. 신뢰와 공유의 기술, 블록체인이 어떻게 우리 사회의 문제를 풀어나갈 것인지 그 해결책과 전망을 보여준다.

_조우근, 가트너코리아 KoreaBD팀 이사

4차 산업혁명 시대의 핵심 기술 블록체인에 대해 이토록 논리적으로 접근한 책은 없었다! 블록체인 기술로 변화할 미래 사회를 비즈니스의 관점에서 실제 사례와 함께 살펴볼 기회가 될 것이다. 앞으로 5년 뒤를 준비하는 사람이라면 반드시 읽어야 한다.

_이원부, 동국대학교 핀테크블록체인학과 교수

세계적인 투자가 워런 버핏은 "암호화폐는 도박이나 다름없다."라고 말했다. 그러면서 그는 블록체인에 대해서만은 '세상을 바꿀 기술'이라고 높이 평가했다. 블록체인은 곧 우리들의 일상에서 진가를 발휘하게 될 것이다. 이 책은 다양한 산업에서 블록체인 도입을 검토하고 있는 이들에게 큰 도움이 되리라 확신한다.

_김준범, 해시그랩(핀테크 블록체인 스타트업) 대표이사

블록체인은 새 시대New Era를 여는 긴 여정의 출발점과 같다. 이 책은 태동기의 블록체인 시장에서 가장 잘 활용될 수 있는 사례들을 분석했다. 블록체인의 기본부터 실무까지 책 한 권으로 습득할 수 있는 좋은 교과서가 될 것이다.

_이동영, 에너지닷(에너지 블록체인 스타트업) 대표이사

비트코인 열풍은 여전히 논란이 되고 있지만 블록체인 기술은 보이지 않는 곳에서 쉼 없이 확산되고 있다. 이 책은 블록체인이 금융 결제와 IT에서 시작해 콘텐츠뿐만 아니라 정치와 사회 전반을 혁신할 가능성을 보여준다.

_이현일, 〈한국경제신문〉 마켓인사이트부 기자

산업을 선도하는 기업들은 이미 블록체인을 활용할 준비를 마쳤다. 이 책은 블록체인이 가져올 미래를 막연하게 제시하지 않고 구체적인 사례로 풀어냈다. 블록체인으로 미래를 만들고자 하는 기업과 사람들에게 길잡이가 될 것이다.

_손예술, 〈지디넷코리아〉 인터넷 금융팀 팀장/기자

블록체인 트렌드
2022-2023

ⓒ 커넥팅랩, 2021

이 책의 저작권은 저자에게 있습니다.
저작권법에 의해 보호를 받는 저작물이므로
저자의 허락 없이 무단 전재와 복제를 금합니다.

블록체인

| 기초 개념부터 투자 힌트까지 쉽게 쓰인 블록체인 교과서 |

트렌드

BLOCKCHAIN TREND

2022 커넥팅랩 지음 2023

비즈니스북스

블록체인 트렌드 2022-2023

1판 1쇄 발행　2021년 8월 31일
1판 11쇄 발행　2022년 11월 28일

지은이 | 커넥팅랩
발행인 | 홍영태
편집인 | 김미란
발행처 | (주)비즈니스북스
등　록 | 제2000-000225호(2000년 2월 28일)
주　소 | 03991 서울시 마포구 월드컵북로6길 3 이노베이스빌딩 7층
전　화 | (02)338-9449
팩　스 | (02)338-6543
대표메일 | bb@businessbooks.co.kr
홈페이지 | http://www.businessbooks.co.kr
블로그 | http://blog.naver.com/biz_books
페이스북 | thebizbooks
ISBN　979-11-6254-227-9　03320

* 잘못된 책은 구입하신 서점에서 바꾸어 드립니다.
* 책값은 뒤표지에 있습니다.
* 비즈니스북스에 대한 더 많은 정보가 필요하신 분은 홈페이지를 방문해 주시기 바랍니다.

비즈니스북스는 독자 여러분의 소중한 아이디어와 원고 투고를 기다리고 있습니다.
원고가 있으신 분은 ms1@businessbooks.co.kr로 간단한 개요와 취지, 연락처 등을 보내 주세요.

부의 대격변,
블록체인이 주도한다

2017년 비트코인 가격이 급등하며 주목받았던 암호화폐가 4년 만에 최고가를 경신하며 다시 이슈가 되었다. 코로나19 극복을 위해 각국 정부가 적극적인 재정 정책을 펼치며 유동성이 확대되자 자금이 암호화폐로 유입되는 현상이 나타난 것이다. 여기에 기관 투자자들과 일부 기업들이 암호화폐 투자를 시작하고, 미국 최대 암호화폐거래소인 코인베이스_{coinbase}가 나스닥에 상장하는 등 암호화폐가 투자자산으로 인식되는 움직임들이 이어졌다.

　물론 이러한 암호화폐의 인기가 얼마나 지속될지는 모르지만 2017년의 급등 때보다 더 많은 관심이 집중되고 있는 건 사실이다. 여기에 암호화폐를 구현하는 블록체인 기술 자체에 대한 관심도 높아지고 있다. 전 세계 여러 나라에서 블록체인을 기반으로 백신 여권이 논의되고, 디지털 콘텐츠에 블록체인이 적용되어 거래되고 있으며, 블록체인이 적용된 금융 서비스인 디파이DeFi, Decentralized Finance가 등장하는 등 우리의 실생활에 영향을 미칠 만한 서비스들이 선보이고 있는 것이다.

블록체인은 거래 정보 등의 데이터가 담긴 블록Block이 마치 사슬Chain처럼 순차적으로 연결된 원장을 말한다. 한 번 기록된 정보는 변경할 수 없고, 해킹이나 위조도 불가능한데, 여러 참여자가 동일한 블록체인을 보유하고 있어서 서로 간의 원장을 대조하는 것으로 쉽게 보안을 유지할 수 있다. 이러한 블록체인의 특성을 활용해 악의적인 의도로 접속하는 디바이스를 걸러내거나 해킹, 부정 거래 등 보안에 위협이 되는 행동을 제한할 수 있게 된다. 블록체인에 대한 세부 내용은 책의 본문에 상세히 설명되어 있으니 지금은 개념적인 이해만으로도 충분하다.

블록체인으로 나타나는 큰 변화 중 하나는 '거래'의 개념을 재정의한다는 것이다. 현시대에서 이뤄지는 대부분의 거래는 중개자를 통해 진행된다. 온 · 오프라인 쇼핑몰에서 상품의 신용거래는 카드사가, 부동산 매매를 위한 임대인과 임차인의 거래는 공인중개사가, 해외 송금을 위한 외환거래는 은행이 거래를 중개한다. 중개자들은 거래하는 상대방의 신원과 상품을 보증하는 역할을 하는데, 특히 인터넷의 등장 이후 타인과의 거래를 위해 중개자의 존재는 필수가 되었다. 그 결과로 안전하고 효율적인 거래가 가능해졌지만 수수료라는 거래 비용이 가중되었다.

블록체인은 중개자라는 '신뢰'의 역할을 대체할 수 있다. 위조가 불가능한 원장 기반의 데이터로 거래를 중개하는 것이다. 이는 중개 수수료로 인한 거래 비용을 제거하거나 최소화할 수 있다는 것을 의미한다. 그리고 위조가 불가능한 블록체인의 특성을 통해 참여자들의 신원도 보증할 수 있는데, 이로 인해 거래의 주체가 사람에서 '사물'까지 확대된다. 블록체인 기반의 암호화폐를 결제 수단으로 활용하여 냉장고가 우유를 주문하고, 자율주행차가 주차장에서 주차료를 정산하는 모습 등 사물의 경제 활동을 머지않아 보게 될 것이다.

이 책에서는 블록체인이 왜 주목받고 있는지, 어떠한 서비스를 주목해야 하는지에 대해 다루었다. 특히 블록체인 분야를 금융, 유통, IoT, 콘텐츠로 나누어 국내외 주목할 만한 서비스들을 소개하고, 트렌드에 대해 설명했다. 또한 블록체인으로 인해 달라질 가까운 미래를 예측하기도 했다.

최근까지 블록체인, 비트코인의 전망 등을 다룬 책이 수없이 출간됐지만 기초적인 개념부터 산업 트렌드까지 세밀하게 다룬 책은 이 책이 유일하다. 특히 글로벌 상황뿐만 아니라 국내 블록체인 산업 동향과 비전을 상세하게 소개했다는 데 의의가 있다. 현실적으로 비즈니스에 적용하는 데 도움이 될 것이다.

이 책은 IT, 모바일, 금융, 커머스 등 다양한 분야의 현장 전문가들이 함께하는 포럼인 커넥팅랩을 대표하여 다섯 사람이 공동으로 집필했다. 이 책이 나오기까지 수고한 공동 저자들과 그 가족들에게 감사의 인사를 전한다. 아울러 늘 함께 다양한 주제를 연구하는 커넥팅랩 전체 멤버들에게도 고마움을 전한다. 많은 독자들이 블록체인을 이해하는데 이 책이 조금이나마 도움이 되기를 간절히 바란다.

저자들을 대표하여

현경민

제1장

블록체인이 미래다

제2장

금융, 블록체인을 만나다

: 비트코인부터 **CBDC**까지, 금융 산업이 완전히 재편된다

제3장

유통, 블록체인을 만나다

: 식품부터 부동산까지, 모든 것이 기록되는 세상이 찾아온다

제4장

IoT, 블록체인을 만나다

: 모든 것이 연결된 세상, 스마트 시티가 현실화된다

제5장

콘텐츠, 블록체인을 만나다

: NFT부터 메타버스까지, 콘텐츠 생태계의 새로운 법칙이 탄생한다

제6장 블록체인이 세상을 바꾸는 방식

누가 블록체인 왕좌를
차지할 것인가

미국의 시장조사업체 가트너Gartner는 2018년 비즈니스에 영향을 줄 10대 기술 중 하나로 블록체인 기술을 선정했고, 그 부가가치가 2030년에 3조 1,000억 달러(약 3,530조 원)까지 성장할 것으로 전망했다. 또 다른 시장조사기관 포춘 비즈니스 인사이트Fortune Business Insight의 2020년 5월 자료에 따르면 전 세계 블록체인 시장은 2017년 16억 4,000만 달러(약 2조 원)에서 매년 38퍼센트씩 급성장하며 2025년에는 210억 7,000만 달러(약 24조 원)에 달할 것으로 예상했다.

2017년 국내에서도 행정자치부가 전자정부 50년을 맞아 지능형 정부를 이끌어 갈 10대 기술 중 하나로 블록체인을 선정한 바 있다. 특히, 한국과학기술정보연구원은 2016년 201억 원 규모였던 국내 블록

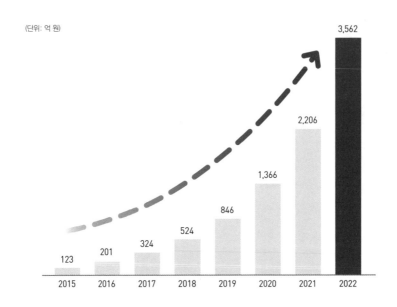

■ 도표 0-1 **블록체인 국내 시장 규모**

(단위: 억 원)

출처: 한국과학기술정보연구원

체인 시장이 2022년 3,562억 원 규모로 성장할 것으로 내다보았다(〈도표 0-1〉).

　이처럼 다양한 기관에서 블록체인 시장의 미래를 밝게 보는 이유는 간단하다. 블록체인이 인터넷과 같은 기반 기술로 평가받기 때문이다. 세계적인 미래학자 돈 탭스콧 Don Tapscott은 "19세기에 자동차가, 20세기에 인터넷이 있다면 21세기에는 블록체인이 있다."고 평가했다.

　인터넷을 상징하는 키워드가 확장이라면, 블록체인을 상징하는 키워드는 신뢰다. 신뢰 관계 구축을 위해 투입되던 비용과 시간을 블록체인으로 축소할 수 있기 때문이다. 특히 복잡한 구조를 가진 유통 분야나 자산의 소유를 증명해야 하는 자산관리, 중개자를 배제한 거래 분야에 유용할 것으로 예상된다.

예를 들어 식료품의 유통 과정을 블록체인에 기록해 투명하게 공개하고, 원산지 같은 정보들을 조작하거나 변경할 수 없도록 관리할 수 있다. 또 고가의 상품이나 부동산 같은 무형 자산을 비롯해 음악이나 사진 같은 디지털 자산의 소유 여부를 블록체인에 기록해 간편하게 증명할 수 있다. 또한 외환 송금을 할 때 중개은행을 거쳐야 하는 복잡한 구조를 블록체인으로 대체해 중개 수수료를 절감하고, 송금 기간도 단축할 수 있다.

세계경제포럼WEF, World Economic Forum과 글로벌 IT기업 시스코Cisco는 각각 2025년과 2027년이 되면 전 세계 GDP의 10퍼센트가 블록체인에서 발생할 것이라고 전망했다. 다양한 시장조사업체들도 블록체인 산업 분야가 성장하고, 이를 토대로 새로운 비즈니스 생태계가 조성될 것이라고 예측하고 있다. 주요 국가의 정부에서도 블록체인 트렌드에 발맞춰 블록체인 산업을 육성하기 위한 시도를 이어가고 있다.

가장 대표적인 국가가 중국이다. 중국에서는 암호화폐를 엄격히 규제하지만 블록체인 기술은 적극적으로 지원하겠다는 기조를 내세운다. 다양한 육성책을 시행하면서 지방 정부별로 블록체인 발전정책을 발표하고 지원 기금을 조성하며 연구소까지 설립하고 있다. 지식재산권 데이터베이스 운영업체 아스타뮤제Astamuse는 미국, 중국, 한국, 일본, 독일 등 5개국의 2009~2018년 블록체인 특허 중 64퍼센트(7,600

여 건)가 중국에서 출원되며 1위로 집계되었다고 밝혔다. 이는 동기간 내 미국 특허 출원 수의 3배에 달하는 수치다. 시진핑 주석이 '블록체인은 획기적인 기술로 경쟁력 혁신을 가져올 수 있는 돌파구'라고 강조했던 의지가 반영된 결과다.

반면 일본은 암호화폐 자체를 활성화하기 위한 정책들을 시행하고 있다. 2016년에 자금결제법을 개정하면서 암호화폐를 공식 결제 수단으로 인정했다. 일본은 경제 규모 대비 현금의 사용량이 70퍼센트에 달한다. 우리나라와 중국의 비현금 결제 비중이 각각 90퍼센트와 60퍼센트인 것을 생각하면 비정상적인 수치다. 이런 현상을 타개하기 위한 방안 중 하나로 암호화폐를 선택한 것이다. 비록 2018년 1월에 암호화폐거래소 코인체크Coincheck에서 580억 엔(약 6,000억 원) 상당의 암호화폐가 해킹되는 사건이 발생해 주춤거리긴 했지만 그 기조는 계속 유지되고 있다. 특히 코로나19 이후 손으로 전달되는 현금에 대한 불안감이 높아지는 현상은 비현금 결제 방식의 점유율을 상승시키고, 암호화폐 결제 보급에도 영향을 미칠 것으로 보인다.

미국은 민간 기업들과 함께 암호화폐 규제와 블록체인 산업 육성을 동시에 진행하고 있다. 미국 국세청IRS은 암호화폐를 자산으로 인정해 세금을 부과하고 있으며, 세금을 미납한 채무 상환자 중 암호화폐 보유자들의 지분을 압류할 수 있다고 경고하기도 했다. 미국 증권거래위원회SEC도 암호화폐를 디지털 자산으로 분류해 관리하려는 움직임을 보이고 있다. 암호화폐 자체를 제도권 내로 편입시켜 규제하겠다는 의도로 해석된다.

2020년 12월 글로벌 시장전문기관 CB인사이트와 블록데이터는 2,700여 개의 블록체인 기업 중 유망한 기업 50개를 선정하여 '블록체인 50'을 발표했다. 이 자료에 따르면 전 세계의 혁신적인 기업들이 포함되었지만 60퍼센트에 해당하는 30개사의 본사가 미국 내에 위치한 것으로 나타났다. 또한 세계 최대 비즈니스 SNS 서비스 링크드인 Linkedin 은 블록체인 인재 중 가장 많은 비중인 25퍼센트가 미국에 있다고 밝혔다.

우리나라에서는 ICO Initial Coin Offering(가상화폐공개) 전면금지를 발표한 이후 암호화폐에 대한 부정적 시각을 유지한 채, 과학기술정보통신부 주관으로 블록체인 산업을 육성을 위한 시범사업들을 진행하고 있다. 과학기술정보통신부는 2021년에 전년 대비 55퍼센트가 증가한 531억 원의 예산을 투입하여 블록체인 산업을 육성할 예정이다. 그동안 시범사업으로 우수한 성과를 보였고, 도입 시 파급력이 높을 것이라 판단되는 사회복지(보건복지부), 투표(중앙선거관리위원회), 신재생에너지(산업통상자원부), 우정고객관리(우정사업본부), 기부(민간) 등 5개 분야에 대한 확산 사업을 진행하고 새로운 시범사업도 함께 추진할 예정이다. 또한 데이터 경제를 위한 블록체인 기술개발 사업도 본격적으로 추진하여 2025년까지 약 1,134억 원을 투입할 예정이다.

한편 국내 기업들도 블록체인을 기반으로 한 서비스를 선보이고 있다. 삼성전자는 갤럭시 S10 모델부터 블록체인 월렛을 단말에 탑재하기 시작했고, 카카오는 2019년에 블록체인 관련 자회사 그라운드X를 통해 블록체인 메인넷 '클레이튼' Klaytn 을 선보인 후 다양한 파트너사들과 블록체인 기반 서비스들을 출시하고 있다. 삼성전자와 그라운드X는 2019년 9월에 컬래버레이션을 통해 갤럭시노트 10 기반의 클레이튼폰을 출시하기도 했다. 또한 네이버는 일본 자회사인 라인_{LINE}이 개발한 암호화폐 링크_{LINK}를 통해 다양한 생태계를 구축하고 있고, SK텔레콤은 블록체인 기반의 전자증명 서비스를 준비 중이다. 이외에도 다양한 기업과 스타트업에서 관련 서비스가 출시될 예정인 만큼 앞으로 어떤 기업이 블록체인 플랫폼을 선점할지 귀추가 주목된다.

블록체인 신인류의 등장

전 세계적으로 높아지고 있는 블록체인에 대한 관심은 인력 확보 경쟁으로도 이어지고 있다. 링크드인에 따르면 2020년 가장 수요가 많은 핵심 전문 능력으로 AI, 빅데이터 등이 아닌 블록체인을 꼽았다. 전년도에는 순위권 밖이었던 블록체인이 1위를 차지한 것이다.

'2020년 중국 블록체인 인재발전 연구보고서'에 따르면 중국 내 블록체인 업계 종사들의 연봉은 상대적으로 높은 연봉군인 인터넷 업계 종사자들보다 더 높았고, 그중 50퍼센트가 30만 위안(약 5,300만 원) 이상의 높은 연봉을 받는 것으로 나타났다. 평범한 직장인들의 평균 연봉이 10만 위안(약 1,800만 원) 수준임을 고려한다면 높은 금액이다. 블록체인의 인재 수요가 지속적으로 증가하고 있기 때문이다.

중국이 블록체인 산업을 육성하고 있는 국가임을 감안하고 봤을 때 다른 국가들도 크게 다르지 않음을 유추할 수 있다. 국내에서도 코로나19로 인해 전반적인 인력 채용 규모가 줄었음에도 블록체인 업계에서는 2020년의 채용 규모를 늘렸다고 한다.

한편 블록체인 신인류의 등장도 예상된다. 이른바 블록체인 노마드Blockchain Nomad족이다. 노마드란 하나의 라이프스타일로, 유목민처럼 세계를 떠돌면서 원격으로 일하는 사람들을 뜻한다. 이들은 취업을 하는 대신 전문성을 무기 삼아 프리랜서로 활동하면서 일과 생활의 밸런스를 맞춰 가며 자유롭게 살아간다. 블록체인 기술은 이들에게 노마드로 살아갈 수 있는 전문성의 원천이 된다.

또한 산업 자동화의 과도기에 접어들어 모든 산업 분야에서 구조적 실업이 심화될 것으로 예상된다. 이런 배경이라면 고정적인 직업과 직장을 갖기 위해 취업 전선에서 재수와 삼수를 거듭하는 대신 자유로운 블록체인 노마드가 되는 것은 어쩌면 필연적인 선택일 것이다.

이처럼 완전 인공지능 사회의 과도기에는 고등교육을 수료한 블록체인 노마드가 전 세계를 자유롭게 누비며 단순한 노동 제공뿐만 아니라 법률, 의료와 같은 다양한 전문 분야에서 활동하는 모습을 보게 될 것이다.

이제부터 블록체인이 무엇인지 개념을 파악한 뒤 실제로 금융, 유통, IoT, 콘텐츠와 같은 분야에서 어떻게 활용되고 있으며 향후 어떤 방향으로 발전해 나아갈지 살펴보도록 한다.

블록체인 전망 개요

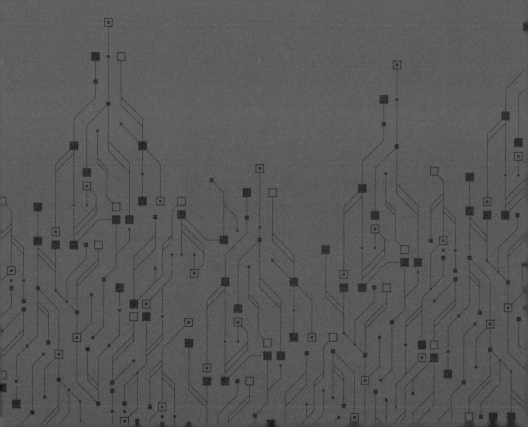

블록체인과 금융이 만나면
디지털 금융 혁명,
일상이 되다

"2025년까지 전통적 금융 서비스는 지역별로
핀테크 기업들에게 최대 50퍼센트 시장이 잠식당할 것이다!"

– 시티그룹 보고서(2018)

금융업은 생존을 위한 변화와 혁신을 거듭해 왔다.

현재의 금융은 그동안의 수많은 기술이 만든 결과물이다.

블록체인 기술은

인터넷혁명이 불러온 인터넷뱅킹과 스마트뱅킹을 뛰어넘는

혁신을 가져올 것이다.

블록체인으로 이용자 간 직접 거래가 활성화되면서

중개자의 역할은 점차 축소된다.

대표적인 금융 중개기관인 은행, 카드, 증권사의 역할이

사라지거나 일부 대체될 수 있다.

미래 세대의 금융은

과거 또는 현재의 금융 프로세스와

완전히 다른 방식으로 작동하게 될 것이다.

블록체인과 유통이 만나면 : 식품

언제 어디서든
안심하고 먹을 수 있는 사회

"돼지고기부터 참치까지, 블록체인으로 유통의 전 과정을 추적하여
신뢰를 더하고 비용을 절감시킨다."

유통 산업과 ICT기술이 접목되면서

이커머스, 모바일 결제, 물류 시스템 분야에

혁신이 지속되어 왔다.

최근에도 유통 공급망의 다변화와 전문화를 통한

온 · 오프라인의 연결, 데이터 기반의 소비자 맞춤 서비스,

융복합 기술의 적용 등 활발한 변화가 일어나고 있다.

유통은 블록체인을 통해

'초신뢰 유통'으로 거듭날 전망이다.

이렇듯 탈중앙화, 보안성, 확장성, 투명성으로 대표되는

블록체인은 무엇보다 유통과 접목되었을 때 더욱 빛을 발한다.

식품 유통 과정에서 발생하는 데이터들을 블록체인에 적재한다면

원산지, 배송 과정, 보관 상태 등의 다양한 정보들을

순차적으로 추적할 수 있어 식품의 신뢰도를 높일 수 있다.

블록체인과 유통이 만나면 : 부동산
위변조·허위 거래의 근절, 부동산 시스템이 진화하다

"공인중개사 없이도 안전한 거래가 가능하여
누구나 손쉽게 집을 구할 수 있다!"

블록체인은 신뢰가 중요한 분야에서 더욱 빛을 발한다.
특히 '정보 기록의 유지'와 '업데이트의 신속성'이
중요한 부동산 산업이 대표적이다.
거래 기록을 정확하게 남길 수 있는 특징이 장점으로
작용하기 때문이다.
블록체인으로 부동산 소유권을 기록하게 되면 이력을 통해
현재의 소유권 상태를 실시간으로 알 수 있다.
또한 허위 매물 등록이나 거래가 원칙적으로 불가능해
사기 문제를 효과적으로 방지할 수 있다.
뿐만 아니라 인증 과정이 간소화되고,
소유권 이전 비용도 절감돼
부동산 거래가 이전의 공식으로 통용되지 않는다.
기존 부동산 산업의 근간이 완전하게 바뀌는 것이다.

블록체인과 IoT가 만나면

모든 것이 연결된
스마트 시티에 살다

"블록체인은 IoT의 한계를 극복하고,
잠재력을 극대화시킬 수 있는 기술이다!"

– 맥킨지 보고서(2015)

미래의 IoT 세상은 다양한 기기들이 연결되어 서로 데이터를
주고받는 것을 넘어
주체적인 의사결정을 하는 형태로 발전할 것이다.
이런 사회를 만들기 위해 선결될 점은 바로
IoT의 디바이스 '보안'과 '속도'이다.
중앙화 시스템에 최적화된 IoT는 한번 해킹당하면
속수무책으로 무너진다.
그런데 '탈중앙화' 성격의 블록체인과 IoT가 강력하게 결합하면
IoT의 태생적 약점이 해결된다.
20년 후 세계 GDP의 70퍼센트의 경제 규모는 '스마트 시티' 혹은
'블록체인 시티'에서 발생할 것이라고 한다.
이러한 움직임에 발맞추기 위해서는
반드시 블록체인에 대한 제대로 된 이해가 필요하다.

메타버스가 촉발한
새로운 콘텐츠 세상이 열리다

"거대 플랫폼, 언론사 들에 휘둘리지 않고,
자신만의 콘텐츠로 정정당당하게 승부할 수 있는 세상이 도래한다!"

블록체인으로 콘텐츠 생태계의 참여자들이
중개자를 통하지 않고도 거래할 수 있으며,
빠르고 효율적으로 콘텐츠와 관련 정보에 접근할 수 있다.
중개자가 사라지자 기존 시스템이 가진
비민주적인 방식의 일부 문제들이 해결되고,
효율성도 개선된다.
코로나19로 비대면 생활이 일상화되면서
메타버스 기술이 급격하게 발전했다.
이는 콘텐츠 생태계에 가장 먼저 변화를 가져다주었다.
가상 세계와 현실을 넘나드는 콘텐츠들이
산업의 주류로 자리매김하면서 새로운 세상이 열린 것이다.
블록체인은 메타버스 기술의 아직 미결된 과제들을 해결할
유일한 도구로서 중요한 역할을 할 수 있다.

블록체인과 저널리즘이 만나면

사실 Fact 과 진실 Truth 이
존중받는 사회

"공정한 언론, 신뢰받는 언론, 투명한 언론…
블록체인 기술 하나면 더 이상 신화가 아니다!"

블록체인이 저널리즘에 적용되면서 저널리스트,
즉 콘텐츠 제작자가 신중하게 소신을 가지고
직업에 임할 수 있는 발판이 마련되었다.
독자들이 기사에 이의를 제기할 수 있고,
모든 기사의 작성 기록이나 수정사항을
기록으로 남기는 저널리즘 플랫폼이 등장한다.
따라서 기자는 기사를 작성할 때 사실 확인을 거치고
치밀한 조사를 통해 자신이 제기한 의혹이 정당한지를
돌아보게 된다.
또한 수익성과 효율성을 위해 불필요한 중개자들이 사라진다.
콘텐츠를 작성하는 저널리스트와 뉴스 소비자,
광고주를 블록체인이 직접 연결하기 때문에 언론사 자체가
사라질 수도 있다.

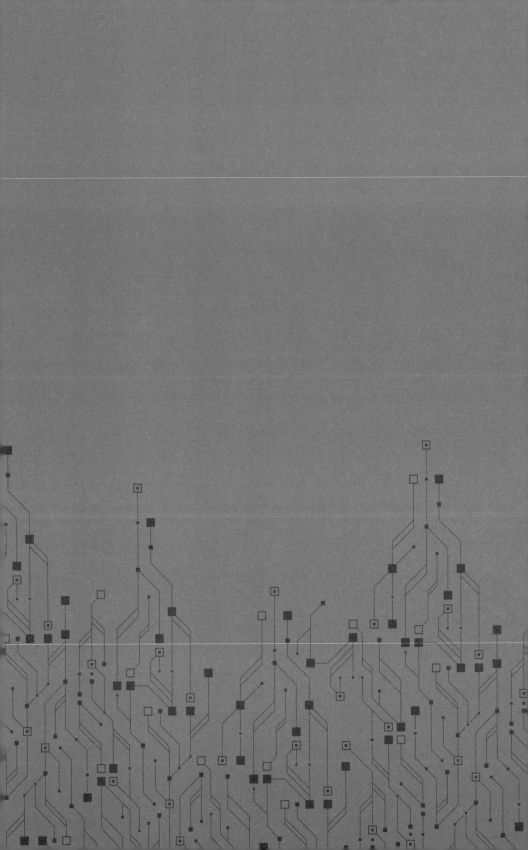

제1장

블록체인이 미래다

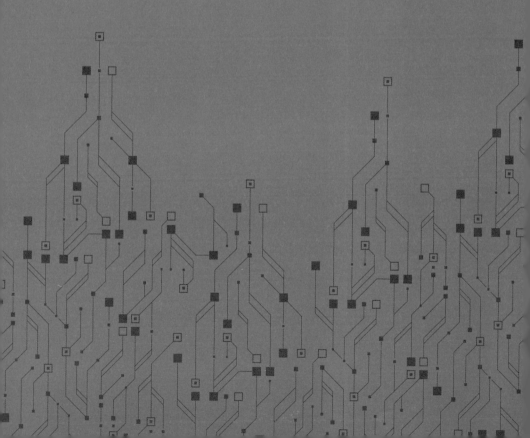

1
블록체인,
한 번에 이해하기

블록체인의 핵심 원리

2010년 5월 18일, 한 온라인 커뮤니티에서 재미있는 이벤트가 있었다. 미국 플로리다에서 한 프로그래머가 암호화폐 비트코인으로 피자 두 판을 사고 싶다는 글을 올린 것이다. 피자 두 판의 가격으로 제안한 것은 1만 비트코인이었다. 당시 피자 두 판의 가격은 약 30달러였고, 1만 비트코인의 가격이 41달러 정도인 것을 감안하면 수지타산에 맞지 않는 거래였다. 하지만, 그의 목적은 비트코인이 실제 생활에 사용될 수 있는지를 테스트하는 것이었다. 며칠 뒤인 2010년 5월 22일, 그는 피자 두 판이 담긴 인증샷과 함께 거래가 성공되었음을 커뮤니티에 공개했다. 이때부터 사람들은 비트코인으로 첫 실물 상품을 결제해 화폐로서의 가치가 입증된 것을 기념하기 위해 매년 5월 22일을 '비트코인 피자데이'로 부르기 시작했다.

이후 비트코인은 투기세력들이 몰리기 시작하면서 등락을 거듭한다. 국내 비트코인 시세는 2021년 4월, 약 8,000만 원에 달하며 최고가를 경신했다. 당시 시세를 반영하여 2010년에 비트코인으로 결제했던 피자 한 판의 가격을 계산하면 4,000억 원이나 된다.

블록체인은 '나카모토 사토시'라고 불리는 익명의 프로그래머가 2009년에 만든 암호화폐 비트코인의 핵심 기술이다. 비트코인이라는 암호화폐 열풍에 가려져 크게 주목받지 못했지만 최근에는 4차 산업혁명을 선도할 기술이라는 평가도 받고 있다.

블록체인이 주목받는 가장 큰 이유는 분산원장distributed ledger 기술을 기반으로 거래를 구현하기 때문이다. 원장ledger은 거래를 기록하고 확인할 목적으로 보관하는 거래 내역 장부를 말한다. 기존에는 보안을 위해 정부나 기업 같은 관리 주체의 중앙 서버에 원장을 보관했다.

하지만 분산원장은 중앙 서버가 아닌 사용자들의 저장 공간에 보관되고 사용자들에 의해 관리된다. 관리 주체가 담당하던 거래 내역 검증과 부정 거래 탐지 역할도 사용자 간 합의를 통해 자체적으로 수행한다. 한마디로 일반 사용자의 상위에 존재했던 중앙기관, 규제기관, 중개기관 같은 제3자가 필요 없다. 이것이 블록체인의 가장 대표적인 특징인 탈脫중앙화다. 그렇다면 블록체인은 어떻게 '중앙'의 역할을 대체할 수 있는 것일까? 최초로 블록체인을 세상에 등장시킨 비트코인의

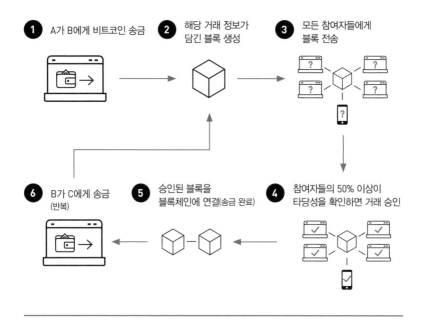

거래를 예로 들어 보자(〈도표 1-1〉).

참고로 개발자가 아니라면 복잡한 블록체인의 거래 과정을 상세히 알 필요는 없다. 다음의 설명은 가볍게 읽어 보거나 또는 건너뛰고 뒤에서 논의할 '블록체인의 네 가지 특징'을 바로 읽어도 무방하다.

A가 B에게 비트코인을 송금했다고 가정하자. 송금을 시도하는 순간, 거래 정보가 담긴 블록block이 생성되어 참여자들에게 전송된다. 참여자들은 블록을 검증해 원장에 연결하기 위한 작업증명PoW, Proof of Work(P2P 네트워크에서 컴퓨터 연산 작업을 신뢰하기 위해 시간과 비용을 들

여 참여 당사자 간 간단히 검증하는 방식) 과정인 채굴mining을 시작한다. 채굴은 블록이 생성될 때 랜덤으로 생성된 64자리의 문자열 중 19개를 맞추는 과정이다. 별다른 공식이 있는 것이 아니라 문자를 하나하나 대입해서 지정된 암호를 맞춰야 하기 때문에 경쟁자보다 더 많이, 더 빠르게 시도할수록 유리하다. 채굴을 위한 고가의 전문 장비가 등장하는 것도 그런 이유 때문이다.

채굴에 성공할 경우에는 그 결과를 다른 참여자들에게 공유해 검증을 받게 된다. 이는 정상 거래 여부를 각자가 가진 원장과 비교해 판단하는 과정이다. 각 블록에는 바로 이전 블록의 다음임을 증명하는 '해시'hash가 담겨 있다. 해시는 이전 블록의 내용을 요약해 암호화한 데이터로, 블록들이 순서대로 연결되어 있다는 것을 증명한다. 이는 계약서처럼 중요한 서류가 여러 장일 때 앞장과 뒷장이 이어져 있음을 증명하기 위해 간인間印을 찍는 것과 같다(〈도표 1-2〉).

참여자들은 새로 만들어진 블록의 해시가 자신이 가진 원장의 마지막 블록의 해시와 일치하는지, 거래에 사용된 비트코인이 적법한지를 판단한다. 참여자 중 50퍼센트 이상의 동의를 받으면 정상 거래로 인정되어 채굴자에게 보상으로 비트코인이 지급된다. 그리고 거래 블록은 원장의 마지막 부분에 연결되어 사용자들이 가진 원장에 기록된다. 거래 내역을 담은 블록들은 기다란 사슬처럼 첫 번째 거래부터 마지막 거래까지 순차적으로 연결되어 있다. 이를 '블록체인'이라고 부른다.

블록체인은 중앙기관 없이 참여자 간의 합의만으로 거래를 중개한다. 그렇다면 사용자 모두가 동등한 권한을 가진 상태, 즉 사용자들을

계약서 등 중요 서류

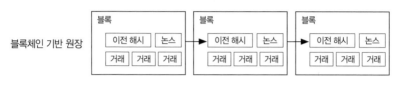

블록체인 기반 원장

* 논스Nonce: 작업증명 알고리즘에서 사용되는 변수

감시하는 절대자가 없는 상태에서 해킹으로부터 안전하다고 할 수 있을까? 만약 누군가가 악의적인 목적으로 블록체인의 거래 내역을 조작해서 비트코인을 해킹한다면 어떻게 될까?

해커가 블록을 위조한다고 가정해 보면 〈도표 1-3〉의 그림에서처럼 B블록뿐만 아니라 체인으로 연결된 C~F블록까지 모두 위조해야 한다. 체인으로 연결된 각 블록 간에는 해시값이 담겨 있기 때문에 뒤따르는 블록들도 위조해야 하는 것이다.

현재 생성 중인 G블록이 채굴되기 전에 여러 개의 블록을 위조하는 것은 시간상 불가능에 가깝다. 만약 B~F블록을 모두 위조했다고 하더라도 현재 생성 중인 G블록까지 다른 참여자보다 먼저 채굴을 마쳐야 완벽한 체인 형태를 갖출 수 있기 때문이다. 정말 운이 좋아 시간 내에 모든 블록을 완벽히 먼저 생성해 냈어도 다른 참여자들이 가진 원장과

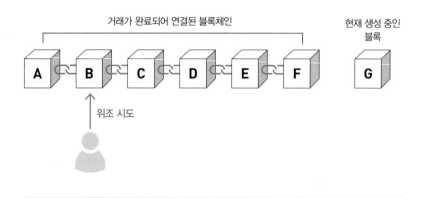

■ 도표 1-3 블록체인의 해킹 시도

거래가 완료되어 연결된 블록체인

현재 생성 중인
블록

위조 시도

다르기 때문에 50퍼센트 이상의 동의를 얻어낼 수 없다.

　한마디로 현 상황에서 블록체인 위조는 불가능에 가깝다. 한번 체인
으로 연결된 블록들은 다시 되돌리거나 수정할 수도 없다. 간혹 블록
체인 또는 비트코인이 해킹됐다는 뉴스가 등장하지만 이는 시스템 자
체가 아니라 비트코인을 중개하는 거래소가 해킹된 경우가 대부분이
다. 은행의 금융전산망이 해킹당한 것이 아니라 은행 지점에 도둑이
들은 셈이다.

블록체인의 네 가지 특징

　기존 원장 기반의 중앙집권형 시스템은 금융, 유통의 민간 분야부터

교육, 행정의 공공 분야에 이르기까지 널리 이용되고 있다. 현재 광범위하게 이용되는 시스템이라고 해서 문제가 없는 것은 아니다. 중앙집권형 시스템이 가진 본질적인 문제를 살펴보자.

첫째, 데이터 보안 문제가 발생할 수 있다. 데이터들이 모여 있는 중앙 서버만 해킹당하면 중요한 정보들이 유출될 수 있다. 카드사, 통신사, 유통사, 게임사 등 민간기업뿐만 아니라 정부가 운영하는 아이핀에서도 고객정보가 유출된 적이 있다. 기본적으로 중앙집권형 시스템 자체가 해킹으로부터 완벽하게 안전하지 않다. 또 해킹으로 원장 정보를 조작한다면 기존 거래 내역을 삭제하거나 실제 실행되지 않은 거래를 기록하는 것도 가능하다.

둘째, 관리자에 의해 데이터가 조작되어 부정부패에 악용될 수도 있다. 즉, 내부요인에 의해 발생되는 문제다. 간간이 뉴스로 등장하는 기업 자금의 횡령이나 배임 같은 사건이 여기에 해당한다. 더구나 내부자의 제보나 규제당국의 조사 없이는 일반인들이 전혀 알 수 없다는 것도 특징이다. 이는 소수의 관리자만이 정보를 가졌기 때문이다.

마지막으로, 거래의 시간과 비용이 증가된다. 온라인에서 상품을 쉽게 구매할 수 있는 것은 11번가, G마켓 같은 오픈마켓에서 '에스크로'escrow를 통해 거래를 중개해 주기 때문이다. 에스크로는 구매자와 판매자의 신뢰 관계가 불확실할 때 믿을 만한 제3자가 거래를 중개하는 안전거래를 말한다. 단, 에스크로는 안전한 거래를 보장하지만, 직거래 방식이 아니어서 배송 시간과 수수료라는 비용을 증가시킨다.

중앙집권형 시스템이 가진 본질적인 문제들은 블록체인 기반의 분산원장으로 해결할 수 있다. 분산원장은 모든 거래 내용을 기록해 모든 참여자에게 공유한다. 중앙집권형 시스템은 중앙에서 보유한 하나의 원장만 존재하지만, 분산원장에서는 사용자의 수만큼 원장이 존재하기 때문에 하나의 원장을 해킹하는 것만으로 정보를 조작할 수 없다.

관리자에 의한 데이터 조작도 불가능하다. 블록체인 기반의 분산원장에서는 참여자가 모두 동등한 원장을 보유하고 관리하기 때문에 관리자 자체가 없다. 만약 악의적 목적으로 정보를 조작하려 해도 참여자 중 50퍼센트 이상을 설득해야 하므로 불가능에 가깝다. 또 블록체인 분산원장에는 개인정보를 담고 있지 않기 때문에 개개인을 찾아 설득하는 작업도 할 수 없다.

마지막으로 거래 시간과 비용은 효율적으로 축소하거나 생략할 수 있다. 블록체인 기반의 시스템에서는 참여자들이 중개자를 배제한 채 직접 거래할 수 있다. 또 분산원장으로 부정 거래를 판단할 수 있어 신뢰를 증명해 줄 제3자가 불필요하다. 그 결과 중개자로 인해 투입되었던 처리시간과 수수료를 줄일 수 있다.

무엇보다 블록체인은 중개기관을 배제하고도 보안성을 갖추었고, 참여자라면 누구나 쉽게 접근할 수 있는 투명성을 확보했다. 그리고 한 번 확정된 블록체인 원장은 참여자 모두에게 공유되기 때문에 늘 최신화된 정보를 유지할 수 있다(《도표 1-4》). 이를 기반으로 다양한 서비스로 연결해 활용할 수 있는 것이다.

특징	내용
탈중앙화	정부, 은행 등 중개기관 없이 거래가 가능하다
보안성	거래 정보를 다수가 공동으로 소유하며 관리한다
투명성	모든 거래 기록이 공개되어 쉽게 접근 가능하다
확장성	거래 정보 원장을 기반으로 본인인증, 상품 이력 추적, 지급결제 등 다양한 서비스로 연결 및 확장 가능하다

퍼블릭 블록체인 vs. 프라이빗 블록체인

최근 뉴스에서 제조사, 통신사, 금융사를 비롯한 다양한 기업에서 블록체인 기반의 서비스들을 출시한다는 소식이 쏟아지고 있다. 무언가 이상하지 않은가? 블록체인은 탈중앙화라는 특징을 갖고 있으므로 중앙기관이나 중개기관, 기업과 같은 주체가 배제되어야 한다. 그런데 왜 기업들이 블록체인에 관심을 보이는 것일까?

이는 블록체인을 두 가지 방식으로 활용할 수 있기 때문이다. 참여자의 제한을 두지 않는 '퍼블릭public 블록체인'과 제한된 참여자만 사용할 수 있는 '프라이빗private 블록체인'이다(《도표 1-5》).

퍼블릭 블록체인은 지금까지 설명했던 완벽한 탈중앙화를 기반으로 참여자들 간 합의에 의해 운영되는 블록체인이다. 비트코인이 대표적인 예다. 반면, 프라이빗 블록체인은 참여 권한을 얻은 사용자만 이용

■ 도표 1-5 **퍼블릭 블록체인과 프라이빗 블록체인의 비교**

	퍼블릭 블록체인	프라이빗 블록체인
참여자	모든 사람	참여 허가를 받은 사람
관리 주체	모든 참여자	관리기관 또는 권한이 있는 참여자
익명성	사용자 식별 불가	사용자 식별 가능
블록생성 방식	채굴을 통한 작업증명	룰Rule 기반의 합의

할 수 있는 블록체인으로 기업, 정부, 컨소시엄consortium(공통의 목적을 위한 협회나 조합) 같은 특정 기관이 관리한다.

먼저 대다수의 암호화폐는 퍼블릭 블록체인 방식으로 작동한다. 누구나 블록체인 네트워크에 접근해 제한 없이 이용할 수 있다는 것이 특징이다. 개인정보를 배제하고 익명으로 거래되어 편리하다는 장점이 있지만 그 익명성 때문에 범죄에 악용되기도 한다. 해커가 악성코드로 데이터를 암호화시켜 사용할 수 없도록 만드는 랜섬웨어ransomware를 유포하고서 비트코인을 요구하거나 마약 같은 불법 거래품의 결제수단으로 이용하는 사례가 많다. 그럼에도 이용자만 확보되면 독자적인 암호화폐를 국제적으로 유통할 수 있다는 장점 때문에 글로벌 지급결제 수단으로서의 충분한 가치가 있다.

반면, 프라이빗 블록체인에서 탈중앙화는 특정한 프로세스 내에서 불필요한 중개 과정만을 생략하는 것을 의미한다. 금융투자협회 중심의 컨소시엄에서 출시한 '체인아이디'Chain ID가 대표적인 사례다. 체인

아이디는 블록체인 기반으로 구축된 공인인증 서비스다. 증권사 중 한 곳에서 인증 절차를 거친 결과를 블록체인 기반으로 다른 증권사에 공유하는 방식이다. 즉 한 증권사에서 인증을 받으면 다른 증권사에서도 바로 금융 거래가 가능하다. 공인인증서를 발급받아 증권사마다 또는 자신이 사용하는 PC, 모바일, 태블릿마다 별도로 등록해야 하는 과정을 생략한 것이다.

프라이빗 블록체인은 기업들이 블록체인을 활용하기 위해 그들의 입맛에 맞도록 단점을 보완한 형태다. 일단 허가를 받은 참여자만 이용할 수 있기에 익명성에 따른 단점을 없앴다. 반면 블록이 생성되고 거래되는 방식을 미리 설정된 룰 기반으로 관리할 수 있다는 장점이 있다.

예를 들어 보증금 1,000만 원에 월 임대료가 50만 원인 원룸을 내놓았을 때 임차인이 비용을 지불하면 자동으로 계약이 체결되고, 차월의 임대료를 납부하지 않으면 자동으로 계약이 취소되는 방식이다.

프라이빗 블록체인은 기업에서 활용 방안을 어떻게 결정하느냐에 따라 다양하게 진화할 수 있다. 이는 앞서 설명한 블록체인의 네 가지 특징 중 확장성과 관련이 높다. 인터넷과 스마트폰이 등장하자 포털, 온라인쇼핑, 모바일 메신저 같은 서비스들이 잇따라 등장한 것처럼 다양한 서비스들이 점차 늘어날 것이다. 앞으로 기업들이 어떻게 프라이빗 블록체인을 활용할지 지속적인 관심이 필요하다.

암호화폐 없는 블록체인이 가능할까

　2018년 1월, JTBC 〈뉴스룸〉에서 '암호화폐, 신세계인가 신기루인가'라는 긴급토론이 진행됐다. 암호화폐 찬성론자인 김진화 한국블록체인협회 이사와 반대론자인 유시민 작가의 토론이 큰 화제가 되었다. 특히 블록체인과 암호화폐의 분리 여부에 대한 토론은 방송 이후에도 많은 논란이 되었다. 유시민 작가는 블록체인과 암호화폐는 분리할 수 있다고 주장했고, 김진화 이사는 누군가가 분리 기술을 만든다면 노벨상을 받아야 한다고 반박했다. 과연 블록체인과 암호화폐는 분리할 수 있는 것일까, 없는 것일까.

　결론부터 말하자면 가능하기도 하고, 불가능하기도 하다. 프라이빗 블록체인은 암호화폐 분리가 가능하지만 퍼블릭 블록체인은 암호화폐 없이 존재할 수 없다. 퍼블릭 블록체인에서 암호화폐는 채굴에 성공한 대가로 지급된다. 암호화폐를 없애면 채굴의 보상이 없어지므로 자발적으로 참여하는 사용자들을 끌어들이는 동인도 사라진다. 이는 곧 채굴이라는 작업증명 과정에 영향을 주어 퍼블릭 블록체인 시스템 자체의 유지가 어려워진다.

　반면, 프라이빗 블록체인은 운영 주체가 별도로 있어 채굴 과정이 없더라도 거래를 검증하고 블록체인 시스템을 운영하는 데 문제가 없다. 물론 사용자를 위해 암호화폐를 지급할 수는 있지만 이는 블록체인 자체 운영과는 별도로 사용되는 것이다.

　앞서 소개한 금융투자협회의 체인아이디는 인증 결과를 공유하는 프라이빗 블록체인으로, 암호화폐가 필요 없다. 하지만 보증금과 임대료 조건에 따라 계약이 체결되어 임대료가 납부되는 상황에서는 암호화폐가 필요하다. 결국 암호화폐는 퍼블릭 블록체인에서는 필수지만, 프라이빗 블록체인에서는 선택사항이다.

흥미로운 것은 어떤 관점에서 보느냐에 따라 해석이 달라진다는 점이다. 블록체인의 관점에서 보면 암호화폐와 분리할 수 있다는 해석이 가능하다. 반대 입장인 암호화폐의 관점에서 본다면 블록체인과 분리될 수 없다. 퍼블릭 블록체인이든 프라이빗 블록체인이든 암호화폐는 블록체인 없이 단독으로 존재할 수 없다는 것이다.

유시민 작가와 김진화 이사의 설전은 블록체인 관점에서 암호화폐를 해석하느냐, 암호화폐 관점에서 블록체인을 해석했느냐의 차이에서 시작됐다. 다양한 논의들이 오갔지만 결국 핵심은 암호화폐가 필요 없는 프라이빗 블록체인도 존재한다는 것이다.

2

암호화폐란
무엇인가

비트코인부터 퀀텀까지

통상적으로 비트코인을 1세대 블록체인이라고 부른다. 블록체인은 암호화폐 비트코인의 핵심 기술로 탄생했으며 지급결제 수단의 역할을 담당했다. 중개자를 배제한 지급결제 수단으로서의 가치를 증명했지만 사용자들이 많아질수록 단점도 드러났다.

비트코인은 10분 단위로 거래들을 모아 1메가바이트$_{MB}$ 이하의 블록 용량에 담아 정리하는데 거래량이 늘자 대기시간이 길어졌다. 거래가 체결되고, 정상 거래로 검증을 받기까지 많은 시간이 소요되었다. 또한 지급결제 수단이 아닌 다른 분야로 확장할 수 없다는 점도 비트코인의 한계로 지적되었다.

2014년 블록체인은 비탈리크 부테린Vitalik Buterin에 의해 개발된 암호화폐인 이더리움Ethereum을 통해 새로운 변화를 맞이했다. 일단 비트코인의 한계로 지적되었던 거래 속도와 블록 크기의 문제를 해결하기 위해 거래 속도는 20초 내외로 줄이고, 블록의 크기는 무제한으로 설정한 것이다. 또한 1세대 블록체인인 비트코인이 화폐 수단으로 제한되었다면 2세대 블록체인인 이더리움은 조건이 수반된 자동 거래를 구현한다. 바로 '스마트 계약'smart contract이다. 스마트 계약은 실행 조건을 블록체인에 넣어 조건을 충족시키면 거래가 진행되는 기능이다. 주변에서 흔히 볼 수 있는 자판기를 떠올리면 된다. 상품 가격보다 많은 돈을 넣으면 상품과 함께 차액을 돌려주고, 적은 돈을 넣으면 상품을 제공하지 않고 투입된 돈 전체를 반환한다. 특정 금액을 거래 조건으로 구현한 일종의 스마트 계약인 셈이다.

스마트 계약을 이용하면 블록체인에 상세한 거래 조건을 부여해 부동산 매매, 차량 임대, 보험금 청구 같은 다양한 거래를 간편히 수행할 수 있다. 거래에 필요한 서류 작성 같은 별도의 과정이 생략되어 간편하고, 중개자도 필요 없기 때문에 수수료가 절감되며 처리 기간도 단축된다. 그리고 블록체인을 통해 계약 내용이 투명하게 검증되고 관리되어 부정이나 사기를 막는 것도 가능하다.

또한 이더리움은 '디앱'Dapp, Decentralized Application을 제공한다는 특징이 있다. 디앱은 블록체인 플랫폼을 통해 실행할 수 있는 애플리케이션을 말한다. 스마트폰에서 안드로이드OS나 iOS를 통해 메신저, 게임, 뱅킹 같은 앱을 이용하는 것처럼 블록체인 기반의 디앱으로 다양한 서비스를 이용할 수 있다. 이는 음성통화와 문자메시지만 이용하던 피처폰의 시대에서 다양한 앱을 활용할 수 있는 스마트폰의 시대로 진화하는 것만큼 큰 변화를 의미한다.

이오스EOS, 에이다ADA, 퀀텀Quantum 등 3세대를 표방하는 블록체인들의 특징은 거래 검증 방식이 변화한다는 것이다. 채굴 기반의 작업증명 방식 PoW는 참여자 간 경쟁을 유도하기 때문에 많은 비용이 투입된다는 단점이 있다. 채굴 경쟁을 위한 고성능 장비는 가격도 비싸고, 전력 소모량도 심하다. 만약 채굴에 실패하면 보상도 받지 못한 채 비용만 투입되기 때문에 낭비다. 특히 2018년 초처럼 암호화폐 시세가 급락할 경우 채굴 장비는 오히려 비용을 잡아먹는 애물단지가 될 수 있다. 실제로 당시 채굴 장비가 중고거래 장터로 무더기로 쏟아져 나와 PoW의 한계가 부각되기도 했었다.

3세대 블록체인의 특징으로 가장 유력하게 언급되는 것은 지분증명으로 거래 검증을 하는 PoSProof of Stake다. PoS는 발행된 암호화폐 중 본인이 보유한 암호화폐의 지분율에 따라 거래를 검증할 수 있는 권한을 더 많이 부여하는 방식이다.

블록에 데이터를 추가할 때에는 암호화폐를 가진 참여자 모두가 합의를 해야 한다. PoW 방식이 보상으로 지급되는 암호화폐를 채굴자가 독식했다면 PoS 방식은 암호화폐 보유 지분에 따라 보상을 나누어 갖는다. 마치 보유한 암호화폐의 양에 따라 이자가 지급되는 개념이다. 물론 PoS도 완벽한 증명 방식이라고 할 수는 없다. 이자를 얻기 위해 암호화폐를 거래하지 않고 묶어 두어 유통량이 감소할 수 있고, 많은 지분을 확보한 사용자가 권력을 독점할 수 있는 우려도 있다.

이외에도 자신의 암호화폐 지분을 위임해 블록을 생성하는 권한을 주는 DPoS Delegated Proof of Stake와 암호화폐의 지분, 거래 횟수, 거래량 등을 통해 참여도를 측정해 중요도가 높은 노드node(네트워크 참여자)에게 권한을 주는 PoI Proof of Importance 등 다양한 거래 검증 방식이 검토되고 있다. 앞으로 어떤 방식이 주를 이룰지는 몰라도 작업증명의 한계를 극복하기 위한 시도가 지속되리라는 것은 분명하다.

ICO의 두 얼굴

1881년 창립 이후 약 130년간 필름의 대명사로 불렸던 코닥Kodak은 디지털카메라 시장의 성장에도 불구하고 변화를 꾀하지 않았다. 결국 2012년에 파산 신청을 하고 말았다. 한때 90달러를 상회하던 주가는 2017년 연말에 3달러까지 떨어지며 지속적으로 하락했다. 그런데 2018년 1월, 갑자기 코닥의 주식이 11달러까지 급등하는 사건이 발생했다. 파산 신청을 한 기업의 주식이 어떻게 세 배 이상 뛰어오를 수 있었을까?

코닥에서 ICO를 통해 블록체인 기반의 사진 거래 플랫폼을 구축하고 암호화폐를 발행해 새로운 사업을 추진한다고 발표했기 때문이다. 암호화폐 공개를 의미하는 ICO는 사업자가 블록체인 기반의 암호화폐를 발행하고 이를 투자자에게 판매해 자금을 확보하는 것을 말한다. 주식시장에 상장해 기업의 주식을 투자자에게 판매해 자금을 확보하는 기업공개, 즉 IPO Initial Public Offering와 유사하다.

ICO와 IPO는 자금을 확보하는 수단이라는 점에서는 비슷하지만 몇 가지 차이가 있다. 첫째, 거래소의 상장 여부다. IPO를 통해 얻은 주식은 즉시 증권거래소를 통해 거래가 가능하지만 ICO로 얻은 코인은 모든 암호화폐거래소에 상장된다는 보장이 없다. 물론 대기업에서 공개한 암호화폐는 각 거래소에 상장될 확률이 높겠지만 작은 기업들의 암호화폐는 거래소를 통한 매매가 어려울 수도 있다. 매매가 가능한 거래소를 찾아야 하거나 개인 간 거래를 직접 추진해야 하는 불편함이 있다.

둘째, 투자 결과로 얻는 권리가 다르다. IPO를 통해 주식을 얻게 되면 주주가 되어 기업 운영에 관여할 수 있다. 또 주식 보유량에 따라 의결권을 얻어 경영에 참여할 권리를 갖는다. 하지만 ICO를 통해 얻은 암호화폐에는 경영 참여 권리가 없다.

마지막, 가장 중요한 차이인 법적 절차의 유무다. IPO는 법으로 정한 절차대로 회사의 지분구조 심사부터 시작해 경영실적, 재무와 회계 감사 같은 복잡한 과정을 거쳐야 한다. 상세 조건을 만족해야 하기 때문에 적어도 1~2년의 준비기간이 소요된다. 하지만 ICO는 국가마다 다르지만, 구체적인 법률적 조항이 없어 까다로운 준비 과정을 거치지 않아도 쉽게 자금을 확보할 수 있다. 모바일 메신저 서비스인 텔레그램Telegram은 두 차례의 ICO를 통해 투자자에게 고작 132페이지의 백서

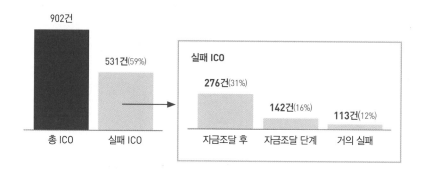

출처: 비트코인닷컴, 토큰데이터

white paper만 제공하고도 약 17억 달러(1조 8,000억 원)의 투자금을 확보하기도 했다.

　이러한 ICO의 장점 덕분에 암호화폐 투기 열풍과 함께 한탕을 노리는 사기꾼이나 부실기업들이 몰리기도 한다. 암호화폐 조사업체인 토큰데이터Tokendata와 비트코인닷컴Bitcoin.com의 발표에 따르면 2017년 총 902개의 ICO 중 418건이 실패로 돌아갔다(〈도표 1-6〉). 418건 중 자금조달 이후 실패한 경우가 276건, 자금조달 단계에서 실패한 경우가 142건에 이른다. 프로젝트가 실패할 가능성이 높은 113건까지 더하면 실패한 ICO 건수는 531건으로 실패율이 59퍼센트까지 올라간다. 이 중에는 투자를 받고 소위 먹튀를 하는 사기성 스캠코인Scam Coin도 포함되어 있다. 베네핏, 센트라코인, 모던테크, 헥스트라코인 등 스캠코인으로 인한 피해 사례는 지속적으로 발생하고 있다. 하지만 ICO는 별도

■ 신일그룹이 찾았다고 주장하는 러시아 돈스코이호 실제 모습

출처: Wikipedia

의 법적 제한이 없기 때문에 투자자가 보호받을 수 있는 방법이 거의 없다.

국내에서는 2018년 7월 포털 사이트 실시간 검색어에 '신일코인'이라는 키워드가 등장하기도 했다. 신일그룹이라는 기업이 울릉군 앞바다에서 돈스코이호로 추정되는 배를 발견했다고 발표한 것이다. 러일전쟁에 참전한 배로 알려진 돈스코이호에는 200톤의 금괴와 5,500개 상자에 금화가 실렸다는 소문이 나돌고 있었다. 현재 가치로 추산하면 약 150조 원에 달하는 수량이다.

신일그룹은 돈스코이호에 실려 있다고 알려진 금을 담보로 신일골드코인이라는 암호화폐를 발행하겠다고 밝혔다. 하지만 신일골드코인

의 홈페이지에는 투자자에게 암호화폐 정보를 제공하는 기본적인 백서조차 없었다. 그럴듯한 정보로 투자자를 불러 모으려던 사기에 지나지 않았다. 하지만 암호화폐 투자에 대한 관심이 증가하는 상황에서 연일 뉴스에 등장하자, 투자자들이 경쟁적으로 몰리기 시작했다. 결국 신일골드코인은 2,400여 명의 피해자와 약 90억 원의 피해액을 남긴 사기 사건으로 마무리됐다.

이른바 보물선 사기가 가능했던 이유는 암호화폐 투자 또는 ICO에 대한 가이드가 없기 때문이다. 국내에서는 2017년 9월에 암호화폐 거래 과열과 사기성 ICO의 등장을 이유로 규제당국이 전면 금지 조치를 내린 상태다. 2019년 1월에는 금융감독원에서 실시한 'ICO 실태조사'를 기반으로 규제에 대한 논의가 다시 진행되었지만 투기과열과 투자자 피해를 우려해 ICO 전면금지 기조를 그대로 유지한다고 결론을 내렸다. 이후 2020년 11월에 금융위원회가 특정금융정보법 시행령 개정안의 입법예고를 통해 다시 한 번 투자자 보호 등을 위해 ICO 금지 원칙을 유지한다고 발표했다.

결국 국내 기업들은 규제가 없는 스위스, 홍콩, 싱가포르 같은 해외 국가에서 ICO를 진행할 수밖에 없는 상황이다. 업계에서는 ICO를 전면 금지함으로써 결국 능력 있는 기업들이 해외로 떠나게 될 것이라고 지적한다.

또 명확한 가이드라인을 제정한다면 ICO에 따른 피해를 줄이고 기업들이 투자할 수 있는 환경을 조성할 수 있다고 주장한다. 물론 ICO는 사기의 수단으로 오용될 수 있는 위험이 존재하지만 투자자금을 모을 수 있다는 장점은 확실하다.

　일반 기업들이 주식을 상장하거나 벤처캐피털 같은 기관으로부터 투자를 받기란 쉽지 않다. 그런 기업들에게 ICO는 적절한 투자금 마련을 위한 해결책이 될 수도 있다. 무조건 금지하고 반대할 것이 아니라 효과적인 규제 방안에 대한 검토가 필요한 시점이다. 또 투자자들을 보호하며 기업들이 투자금을 모을 수 있는 적절한 가이드라인 제정이 시급하다.

BLOCKCHAIN **TREND**

제2장

금융, 블록체인을 만나다

: 비트코인부터 CBDC까지, 금융 산업이 완전히 재편된다

40대 중반의 스타트업 CEO 김민우 씨. 그의 회사는 모바일 보안 서비스를 제공하고 있다. 창업한 지 벌써 7년이 넘었지만, 현재의 사업모델을 찾은 것은 불과 1년도 되지 않는다. IT보안 솔루션 업체로 시작해 몇 년간 자금사정으로 힘들었지만, 가족의 응원 덕에 버틸 수 있었다. 다행히도 마지막이라고 생각한 새로운 아이템이 시장의 좋은 반응을 얻은 덕에 기사회생할 수 있었다.

창업 초기와 지금은 많은 모습이 달라졌다. 특히 중소기업의 특성상 좋은 기술자를 구하기가 너무 어려웠지만 지금은 하루가 멀다 하고 전 세계 각지에서 이력서가 날아든다. 최근엔 모바일 보안 생태계에 활용되는 신규 암호화폐를 공개 발행하여 200억 원에 가까운 자금을 유치하기도 했다.

오늘은 중국 상하이에 중요한 비즈니스 파트너를 만나러 가는 길이다. 중국은 모바일 서비스 시장이 잘 형성되어 있어 아주 매력적인 곳이다. 1년 전쯤 새로운 사업 아이템을 찾으러 싱가포르 콘퍼런스에 참여했다가 우연히 파트너사의 대표를 만났다. 당시에는 사업 연관성이 떨어져 별 성과가 없었지만 지금은 꼭 필요한 기업이다. 파트너사는 이미 중국에서 꽤 자리를 잡았기 때문에 이번 미팅이 잘 성사된다면 업무협약까지 맺을 수 있는 좋은 기회다.

아침 6시, 이른 오전 비행편이라서 서둘러 준비를 하고 공항으로 향했다. 비가 와서 그런지 길이 꽤 막힌다. 예정 시간보다 30분 늦게 공항에 도착했다. 아뿔싸. 급히 나오느라 여권을 집에 두고 왔다. 집에 들렀다 온다면 도저히 비행기를 타지 못할 듯하다. 재빨리 머리를 굴려 본다. 문득 얼마 전 회사 신입사원이 해외로 가족여행을 다녀오면서 모바일 여권을 이용해서 편리했다고 말한 것이 떠오른다. 부랴부랴 스마트폰에서 모바일 여권 애플리케이션을 다운받았다. 다행히 스마트폰에 저장된 블록체인 인증서로 연동해 본인 인증을 마쳤다. 분산 ID 기술이 적용된 모바일 여권은 한 달 전에 접종한 코로나19 백신 일자까지 바로 확인할 수 있어 더욱 편리해 보인다.

미리 예약해 둔 블록체인 기반 공유 택시를 타고 약속된 시내 호텔로 출발했다. 블록체인 공유 택시는 블록체인 기술이 결합된 우버 UBER와 같은 서비스다. 블록체인 덕분에 거래가 투명하게 이루어지고 수익이 고르게 분배되어 택시기사의 처우가 개선되었다는 뉴스를 보았다. 택시나 숙박업체를 이용할 때에도 이왕이면 블록체인 기반 공유 서비스를 이용한다. 택시 안에서 파트너사 대표에게 제안할 내용을 다시 되뇌어 본다. 이번 기회를 꼭 잡고 싶은 생각이 간절하다.

첫 미팅은 나름 성공적으로 끝이 났다. 한번에 업무협약까지 성사시키지는 못했지만 긍정적으로 검토해 보겠다는 답변을 들었다. 드디어 중국 진출의 꿈이 시작되는 걸까. 아쉬움 반, 뿌듯함 반으로 업무를 마치고 서울로 돌아오는 비행기를 타기 위해 공항으로 향했다.

집에 도착해 침대에 몸을 누이니 오늘 하루가 일주일처럼 길게 느껴진다. 잠들기 전 스마트폰으로 코인마켓 시세를 확인했다. 얼마 전 증권사에 다니는 친구의 권유로 새로 출시한 코인 자동 트레이딩 서비스에 가입했다. 신규 이벤트로 3개월간 수수료가 무료인데, 가입한 지 한 달도 안 되었지만 수익률이 꽤 쏠쏠하다. 트레이딩 시스템은 코인 가격 하락이 예상되면 원화로 자동 매매를 하는데, 내 지갑의 코인들이 대부분 원화로 변경되어 있는 걸 보니 오늘은 장이 좋지 않았나 보다. 이대로 꾸준히 수익을 낸다면 머지않아 목표한 금액에 도달할 수 있을 것이다. 수익을 낸 돈으로 아내의 생일선물을 살 생각을 하니 벌써부터 뿌듯하다.

1

디지털 금융,
일상이 되다

핀테크, 돈을 혁신하다

금융finance과 기술technology의 합성어인 핀테크fintech가 우리 생활에 스며들고 있다. 핀테크 시대에 진입하면서 금융 서비스의 주체가 금융기관에서 개인으로 이동하기 시작했다. 고객들은 금융 서비스의 주인으로서 전통적인 오프라인 은행, 증권, 보험 등을 비롯해 온라인, 모바일을 활용한 다양한 핀테크 서비스를 맞이하고 있다.

그러나 아직 핀테크 서비스는 금융사의 그늘을 벗어나지 못하고 있다. 토스, 뱅크샐러드, 렌딧 같은 국내 대표 핀테크 서비스 뒤에는 여전히 기존 금융 세력인 은행이 버티고 있다. 핀테크 기업들이 기존 금

■ 은행 대출과 차별화를 꾀한 렌딧의 서비스

출처: 렌딧 홈페이지

융사와 협업 없이 독자적인 서비스를 구현하기란 아직까지는 거의 불가능하다. 서비스와 관련된 모든 데이터와 인프라를 금융사에서 보유하고 있기 때문이다. 지금까지 핀테크 산업에서 기존 금융사를 위협할 만한 서비스가 많이 등장하지 못한 이유도 마찬가지다.

예를 들어 렌딧, 8퍼센트와 같은 국내 P2P대출 서비스는 은행 없이 독자적으로 서비스를 제공할 수 없다. P2P대출 기업은 2020년 8월에 시행된 온라인투자연계금융업법에 따라 유치한 투자금을 반드시 은행에 예치 또는 신탁해야 한다. 즉 P2P대출 플랫폼은 단순히 투자자와 대출자의 정보만 중개하는 역할에 한정되기 때문에 은행의 입출금 계좌를 기반으로 투자금을 유치해서 차입자에게 전달해야 한다. 핀테크 서비스의 핵심인 자금관리 영역은 고스란히 은행의 몫이다.

그러나 핀테크에 블록체인이 더해진 '핀테크 2.0' 시대에서는 비트코인과 같은 암호화폐로 투자금을 유치할 수 있다. 법정화폐 거래가 아니기 때문에 은행은 필요 없다. 블록체인 기반의 스마트 계약을 통해 은행과 같은 제3자의 중개자를 통한 투자금 예치를 생략하고, 차입자와 투자자 간 직접 거래가 가능하다.

예를 들어 중소기업인 A사는 운영자금으로 2억 원이 필요한데 이를 블록체인 기반 P2P대출 전문 핀테크 기업인 B사를 통해 차입한다고 가정해보자. B사는 A사와 대출 계약을 체결하면서 계약 내용을 온라인상에 코드화시켜 놓는다. "2억 원의 투자금이 약정된 기간까지 모두 펀딩이 완료되면 A사 법인계좌에 입금을 실행한다. 만약 목표 모금액인 2억 원에 도달하지 못할 경우, 전액 환불조치한다."라는 내용을 프로그램으로 짜 놓고 대출을 실행하게 된다. 암호화된 코드는 블록체인상에 기록되기 때문에 위·변조가 불가하며 최초 계약대로 실행하게 된다. 물론 블록체인 기반의 암호화폐가 실생활에 사용되고, 블록체인 인프라 확보 같은 문제들이 남아 있지만 이는 먼 미래가 아니다. 핀테크 기업들은 블록체인 기술 기반의 독창적인 금융 인프라를 만들어 은행 같은 중앙기관을 배제한 독자적인 서비스를 제공하게 될 것이다.

핀테크 기업과 기존 금융기관이 자유롭게 경쟁하는 시점도 앞당겨질 것이다. 핀테크 경쟁자가 다양해지고 핀테크 산업이 활성화된다면 머지않은 미래에는 전통적인 금융기관들은 원화 거래만 지원하는 단순 중개기관으로 전락할지도 모른다.

글로벌 시장조사사업체 IDC는 2022년 블록체인 기술로 금융업 전반에 있어서 비용 절감 규모가 약 200억 달러(21조 원) 수준에 달할 것으로 전망했다. 또 다른 시장조사사업체 주니퍼 리서치Juniper Research에서 발행한 '블록체인의 미래, 핵심기회와 도입전략' 보고서에도 금융기관이 블록체인 기술을 활용할 경우, 2024년까지 연간 약 10억 달러(1조 1,000억 원), 2030년까지 최대 약 270억 달러(30조 원)를 절감할 수 있다고 예상했다. 네트워크 내 모든 참여자가 거래 정보를 알 수 있고 금융기관과 같은 제3의 공인된 기관이 필요 없어 개인 대 개인, 즉 P2P 거래까지 지원해 제반 비용의 절감을 기대할 수 있기 때문이다.

기존 금융권에서도 제공하지 못했던 P2P 전자결제, 스마트 계약 같은 서비스와 융합도 쉬워진다. 이는 핀테크 생태계가 더욱 풍성해지는 효과를 낳는다. 블록체인 기술의 높은 안정성과 무결성을 고려할 때 블록체인이 더해진 핀테크 서비스는 금융업의 효율성을 높이고, 신규 비즈니스 모델을 만들어 내는 등 산업 전반에 미치는 영향도 클 것으로 예상된다. 인터넷이 정보 전달의 신세계를 열었다면 블록체인은 신뢰 구축 방식을 새롭게 정의할 것이다. 신뢰의 업이라는 금융 분야에서 블록체인이 중요한 의미를 갖는 이유다.

은행이 꿈꾸는 미래는 따로 있다

퍼블릭 블록체인은 비트코인, 이더리움처럼 누구나 네트워크에 참여해 블록을 생성하고 거래를 검증하는 열린 플랫폼을 지향한다. 참여를 원하는 모든 이에게 기회를 주는 것이다. 높은 보안성 유지를 위해 전 세계 모든 컴퓨터에 참여 기회를 준다는 것이 블록체인의 특성이기도 하지만, 기존 금융사 입장에서는 매우 부담스러울 수밖에 없다.

또한 퍼블릭 블록체인은 암호화폐와 함께 공존해야 한다. 하지만 전 세계 모든 은행, 보험사, 카드사를 비롯한 금융사들은 중앙은행이 발행한 법정화폐를 기반으로 운영되는 허가된 사업자들이다. 민간에서 발행한 암호화폐를 운용할 필요도, 이유도 없다. 대표적 규제 산업인 금융업에서 굳이 정부의 화폐제도에 역행하는 제2, 제3의 대안 화폐를 유통할 회사도 없을 것이다. 그만큼 금융업은 태생적으로 퍼블릭 블록체인과 거리가 멀 수밖에 없다. 이것이 금융사에서 폐쇄형 블록체인에 관심을 가지게 된 이유다.

폐쇄형 블록체인은 '프라이빗 블록체인'과 '컨소시엄 블록체인'으로 나뉜다. 프라이빗 블록체인은 복잡한 연산을 필요로 하는 작업증명 방법인 채굴 과정이 생략되고, 운영 주체가 승인자 역할을 하게 된다. 모든 참여자가 거래 기록에 대한 동등한 권한을 가진 퍼블릭 블록체인과 달리, 운영 주체가 모든 권한을 보유한다. 채굴이 필요하지 않기 때문에 작업증명에 들어가는 전기료, 시설비 같은 막대한 제반 비용을 절감할 수 있다. 또한 전체 참여자에게 거래 내역을 전송하고 합의를 구하는 절차를 생략해 처리 속도를 현저히 증가시킬 수 있다.

컨소시엄 블록체인은 프라이빗 블록체인과 같이 참여 자격에 제한이 있지만 시스템 관리 주체가 복수의 참여자 또는 협의체라는 점에서

프라이빗 블록체인과 다르다고 할 수 있다. 또한 프라이빗 블록체인처럼 채굴 과정이 불필요하며 처리 속도가 빠르다는 특징을 가진다. 사전에 검증된 복수의 이용자와 운영 주체가 공동으로 장부 운영을 하면서 거래 데이터를 공유한다. 모두에게 데이터가 개방된 것은 아니지만 새로운 블록의 생성, 승인 등의 역할이 다수 참여자에게 분산되어 있다.

금융권은 컨소시엄 블록체인에 많은 기대를 걸고 있다. 은행 내부 시스템에 폐쇄적으로 적용되는 프라이빗 블록체인 시스템은 아무래도 활용성이나 확장성에 한계가 있을 수밖에 없기 때문이다. 블록체인에 관심 있는 금융사나 관계 기관들이 공동체를 구성하거나 강력한 협업을 통해 신기술 쓰나미를 극복하려는 움직임이 늘고 있는 이유다.

산업적인 측면에서도 블록체인 표준화를 위해 컨소시엄 형태의 활동이 다양하게 나타나고 있다. 대표적인 컨소시엄 블록체인으로는 금융에 특화된 R3 컨소시엄과 산업 전반에 블록체인 적용을 목표로 하는 하이퍼레저Hyper Ledger 컨소시엄이 있다(〈도표 2-1〉).

R3는 2016년 말, 네트워크 확장이 쉽고 빠르며 유지 비용이 저렴한 블록체인 플랫폼 코다Corda를 출시했다. 코다는 금융업에 특화된 컨소시엄 전용 블록체인 플랫폼으로, 속도가 빠르고 다양한 스마트 계약을 적용할 수 있게 설계된 것이 특징이다. 블록체인 적용 분야별로 맞춤형 응용이 가능하며 프로젝트별로 다른 권한 부여가 가능하다. 비트코인이나 이더리움은 거래 정보를 모든 참여자가 똑같이 공유하지만 코다는 일부 정보만 공유한다. 이는 개별 회사의 기밀성을 유지하면서도

■ 도표 2-1 글로벌 대표 컨소시엄 블록체인 비교

컨소시엄	참여 기관	주요 특징
R3	• 미국 IT기업 R3사 설립 • JP모건, 골드만삭스, UBS, 바클레이즈BBVA, 신한은행, 하나은행 등 금융기관 참여	• 금융업에 최적화된 분산원장 기술 • 긴밀한 컨소시엄 프로젝트 • 상호협력적 금융 서비스 개발
하이퍼레저	• 리눅스 재단이 관리 • 금융기관 및 비금융 IT기업 등 참여	• 범용적 오픈 소스 • 블록체인 플랫폼 연구 개발

필요한 것만 공유할 수 있다는 특성을 갖는다는 걸 의미한다.

코다는 합의 알고리즘도 유연하게 적용하도록 설계되어 참여자들이 필요로 하는 합의 알고리즘을 선택할 수 있게 했다. R3 컨소시엄은 금융사와 공공기관이 추가로 참여해 300여 개 회원과 파트너사를 보유하고 있다. 2021년 2월, R3는 국제결제은행BIS, 금융사, 블록체인 기업, IT 대기업 등과 함께 중앙은행 디지털화폐CBDC 컨소시엄 구성을 통해 CBDC의 개념 정립, 화폐 분류체계, 구조설계, 증권결제 시스템 구축, 국가 간 지불결제 등에 대한 연구를 진행하고 있다.

하이퍼레저는 리눅스Linux 재단과 IBM이 주도해 2015년 12월에 발족한 컨소시엄이다. JP모건, 인텔, 시스코, 웰스파고 같은 글로벌 대형 금융사를 포함해 다양한 산업의 기업들이 참여해 블록체인 기반 프레임워크를 개발하고 있다. 국내에서는 한국거래소, 삼성SDS, 블로코Blocko 등이 참여하고 있다.

2017년 3월에는 기업용 블록체인 플랫폼 패브릭Fabric을 공개했다. 하이퍼레저는 금융업뿐만 아니라 산업 전체에 걸쳐 안전하고 경제적인 사업용 블록체인 네트워크를 구축하는 것을 목표로 하고 있다. 비트코인이나 이더리움 같은 퍼블릭 블록체인은 블록생성, 전자서명, 타임스탬프 등을 통한 합의로 참여자 간의 신뢰를 확인한다. 반면 하이퍼레저는 공개된 네트워크가 아니기 때문에 가입이 통제되고, 참여자 관리가 가능한 권한형 블록체인을 제공하며 기업의 목적에 맞게 활용된다. 하이퍼레저는 철저하게 기업 중심의 블록체인 플랫폼인 것이다.

세계 최대 결제회사인 비자VISA에서도 국가 간 결제 지원을 위한 기업용 블록체인 플랫폼 '비자 B2B 커넥트'Visa B2B Connect에 하이퍼레저의 기술을 결합할 예정이다. 비자 B2B 커넥트는 거래 데이터와 거래자 정보 등을 토큰화해 기존 국제 송금망보다 빠르고 안전한 국제 송금 서비스를 내놓을 계획이다. 국내 금융권에서도 하이퍼레저 기반 블록체인 서비스 개발이 한창인데, 신한은행은 2017년부터 하이퍼레저 패브릭을 활용하여 정책자금 대출, 퇴직연금, 장외파생상품 등 다양한 서비스를 구축해왔다. 또한 모바일 결제업체 다날에서 발행한 결제용 코인, 페이코인PCI도 하이퍼레저 패브릭을 기반으로 출시한 바 있다.

언제 블록체인을 꽃피울 수 있을까

최근 국내 금융기관들도 본격적으로 블록체인 기술을 연구하고 내 재화하기 위해 노력하고 있다. 블록체인과 같은 신기술 도입에 있어서 금융업 종사자들이 가장 우려하는 바는 우후죽순으로 생겨나는 신기술들이 과연 기존 시스템을 대체할 만한 혁신성과 효율성을 갖고 있는지의 여부다. 안타깝게도 지금의 퍼블릭 블록체인 형태의 결제 속도와 처리 용량으로는 금융업의 가장 기본적인 업무인 결제나 송금을 원활히 처리할 수 없다. 또한 개인정보보호법, 정보통신망법, 신용정보법과의 마찰도 선결해야 한다. 따라서 금융업에 블록체인 기술을 더욱 적극적으로 도입하기 위해서는 기술적, 제도적 측면에서 해결책들이 마련되어야 한다.

먼저 기술적 측면에서는 처리 속도 개선과 거래 취소, 거래 수정 같은 기술적 보완이 필요하다. 비트코인의 블록은 평균 10분에 하나씩 생성되고 한 블록의 사이즈는 최대 1메가바이트다. 블록 사이즈가 1메가바이트를 초과할 수 없기 때문에 거래가 몰리면 거래 승인 시간이 길어지거나 보류되기도 한다. 2011년, 비트코인을 대신하기 위해 개발된 라이트코인Litecoin이 빠른 결제 처리를 위해 블록 생성 주기를 2분 30초로 줄이고 블록 크기도 네 배가량 늘렸지만, 아직 금융 실생활에 사용되기엔 역부족이다. 또한 블록체인은 실제 거래가 승인된 이후 데이터 삭제가 불가능하다. 이를 기술적 용어로 비가역성이라고 한다. 애초에 잘못된 거래를 발생시키거나 기술적 오류가 발생할 경우 이를 되돌릴 수가 없다. 기술적인 문제를 차치하고서라도 이를 되돌리기 위해서는 블록체인 네트워크에 참여한 전 세계 모든 참여자들과 반드시 합의를 해야 한다. 사실상 거의 불가능한 일이다.

제도적인 측면에서도 개선되어야 할 사항들이 많다. 블록체인에서 거래되는 암호화폐나 데이터는 암호화되어 유통되기 때문에 익명성이 보장된다. 기존 금융업과 충돌이 발생하는 지점이다. 전 세계 모든 금융사는 불법적인 자금운영이나 탈세를 방지하기 위해 '고객확인제도'KYC, Know Your Customer를 준수하고 있다. 블록체인이 금융업에서 활용되기 위해서는 블록체인 참여자와 상호 교환되는 정보를 반드시 파악해야 한다. 그러나 블록체인 기반의 모든 거래는 온라인에서 이루어지기 때문에 금융권에서 실시하는 고객확인제도가 완벽하게 적용되기 어렵다.

또한 글로벌 시중은행들이 암호화폐 거래 제휴와 관련해 어려워하는 문제점 중 하나는 '자금세탁방지'AML, Anti-Money Laundry다. 자금세탁방지 제도란 국내외로 이루어지는 불법 자금세탁을 적발하고 예방하기 위한 법적 장치다. 전 세계 모든 금융사는 자금세탁방지 제도를 반드시 준수해야만 한다. 특히 테러 관련 자금에 민감한 미국은 2010년대 들어 유럽계 은행들의 자금세탁 문제를 크게 문제 삼은 바 있다. 프랑스계 BNP파리바은행, 영국계 바클레이스은행, 스탠다드차타드은행을 비롯한 여러 은행이 테러위험 국가와 금융 거래를 한 혐의로 벌금을 물기도 했다.

비단 자금세탁 문제는 전통적인 은행권뿐만 아니라 암호화폐거래소에도 적용된다. 2018년 3월, 핀란드 암호화폐거래소 중 하나인 프라소스 오이Prasos Oy가 자금세탁방지법을 위반했다는 사실이 알려지면서 거래 중이던 은행들의 계좌 지원이 모두 끊기는 바람에 폐쇄 위기에 몰렸다. 2017년 말 국내 암호화폐 광풍 이후 금융위원회에서도 은행지점 업무 지도를 통해 불법적인 자금거래가 의심되는 거래소에 계좌 제공을 차단하는 조치를 내린 바 있다. 대형 암호화폐거래소를 중심으로 자금세탁문제 공동 대응 협약을 체결하는 등 자발적 대책 마련에 공을 들이고 있지만 아직 불안감을 해소시키기엔 많이 부족한 상황이다.

기본적으로 개인의 정보는 보호되고 타인에게 공유할 수 없다는 것이 개인정보보호법의 취지다. 그러나 블록체인상 모든 거래 내역이 디지털 원장으로 모든 참여자에게 공유되다 보니 기존 법령과 대치된다. 그렇다고 블록체인에 고객확인제도를 강화해 참여자 본인을 특정한다면 타인에게 거래 내역 정보가 공유되어 금융실명법에 위반이 될 수 있다.

또한 신용정보법에서 신용정보제공과 이용자가 관리하는 개인신용정보는 상거래 종료 후 최장 5년간만 보유할 수 있으나 블록체인상에서는 그렇지 않다. 블록체인에 기록된 데이터는 전 세계 인터넷이 마비되어 블록체인 시스템이 셧다운shut down되지 않는 이상, 영원히 남기 때문이다. 이러한 문제들을 일부라도 해결하고자 금융권에서는 프라이빗, 컨소시엄 블록체인에 관심을 갖고 연구하고 있는 것이다.

2
암호화폐의
재발견

비트코인? 암호화폐?

부채의 상환이나 재화와 서비스 매매 지급 수단으로 사용되는 화폐는 상품화폐로부터 진화했다. 상품화폐란 가치가 있고 쉽게 표준화되며 분절이 가능한 상품을 의미한다. 대표적으로 금, 조개, 희귀한 돌 등을 사용했다. 시간이 흐르자 상품화폐는 한국은행과 같은 중앙기관에서 발행, 관리하는 법정화폐로 발전했다(〈도표 2-2〉).

법정화폐는 중앙정부에 의해 지정되고 통용되는 화폐를 뜻하며 세 가지 특성을 갖는다. 첫째, 표준단위로서 재화와 용역의 지불 또는 교환이 가능해야 한다. 서로 다른 가치를 가진 재화와 용역에 공통된 수

구분	법정화폐 Fiat Currency	디지털화폐 Digital Currency	가상화폐 Virtual Currency	암호화폐 Crypto Currency
형태	주화, 지폐	디지털	디지털	디지털
발행기관	중앙은행	금융기관	비금융기관	비금융기관
사용처	모든 거래	가맹점	가상 공간	가맹점
적용 법규	있음	있음	없음	없음

출처: 한국은행, 피넥터

치 단위를 매김으로써 거래 비용을 줄일 수 있으며 경제를 원활하게 돌아가게 하는 윤활유 역할을 한다. 둘째, 화폐는 가치 저장의 기능을 하며 구매력을 저장하는 수단이 된다. 특히 다른 자산에 비해 표준화된 수단의 역할을 수행한다. 셋째, 화폐는 가치척도로 활용이 가능해야 한다. 경제생활에서 재화나 서비스의 가치 측정이 가능해짐에 따라 거래비용이 경감하게 된다.

그러나 암호화폐는 앞서 설명한 전통적인 의미에 부합하는 화폐가 될 수 없다. 비트코인을 비롯하여 대부분 암호화폐는 가격변동성이 매우 크다. 최초의 암호화폐 비트코인은 2010년 7월, 70원에 첫 거래를 시작하여 2013년부터 본격적으로 거래량이 증가하기 시작하더니 2016년을 기점으로 1,000달러(약 110만 원)까지 상승했다. 2018년 초에는 2만 달러(약 2,200만 원)까지 연 10배 이상 상승했다. 이후 50퍼센트 이상 폭락한 뒤 2021년 4월, 6만 4,000달러(약 8,000만 원)까지 폭등하는 등 종잡을 수 없는 가격 변동이 계속되고 있다.

아침에 1,000원을 주고 산 빵을 점심에는 1,200원에 팔고 저녁엔 900원에 판다면, 누가 그 빵을 살 수 있을까? 비트코인의 매우 큰 가격 변동성은 그동안 암호화폐 전체의 약점으로도 계속 지적되어 왔다.

또한 느린 처리 속도도 문제다. 비트코인은 1초에 7건을 처리하는데, 이 정도의 거래 속도라면 실생활에서 사용하는데 어려움이 있다. 미국의 대표적인 간편결제 서비스인 페이팔Paypal이 초당 약 200건, 국제 신용카드사인 비자가 초당 2,000여 건을 처리한다. 이와 비교해 보면 비트코인의 거래 처리 속도가 얼마나 느린지 알 수 있다. 비트코인 결제를 위해 길게 늘어선 줄을 상상해보라. 일반적인 소비자라면 앞으로 다시는 사용하고 싶지 않은 경험일 것이다.

비트코인은 말 그대로 가상의 디지털화폐이므로 현실 세계에서 사용되려면 실생활과의 접점이 반드시 필요하다. 결제가 가능한 상점을 많이 확보하기 위해서는 반드시 현지 법정화폐로 교환할 수 있어야만 한다.

최근 일부 글로벌 기업들이 비트코인 결제를 받기 시작했다. 국내에서도 온라인 결제대행사를 중심으로 자사 플랫폼을 통해 암호화폐 결제 지원을 선언하고 있다. 그럼에도 아직까지 온·오프라인 상점에서 비트코인을 사용하려면 가맹점이 많이 부족한 것이 사실이다. 이런 상황에서 비자, 마스터카드 등 기존 금융사업자들이 암호화폐 결제 지원을 준비하고 있다는 것은 암호화폐 확산에 희소식이다. 기존 카드 수수료가 약 2퍼센트 정도인 것을 감안하면 거래 처리 비용이 약 1퍼센트 미만 수준인 암호화폐 결제가 유리할 수 있다. 시중에 나와 있는 암호화폐 결제 서비스가 약 0.5~1퍼센트의 수수료 부과를 목표로 하는 만큼, 수수료 이점은 굉장히 매력적이다.

비트코인 같은 퍼블릭 블록체인 기반 암호화폐의 가장 큰 장점은 지폐나 동전과 달리 오픈 소스에 기반한 프로그래밍이 가능한 화폐라는 점이다. 지폐나 동전은 잘못 제조하면 전량 회수하여 재발행을 해야 한다. 그러나 암호화폐는 다르다. 전 세계 모든 참여자가 더 빠르고 효율적으로 실생활에 이용 가능한 암호화폐를 위해 고민하고 발전함으로써 함께 진화해 나가고 있다. 앞서 언급한 암호화폐의 문제점도 점차 해결을 위해 노력해가고 있다.

암호화폐를 얻는 두 가지 방법

암호화폐를 얻는 방법은 두 가지다. 주식과 마찬가지로 발행시장과 유통시장으로 구분하여 생각해 볼 수 있다. 먼저 발행시장에 참여하는 방법이다. 개인이 직접 '코인공개'에 참여해 암호화폐를 얻는 것이다. 하지만 전 세계에서 시시각각으로 이루어지는 ICO 프로젝트를 파악하기도 힘들고 구매 타이밍도 정확히 맞아야 해서 쉽지 않다. 기업이나 프로젝트에 대한 정확하게 공시된 정보도 얻기 힘들뿐더러 개인에게 제공하는 물량도 턱없이 부족하다.

흔히 암호화폐 채굴이라고 하는 작업에 동참하여 얻을 수도 있다.

암호화폐 거래내역을 기록한 블록을 생성하고 그 대가로 암호화폐를 얻는 채굴을 위해서는 고성능의 컴퓨팅 파워를 보유한 채굴 장비가 필요하다. 엄청난 전력소비도 필요한데, 비트코인 네트워크의 연간 전력 소비량은 129테라와트시$_{TWH}$로 노르웨이 국가 전체 연간 전력소비량을 능가한다. 일반 개인이 시도하기엔 효율성이 매우 떨어진다.

다른 방법은 유통시장에 참여하는 방법이다. 내가 필요로 하는 암호화폐를 가진 사람에게 그들이 가진 암호화폐를 구매하는 것이다. 이 역시 암호화폐를 가진 사람을 찾아내기도 어렵지만, 설령 찾았다고 해도 상대방의 판매 의사를 확인하고 가격을 흥정하는 일이 남아 있어 번거롭고 복잡하다.

게다가 온라인 거래는 사기 위험까지 부담해야 하는 하이리스크$_{high}$
$_{risk}$ 분야다. 그래서 암호화폐에 대한 투자는 대부분 암호화폐거래소에서 이루어진다. 자연스럽게 암호화폐 매매 장터인 거래소에 고객의 자금이 계속 몰리게 된다. 간혹 막대한 돈이 무분별하게 모이기 때문에 문제가 발생하기도 한다. 거래를 빙자한 유사수신, 다단계 사기, 거래소 해킹과 같은 문제는 암호화폐 연관검색어로 늘 따라다닌다. 또한 거래소에는 암호화폐뿐만 아니라 현지 법정화폐도 몰리게 되어 전 세계 해커들의 좋은 먹잇감이 되곤 한다.

2014년, 세계 최대 암호화폐거래소 마운트곡스$_{Mt.GOX}$ 해킹사건 후 파산을 시작으로, 암호화폐 가격 급등락은 거래소 해킹의 역사와 함께했다고 해도 과언이 아니다. 당시 약 4억 7,400만 달러(4,800억 원) 상당의 비트코인이 해킹으로 도난당했다고 알려졌으나, 경찰 조사결과

경영진의 횡령으로 밝혀져 마운트곡스는 파산절차에 들어가기도 했다.

기본적으로 암호화폐거래소는 중앙집중화되어 있다. 증권사의 주식매매와 유사하다고 보면 된다. 거래소가 투자자에게 특정 ID를 부여하고 거래가 발생할 때마다 서버에 저장된 ID에 기록하는 방식이다. 증권사에서 증권계좌를 부여받아 주식매매를 하는 것처럼 암호화폐거래소가 거래소 지갑을 고객에게 할당하는 개념이다.

만약 거래소가 해킹 공격을 받는다면 고객은 직접 대응할 수 없다. 암호화폐의 주인은 고객이지만, 사실 거래소가 만든 지갑 주소에 암호화폐가 들어 있고 고객 명의, 지갑 주소, 거래 내역, 잔액 같은 모든 정보들을 거래소에서 통제·관리하기 때문이다. 암호화폐 자체는 탈중앙화된 데이터베이스를 기반으로 해서 해킹과 같은 외부 공격에 안전한 반면, 암호화폐가 보관되고 매매되는 거래소는 중앙집중화되어 있고 보안에도 취약하다. 아이러니한 상황이 아닐 수가 없다.

중앙집중화된 거래소 서버는 제도권 금융기관만큼 보안에 강력할 수 없고 해커들의 무차별 공격에 맥없이 뚫려버리고 만다. 최근 국내외 거래소도 해킹 문제로 큰 곤욕을 치렀다. 2017년 국내 거래소 유빗Ubit이 170억 원의 암호화폐를 도난당했고, 2018년 1월에는 일본 거래소인 코인체크가 무려 약 5억 3,000만 달러(약 5,600억 원)의 암호화폐를 도난당하기도 했다.

국내 최대 암호화폐거래소 중 하나인 빗썸과 업비트도 해킹 사고를 피하지 못하였다. 빗썸은 2019년 3월, 약 100억 원 이상을 해킹당하였고 업비트도 2019년 11월, 무려 580억 원의 이더리움을 탈취당하기도 했다.

그렇다면 거래소 문제를 해결할 수 있는 방법은 없을까? 이는 기술적, 제도적 방법으로 나누어 생각해 봐야 한다. 기술적인 방안으로 재중앙집중화recentralized된 거래소를 블록체인의 개념에 맞게 다시 탈중앙화하는 것이다. 거래소가 모든 코인과 원화를 보유하지 않고 P2P 개인 간 거래 중개 역할만 하는 것이다. 암호화폐를 팔려는 사람과 사려는 사람을 연결해 거래가 성사되게끔 하는 P2P경매나 중고거래 플랫폼 같은 개념이다.

탈중앙화 거래소Decentralized-Exchanges는 영문 첫 글자를 따서 덱스DEX라고도 하는데, 철저하게 당사자 간 거래를 지향한다. 중앙집중형 거래소와 달리 탈중앙화 거래소는 고객의 암호화폐를 직접 보관하지 않고 모든 자산을 개인이 보관해 거래소의 중개 없이 개인 간 거래를 가능하게 한다. 대표적으로 카이버 네트워크Kyber Network, 이더델타Ether Delta, 넥스Nex에서 탈중앙화 거래소 구축 프로젝트를 시도하고 있다.

탈중앙화 거래소도 개선해야 할 점이 많은 것이 사실이다. 가장 큰 문제는 유동성이다. 거래량이 적으면 거래 성사가 잘 이루어지지 않기 때문에 이용자들의 유입과 사용 확대에 어려움이 따른다. 중앙집중형 거래소에 비해서 처리 속도가 매우 느리다는 것도 문제다. 가격 급등락이 시작되는 시점에 거래량이 많아지게 되면 네트워크 효율이 저하되어 매매 체결이 늦어진다. 이 때문에 시각을 다투는 투자자의 눈높이를 맞출 수 없다. 고객 간에 자율적인 매매가 특징인 만큼, 만약 장애가 발생하면 책임 소재가 불명확하다는 우려도 존재한다. 국내 탈중앙거래소 올비트Allbit는 이러한 문제와 거래 활성화가 되지 않은 상태에서 개정된 특정금융정보법 필수 요건을 맞추기 어려워 2021년 4월에 서비스 종료를 발표하였다.

제도적 방안으로는 미국이나 일본과 같이 암호화폐거래소 허가제를 시행하는 것이다. 2015년 6월, 미국 뉴욕주 금융감독국은 자금세탁방지, 이용자 보호를 주요 내용으로 하는 암호화폐 종합규제체계, 일명 '비트라이선스'BitLicense를 마련했다. 뉴욕주에서 영업을 하고자 하는 거래소는 반드시 조건을 충족하고 라이선스를 취득해야 한다. 이에 힘입어 2021년 4월, 세계 최대 암호화폐거래소 중 하나인 코인베이스Coinbase는 미국 나스닥에 직상장하기도 하였다. 코인베이스 상장은 암호화폐 기업 최초로 높은 나스닥의 문턱을 넘었다는 점에서 상징적 의미가 크다.

일본 금융청은 2017년 4월 자금결제법을 개정해 암호화폐거래소 등록제를 도입했다. 국내에서도 2020년 3월부터 특정 금융거래정보의 보고 및 이용 등에 관한 법률인 특정금융정보법을 시행하고 있다. 암호화폐거래소 등 가상자산 사업자는 금융정보분석원FIU 신고 의무화, 실명확인 입출금 계좌 발급 의무화, 정보보고관리체계ISMS 인증 의무화가 필수로 요구되며 이외에도 제도적 발판이 마련되고 있다.

국내 정부도 향후 은행을 통한 간접적 규제가 아니라 직접 관리 감독하에 두고 투자자 보호와 자금세탁방지 등의 준수에 나서는 것이 필요한 시점이다. 기술이 발전하는 만큼 그에 대한 법규도 만들어져야 한다.

현금, 카드 대신 암호화폐를 쓴다

암호화폐를 지급결제 수단의 측면에서 살펴보면 아직까지 실제 거래에서 지급 수단으로 활용되는 비중은 높지 않다. 전통적 개념의 화폐 역할을 다하지 못한다는 의미다.

2021년 들어 암호화폐가 제2의 전성기를 구가하고 있지만 비트코인 정보사이트 블록체인닷컴www.blockchain.com에 따르면 전 세계 비트코인의 일평균 거래건수는 여전히 약 30만 건에 불과하다. 동기간 국내 일평균 신용 체크카드 승인건수 약 4,000만 건에 비하면 1퍼센트도 되지 않을 정도로 아주 미미한 수치다.

비트코인을 이용하는 거래도 암호화폐를 매매하기 위한 거래가 대부분이다. 비트코인을 지급결제 수단으로 사용할 수 있는 가맹점 수도 그동안 부족하였다. 암호화폐 전문 리서치 기관인 코인맵Coinmap 에 따르면 2019년 전 세계 비트코인 오프라인 결제 가맹점은 1만 4,400여 개에 불과하였고 약 1,000여 개 온라인 쇼핑몰만이 암호화폐 결제를 지원하고 있는 수준이었다. 비트코인 결제를 위해 가맹점이 직접 비트코인을 받아 결제를 처리하여야 하는데 이는 기존의 현금과 신용카드 결제에 비해 너무나도 불편하였기 때문이다.

그러나 최근 결제시장에도 큰 변화가 생기고 있다. 글로벌 카드사, 간편결제사, 결제대행사 등 결제 중개업체들이 암호화폐 결제시장에 뛰어든 것이다. 이러한 결제 중개업체가 암호화폐 결제를 지원한다면 가맹점은 단순히 결제 가맹 계약 체결만으로도 자사의 상품을 암호화폐로 결제할 수 있게 된다. 암호화폐와 법정화폐 환전이나 지급을 모두 결제 중개업체가 처리해주기 때문에 가맹점 입장에서는 신용카드를 받는 것과 별반 다르지 않다.

최근 세계 최대 카드사인 비자가 암호화폐 결제 도입을 알렸다. 2021년 2월, 비자는 공식 보도자료를 통해 '비자 크립토'API를 공개하고 시범운영 중에 있다고 하였다. API란 응용 프로그램에서 손쉽게 사용할 수 있도록 제공하는 인터페이스를 의미하는데, 이는 비자의 API로 다양한 온라인 서비스에 암호화폐 결제 서비스를 제공할 수 있는 것을 의미한다. 알 켈리Al Kelly 비자 CEO는 5년 안에 디지털화폐가 '극도의 주류'Extremely Mainstream 자산이 될 것이라고 하며, 비자는 비트코인을 비롯하여 다양한 암호화폐를 비자의 결제망에서 구현하겠다고 선언하였다.

비자와 함께 전 세계 카드 업계의 양대 산맥인 마스터카드Master Card도 암호화폐 결제 서비스에 뛰어들었다. 마스터는 2013년 비트코인 결제 처리 특허를 처음 출원하였으나 2015년 권리를 포기한 바 있다. 일각에서는 마스터카드가 비트코인보다 달러처럼 가치가 고정된 암호화폐에 집중하리라는 예상도 있다.

결제대행사가 아니라 가맹점에서도 직접 암호화폐 결제를 지원하는 업체들도 늘어나고 있다. 세계 최대 공유오피스 위워크WeWork는 암호화폐 결제를 지원하기로 결정하였다. 위워크의 임대료를 비트코인, 이더리움, USDC, 팍소스 등의 암호화폐로 지급할 수 있게 되는 것이다. 위워크는 향후 사무실의 건물주나 협력업체에도 암호화폐로 대금 지불을 가능하게 할 계획이다. 이를 위해 위워크는 암호화폐 결제 플랫폼 비트페이와 암호화폐거래소 코인베이스와 제휴를 맺었다. 위워크 회장 마르셀로 클라우Marcelo Claure 는 "미래의 직장과 비즈니스를 고려할 때 우리는 암호화폐를 대화의 중심으로 불러와야 하며, 이는 더욱 강력한 글로벌 경제를 구축하는데 도움이 될 것이다."라고 말했다.

글로벌 송금업체 머니그램MoneyGram 은 암호화폐 ATM업체 코인미Coinme 와 파트너십 체결을 통해 미국 내 약 1만 7,000개 제휴지점에서 키오스크를 통한 비트코인 거래를 지원할 예정이다. 2021년 상반기 내로 머니그램 매장에서 현금으로 암호화폐를 사거나 인출할 수 있게 지원하고, 연말까지 이를 전 세계로 확장할 계획이다. 뉴욕증권거래소에 상장된 빅데이터 분석기업 팔란티어Palantir, 미국 시사주간지 〈타임〉 TIME, 스위스 명품시계 위블로Hublot도 자사 상품 구매 시 비트코인 결제를 지원할 예정이다.

그동안 우리는 현금과 신용카드 중심의 지급결제 서비스만을 이용해왔다. 하지만 법정화폐가 아닌 새로운 민간화폐인 암호화폐가 등장하면서 지급결제 시장에 큰 변화를 예고하고 있다. 블록체인 기반의 비용 절감과 스마트 계약을 통한 확장성은 화폐의 형태를 한 단계 진일보시킬 것이다. 과거에는 동전, 지폐, 신용카드 중 어떠한 결제 수단을 사용하느냐가 중요했다면 미래에는 어떤 암호화폐를 사용하느냐가 중요해지는 시대가 올지도 모른다.

2021년 2월 암호화폐거래소 빗썸에서 자체적으로 조사한 이용회원의 연령대별 분포를 보면 20대가 32.9퍼센트로 가장 많고, 30대 29.1

퍼센트, 40대 21.5퍼센트, 50대 12.1퍼센트, 60대 이상 4.4퍼센트 순이었다. 2~30대 이용자가 전체의 무려 62퍼센트로 과반수 이상을 차지한다. 암호화폐 구매 경험은 암호화폐 결제 경험으로도 충분히 이어질 수 있다.

암호화폐 결제가 이루어진다면 젊은 소비층이 많고, 모바일 판매 비중이 큰 이커머스E-commerce 시장을 중심으로 빠르게 확산될 것이다. 다만 암호화폐 결제 확대에도 걸림돌은 있다. 앞서 언급한 결제 속도, 처리 용량과 같은 기술적 문제를 차치하고서라도 금융소비자 보호라는 문제도 남아 있다. 암호화폐 결제가 실생활에 빠르게 자리잡고 확산되기 위해서는 기술적, 정책적 보완이 필요할 것이다.

3

블록체인이 바꿔놓을
금융의 신세계

1코인이 곧 1달러, 스테이블 코인

'비트코인은 화폐가 될 수 없다'는 주장에 반기를 드는 암호화폐가 등장했다. 바로 가치 고정형 암호화폐인 '스테이블 코인'Stable Coin 이다. 암호화폐가 화폐로 이용되지 못하는 이유는 앞서 설명한 바와 같이 가격변동성이 매우 크기 때문이다. 스테이블 코인은 그러한 문제를 해결하기 위해 '1코인=1달러'를 공식화했다.

현재 발행되는 암호화폐들은 철저하게 수요와 공급으로만 가격이 결정된다. 따라서 조그마한 시장 변화와 이슈에도 심하게 가격이 요동친다. 가격변동성이 너무 큰 만큼 물건의 가격이 시시각각 달라져 실

■ 도표 2-3 **스테이블 코인의 유형별 분류**

구분	내용	프로젝트명
법정화폐 담보형	공인기관에 법정화폐를 예치하고 이에 해당하는 스테이블 코인을 발행	USD테더, 트루USD
암호화폐 담보형	대표적 암호화폐를 제휴기관에 예치하고 이에 해당하는 스테이블 코인을 발행	비트셰어BitShare, 메이커Maker
무담보 알고리즘형	수요와 공급에 맞는 알고리즘을 통해 정확하게 가치가 고정된 코인 발행	베이스코인Basecoin, 테라

생활에서 사용하기에 다소 무리가 있다. 이러한 문제점을 해결하고 법정화폐 기능으로 발전하기 위해 스테이블 코인이 만들어졌다.

스테이블 코인은 한 개당 한 개의 법정화폐로 가격이 고정되어 있어서 동일한 물건을 동일한 가격으로 구매할 수 있다. 기존 암호화폐는 아침, 점심, 저녁에 사는 빵의 가격이 모두 달랐지만 스테이블 코인은 항상 동일하다. 이것이 스테이블 코인이 화폐, 결제시장에 등장한 이유다.

스테이블 코인은 어떻게 코인의 가격을 고정해 유지할 수 있을까? 스테이블 코인은 유형에 따라 크게 세 가지로 나뉜다(〈도표 2-3〉). 첫째, 특정 기관에 법정화폐를 예치해 둔 만큼 코인을 발행하는 '법정화폐 담보형'fiat-collateralized이 있다. 구조는 단순하다. 스테이블 코인 발행기업이 자사 계좌에 달러와 같은 법정화폐를 보관하고 동일한 숫자의 코인을 발행한다. 코인의 수요가 증가해 가격이 오르면 달러를 추가 예치하고 코인을 발행해 가격을 1달러로 고정시킨다. 암호화폐 발행사 테더Tether가 발행하는 USD테더USDTether와 트러스트 토큰Trust Token에서 발행하는 트루USDTrueUSD가 대표적이다. 2021년 4월을 기준으로 USDT는 약 500억 달러(55조 7,000억 원) 넘게 유통되고 있으며 1일 거래금액도 1,000억 달러(111조 원)에 이른다.

법정화폐 담보형 스테이블 코인은 코인의 가치를 고정시킨다는 목표는 달성했지만 블록체인의 고유 특성인 탈중앙화에는 부합하지 않는다. USDT 보유 고객은 테더의 달러화 예치 여부를 전적으로 신뢰해야만 하기 때문이다. 실제로 2018년 'USDT의 발행 총량이 실제 예치금과 같지 않다'는 논란이 일어나 암호화폐 시장이 요동치기도 했다.

둘째, '암호화폐 담보형'crypto-collateralized 스테이블 코인이다. 암호화폐 담보형 스테이블 코인은 비트코인이나 이더리움처럼 대표성 있는 암호화폐를 믿을 수 있는 제3의 특정 기관에 예치하고 이를 근거로 '1비트=1코인'으로 발행하는 것이다. 하이퍼레저가 개발한 디지털 자산 수탁 서비스 사업자가 이를 보관한다. 암호화폐 담보형 스테이블 코인과 법정화폐 담보형 스테이블 코인의 다른 점은 예치 대상 화폐가 암호화폐인지, 법정화폐인지의 차이밖에 없다. 담보가 되는 암호화폐 자체가 변동성이 크기 때문에 담보 비율을 낮추는 것은 법정화폐 담보형에 비해 비효율적이라 할 수 있다. 또한 수탁하는 암호화폐의 변동성이 커서 청산가격에 도달하면 발행한 스테이블 코인의 가치가 훼손될 수 있다는 문제점도 있다. 메이커다오MakerDao가 운영하는 다이DAI가 대표적인 암호화폐 담보형 스테이블 코인이다.

마지막으로 '무담보 알고리즘형'non-collateralized 스테이블 코인이 있다. 암호화폐의 공급량을 조절하는 스마트 계약으로 정의된 알고리즘을 통해 발행하는 것을 말한다. 담보 없이 오로지 알고리즘으로만 화폐 공급량을 조절하기 위해 제2의 암호화폐 발행을 병행한다. 스테이블 코인의 공급량 증가와 감소를 조절하기 위해 서브코인을 활용하는 것이다.

글로벌 은행, 금융 플랫폼을 선점하라

2019년 2월, 세계적인 투자은행 JP모건이 자체 암호화폐를 발행한다고 발표했다. 2017년 JP모건의 회장 제이미 다이먼Jamie Dimon이 '비트코인은 사기fraud'라고 말했던 것과 전혀 반대되는 행보다. 최근까지도 JP모건은 글로벌 은행 중에 암호화폐에 가장 적극적인 은행으로, 2021년 하반기에 미국 최초로 비트코인 펀드 출시를 준비하고 있다.

JP모건이 발행하는 'JPM코인'을 통해 얻고자 하는 것은 크게 세 가지다. 첫째, 대기업간 해외 송금을 JPM코인으로 대체하고자 한다. 국가간 결제에 JPM코인 네트워크를 활용하면 기존에는 며칠 단위로 소요되던 기업간 결제, 정산을 몇 초로 절감할 수 있다.

둘째, 현지기업이 미국 주식, 채권, 외환, 증권 등을 사고팔기 위해 기준 통화인 달러화를 일정 수준 비축해 두어야 하는 불편함 없이 JPM코인을 결제 용도로 사용할 수 있다. JP모건은 2020년 4월에 1억

5,000만 달러(1,674억 원)의 채권발행 테스트도 마쳤다.

　마지막으로 JP모건의 재무 관련 서비스를 이용하는 기업의 자금 효율성을 높일 수 있다. 페이스북처럼 해외 자회사를 가진 기업들은 현지통화를 JPM코인으로 통합 관리하여 보유자산의 운용수익과 효율적 운용을 통한 비용절감을 기대할 수 있다. JP모건에서 하루에만 약 6조 달러(6,800조 원)의 거래가 이루어지는데 JPM코인은 JP모건의 신뢰를 바탕으로 혁신적 통화운영 정책을 펼칠 수 있다.

　JP모건은 엄격한 고객확인제도와 자금세탁방지 가이드를 통해 확실히 검증된 고객사에게만 JPM코인 이용 권한을 부여할 계획이다. JP모건은 자사의 기업 고객을 위주로 JPM코인을 운영할 것으로 예상된다. 향후 JPM코인이 일반 개인 고객에게도 확대될지는 미정이지만 만약 JPM코인이 일반인에게 공개된다면 USDT와 같은 스테이블 코인과 중앙은행에서 발행하는 CBDC와 한판 승부가 예상된다.

　한편 일본정부는 암호화폐에 대해 엄격한 법적규제를 마련하였는데, 이를 토대로 대형은행들은 자체 암호화폐 발행을 준비하고 있다. 일본에서 전체 결제수단 중 현금결제 비중은 70퍼센트를 넘는다. 선진국 기준 평균 32퍼센트에 비해서도 두 배 이상 높은 수준이다.

　일본에는 약 20만 대의 ATM기기가 운영되고 있는데 보스턴컬설팅 그룹에 따르면, 일본내 ATM기기의 연간 유지비용은 약 7,600억 엔(8조 원)에 이른다. 운송과 관리 비용을 포함하면 금융업 전체에서 현금 유지 관련 비용은 무려 2조 엔(20조 원) 이상으로 추산된다. 일본의 시중은행들은 이러한 비효율적인 현금 운영방식을 타개하고자 자체 암호화폐 생태계 구축에 공을 들이고 있다. 고객들이 계좌에 충전된 자금을 기반으로 암호화폐를 이용하면 실제 자금의 이동을 최소화하고 관리 비용을 줄일 수 있기 때문이다. 거래 수수료의 인하로도 이어져 고객 락인(잠금) 효과를 거둘 수 있다. 고객들도 은행이 발행한 암호화폐를 이용하면 빠른 송금, 실시간 결제, 수수료 절감 등 효율적인 금융 생활이 가능하다.

일본의 대형은행 미쓰비시 금융그룹 MUFG는 자체 MUFG코인을 발행해 테스트를 완료하고 상용화를 준비하고 있다. MUFG은행은 고객 10만 명을 선정하여 전용 앱을 통해 예금을 MUFG코인과 1대 1로 교환해 개인 간 송금, 가맹점 결제에 사용하는 것을 테스트했다. MUFG은행은 플랫폼 구축과 제휴처 확대를 위한 MUFG코인 전담 자회사를 설립하기도 했다. MUFG코인이 다양한 결제 수단으로 이용될 수 있도록 개발 프로그램을 공개하여 제휴 기업, 지자체, 은행들과 함께 다양한 형태의 서비스를 개발할 예정이다.

국내 대형은행들도 조인트벤처, 지분투자 방식으로 암호화폐 시장에 뛰어들기 시작했다. 2020년 12월 KB국민은행은 암호화폐 전문 운용사 해시드, 블록체인 기술기업 해치랩스와 조인트벤처 설립을 발표하였다. 개정된 특정금융정보법에 의하면 암호화폐와 관련된 업무를 수행하기 위해서는 사전 신고절차가 반드시 필요하다. 금융당국의 부정적 기류로 인해 국내 은행은 가상자산 사업 추가가 쉽지 않은 만큼, 업계 전문회사와 손잡고 관련 시장에 진출하는 것으로 풀이된다.

전통적인 금융업에서 수탁업무 즉, 커스터디 custody 란 유가증권, 부동

■ 도표 2-4 **시중은행 커스터디 사업 추진 현황**

구분	합작사명	파트너사	발표일자
KB국민은행	KODA	해시드, 해치랩스	2020년 11월
신한은행	KDAC	코빗, 코인플러그	2021년 1월
NH농협은행	미정	헥슬란트, 태평양	2020년 7월

산 등을 은행과 같은 믿을 만한 제3자에게 자산보관을 의뢰하고 이를 관리해주는 업무를 의미한다(〈도표 2-4〉). 좀 더 세부적으로 보자면 수탁업자는 금융상품에 있어서 투자자의 대리인으로서 이를 보관, 수취결제, 권리보전, 의결권 행사와 같은 폭넓은 업무를 대리하여 수행한다.

수탁업자의 업무 범위는 투자자와 수탁업자 사이의 계약관계에 따라 다르지만 일반적으로 지시에 의거한 유가증권 취득, 처분, 이전, 결제, 예탁금 관리, 증권 관리, 원리금 수취, 배당금 수입처리, 조세신고, 파생권리 행사, 대리인 의결권 행사 등 다양한 업무수행이 가능하다. 이는 기존의 전통적인 금융사업자가 그동안 전문적으로 해왔던 업무 영역이며 은행이 고객들에게 기본적으로 제공했던 서비스로, 그 연장선상에서 암호화폐 수탁사업, 즉 커스터디 서비스로 확대가 용이하다.

국내 대표 금융사인 은행이 암호화폐 시장에 뛰어들게 됨으로써 암호화폐 전체 시장에 대한 신뢰도 향상은 물론, 국내시장 자체가 확대되는 시작점이 될 것으로 예상된다. 시중 은행발 커스터디 서비스는 암호화폐 시장이 거래소와 같이 중앙화되면서 발생될 수 있는 신뢰의 문제와 근본적인 시스템 취약점을 해결할 수 있다는 점에서 의미가 있다. 은행의 강점을 살려 특정금융정보법 개정안의 본인확인 강화, 자금세탁방지 의무 등도 보다 효과적으로 대응할 수 있을 것이다.

다만, 국내에는 미국 통화감독청이 관할하는 은행의 암호화폐 수탁업 허용기준, 뉴욕주의 비트라이선스처럼 명확한 규제가 아직은 부족하므로 이와 관련된 리스크는 여전히 존재한다.

국내 가상자산 사업자들이 수익을 내고 사업을 영속하기 위해서 특정금융정보법에 기술된 요건만 지키면 되는 것인지 자본시장법, 전자금융거래법, 대부업 등의 라이선스를 추가로 받아야 하는지에 대한 판단도 명확하지 않다. 이러한 제도적 조치는 시장의 확대 추이와 사업을 전개 방향을 지켜보면서 빠르게 보완되어야 할 문제다. 이는 암호화폐 업계에서 하루빨리 자체 가상자산 업권법을 제정해달라는 이유이기도 하다.

국내 한 국회의원실이 조사한 자료에 따르면 빗썸, 업비트, 코빗, 코인원 등 4대 암호화폐거래소의 실명확인 입출금 계좌 수는 2020년 12월 133만 개에서 2021년 2월 250만 개로 2배 가까이 늘어났다. 암호화폐 정보사이트 코인마켓캡 자료에서도 국내 원화를 지원하는 14개 암호화폐거래소의 2021년 3월 기준 일평균 거래금액은 약 216억 달러(약 24조 원)에 이른다. 이는 코스피, 코스닥 전체 시장의 개인 일평균 거래액 약 19조 원보다 큰 수치이다. 암호화폐 시장의 시스템 안정성,

제도의 명확성은 국민 경제와 직결되는 만큼 업권법 제정은 심각히 고려해볼 만한 이슈이다.

CBDC, 글로벌 화폐 전쟁

2020년 한국은행에서 발표한 '지급 수단 및 모바일 금융 서비스 이용형태' 보고서에 따르면 2017년 지갑 속 현금 규모는 약 8만 원에서 2년 새 5만 3,000원으로 줄어든 것으로 집계되었다. 현금 이용 비중도 17.4퍼센트로, 지속적 감소를 거듭하고 있다. 코로나19 팬데믹은 사회적 거리두기 등에 따른 현금사용 축소를 가속화하며 '현금 없는 사회'로 급격히 변화시키고 있다.

이에 각국의 중앙은행도 디지털금융 시대로 변모하기 위한 작업을 하나씩 준비하고 있다. 한국은행과 같은 중앙은행에서 발행하는 디지털화폐를 CBDC Central Bank Digital Currency 라고 한다(〈도표 2-5〉). 이는 전통적인 지급준비금이나 예치금과 다른 전자형태로서 중앙은행이 직접 발행하는 디지털화폐를 의미한다.

2020년 국제지급결제은행 BIS 에 따르면 전 세계 65개 중앙은행 중 'CBDC에 대한 연구를 진행하고 있다'고 응답한 비율은 86퍼센트로 2017년과 대비하여 30퍼센트 정도 증가하였다. 우크라이나, 우루과이 등은 이미 파일럿 테스트를 완료하였으며 캄보디아, 동카리브 지역 국가 등에서 테스트를 진행 중이다. 특히 2020년 10월 바하마에서는 30

구분	법정화폐	CBDC	암호화폐
발행 주체	중앙은행	중앙은행	민간
발행 형태	동전, 지폐	전자	전자
발행 규모	중앙은행 재량	중앙은행 재량	사전에 결정
교환 가치	액면가 고정	액면가 고정	수급에 의해 결정

출처: CBDC 도입 관련 동향 및 영향(2021.3, KDB산업은행)

여 개 섬에 흩어져 사는 약 39만 명의 국민을 위해 세계 최초로 CBDC 를 발행하였다.

미국은 주요선진국 중 CBDC에 가장 소극적이었으나, 2020년 4월 하원에서 코로나19를 계기로 CBDC 발행을 통한 재난지원금 지급을 건의한 것을 계기로 입장이 변화되고 있다. 미 연방준비제도$_{Fed}$ 또한 CBDC 발행에 신중한 태도를 유지하고 있으나 국민 의견 수렴과 연구 를 진행하겠다고 밝혔다. 유럽 중앙은행 ECB는 2020년 10월 '디지털 유로' 상표 등록을 접수하고 수년 내에 CBDC 발행 여부를 결정할 계 획이다.

유럽의 주요국가 중에서 스웨덴은 2020년 2월 유럽 최초로 CBDC 파일럿 프로젝트에 돌입하여 2021년 2월 완료할 예정이었으나 효과성 과 안정성을 확대하기 위해 종료 시점을 1년 연장하기도 하였다. 스웨덴은 2017년 3월부터 이크로나$_{e-krona}$ 프로젝트를 시작하는 등 디지털 화폐에 가장 적극적인 국가이기도 하다. 영국의 영란은행도 '브리트 코인'$_{Britcoin}$으로 불리는 새로운 형태의 CBDC 발행을 염두에 두고 TF팀을 출범하였다.

CBDC 도입에 가장 적극적인 국가는 다름 아닌 중국이다. 중국은 CBDC를 DCEP$_{Digital \ Currency \ Electronic \ Payment}$로 칭하며 디지털 위안화 발행 유통을 치밀하게 준비하고 있다. 디지털 위안화는 인터넷과 암호기술을 기반으로 플랫폼 환경하에서 중국인민은행이 법정통화로 발행하는 중앙은행 디지털화폐다. 중국인민은행은 디지털 위안화의 발행, 유통 시스템을 통해 위안화 지급결제 체계의 효율성과 보안성을 제고하고, 미국 달러 기반의 국제결제 시스템에 대응하는 방안으로 키워갈 예정이다.

디지털 위안화는 법정통화의 발행과 처리비용 측면에서 경제성과 처리 속도 효율성을 높일 수 있다. 또한 결제 시스템의 모니터링과 보안을 강화하면서 오프라인 결제 시 나타나는 위변조, 자금세탁, 불법 금융 등의 위험을 차단할 수 있다. DCEP는 외환거래에 있어서도 미국 중심의 국제은행 간 금융결제 네트워크인 스위프트$_{SWIFT}$의 강력한 경쟁자가 될 수 있다(〈도표 2-6〉).

디지털 위안화는 2단계에 걸쳐 진행된다. 1단계는 중국인민은행을 비롯하여 중국건설은행, 중국농업은행, 중국은행, 중국공상은행 등 4대 국유 시중은행과 알리페이, 위챗페이, 유니온페이 등 전자 지급결제 회사가 참가하여 시범적으로 운영된다. 중국의 디지털 결제 선

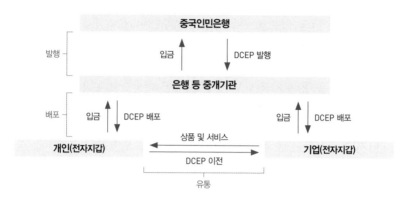

출처: Third China Finance 40 Forum(2019.8)

진화를 목표로 2022년 베이징 동계올림픽을 겨냥하여 준비하고 있다. 2020년 12월 중국정부는 선전과 쑤저우, 청두, 슝안 등 향후 동계올림픽이 개최될 도시에서 시범운영을 하기도 하였다.

2020년 12월부터 중국의 대표 전자상거래 기업인 징동닷컴은 DCEP를 결제수단으로 받기 시작하였으며 2021년 4월에는 일부 직원에게 디지털 위안화로 급여를 지급하기도 하였다.

2단계에서는 1단계 참여기관을 포함하여 실제 개인들이 가맹점에서 디지털 위안화의 결제, 즉 상용화가 진행된다. 개인 이용자는 예금 계좌가 아니라 모바일 전자지갑을 통해 직접 결제할 수 있다. 중국 내에서 호텔, 슈퍼마켓, 제과점, 서점, 헬스장 등 현지 소매업체뿐만 아니라 맥도날드, 스타벅스, 서브웨이 등 외국 소매업체에서도 디지털 위안화 결제가 가능해질 계획이다. 중국은 이를 통해 디지털 위안화를 점차 해외로 확대한다는 복안이다.

2020년을 기준으로 중국의 양대 전자지급결제 회사인 알리페이와 위챗페이의 전 세계 고객 수는 약 17억 명을 상회한다. 중국은 디지털 위안화 보급을 통해 자국을 넘어 전 세계를 대상으로 활용처를 확대해 나갈 것으로 예상한다.

디지털 위안화는 중국인민은행이 독자적으로 발행하고 통제하는 중앙집중형 블록체인 방식으로 운영한다. 디지털 위안화는 은행 계좌를 보유하지 않더라도 비접촉식 근거리 무선통신NFC이 스마트폰에 내장되어 있다면 송금, 결제가 가능하다. 마치 NFC 모바일 결제를 이용하듯이 개인의 모바일을 서로 맞닿아 터치하는 것만으로 오프라인에서 위안화를 주고받아 결제할 수 있다. 중국인민은행은 디지털 위안화 결제 수용을 강제화하기 위해 애플페이, 알리페이, 위챗페이 등 온라인 지급결제회사 가맹점에서 결제 거부 시 업무면허 정지 조치 등 강력한 제도도 병행하여 시행할 계획이다.

미 달러화 중심의 국제통화질서에서 중국의 디지털 위안화 발행과 유통은 디지털화폐 패권 전쟁을 위한 시발점이 될 것이다. 중국 중심의 육해상 경제벨트 전략인 일대일로—帶—路하에 디지털 위안화를 전 세계로 확장해 나갈 경우, 위안화가 달러화의 기축통화 지위를 위협하게 될지도 모른다.

2021년 4월 한국은행에서도 CBDC 테스트를 추진하고 있다. 가상환경에서 CBDC 발행부터 대금결제까지 모의실험을 할 예정이다. 한국은행이 발행한 '2020년 지급결제 보고서'에 따르면 모의실험 컨설팅 결과를 바탕으로 2021년 내에 CBDC 테스트를 수행할 계획이다. CBDC 테스트는 실제 환경이 아닌 가상의 환경에서 구축하여 CBDC 생애주기별 서비스 기능을 실험하게 된다. 기술적 테스트 이후 사회적 합의를 통해 CBDC 상용화를 여부를 조율한다고 한다.

CBDC는 현금과 같이 누구나 이용할 수 있어 지급결제의 편의성과 효율성을 높이며 거래추적이 용이하여 불법자금 문제를 해결할 수 있다. 은행 접근성이 떨어져 계좌를 보유하지 않거나 농촌과 같이 물리적 거리 문제로 은행을 이용하기 어려운 경우에도 활용 가능하기 때문에 금융포용성까지 향상시킬 수 있다. 또한 코로나19와 같은 위기상황 시 중앙은행이 민간에게 직접 화폐 유동성을 공급할 수 있고, 경기부양을 위해 실시하는 마이너스 금리정책 또한 이론상 적용이 가능하여 통화정책 효과도 기대할 수 있다.

그러나 CBDC의 장점 중 하나인 투명성 강화는 아이러니하게도 국가가 국민 개개인의 자금흐름을 들여다볼 수 있어 사생활을 침해한다는 비판을 받을 수 있다. 또한 은행 예금 대신 CBDC가 활성화되면 은행의 금융중개 기능이 현저히 약화되어 예금감소, 대출여력 하락, 자금조달 비용 증가, 대출금리 상승 등 금융 불안정으로 이어질 가능성도 존재한다. 주요국가들의 CBDC 선점 경쟁으로 인해 개발도상국의 화폐가치, 활용가치가 떨어져 기축통화국에 대한 의존도가 지나치게 심해질 수 도 있다.

결국 CBDC의 성공적인 도입과 확산을 위해서는 공공정책 달성, 금융과 통화 안정이라는 대의적 목표하에 운영되어야 한다. 단순히 생각하면 CBDC는 동전이나 지폐와 같은 법정화폐를 디지털화한 것이다. 중앙은행의 통화정책과 융화하며 상호보완적 성격을 가지므로 현금, 지급준비금, 계좌예치금 등 기존 자금과 공존하고 보완하며 공공정책 목표를 지원해야 한다.

또한 CBDC는 기존 결제 시스템에 대한 경쟁력 제고를 위해 탄생한 만큼 혁신적이고 효율적 금융발전을 위해 사용되어야 할 것이다. CBDC가 상용화되면 나타날 수 있는 문제점들은 사회적 합의를 통해 해결점을 도출하고, 기축통화국이 나서 국제 공조체계를 구축해야 할 것이다.

블록체인 주식시장의 등장

2015년 미국 장외주식시장인 나스닥을 운영하는 OMX그룹은 거래소 시스템에 블록체인 기술을 시범적용했다. OMX그룹은 거래 체결부터 결제까지 소요되던 시간이 2~3일에서 10분 이내로 단축되고, 최소 수십 달러가 넘는 거래 수수료를 10달러 미만으로 줄일 수 있었다. 2018년 OMX그룹은 씨티그룹과도 협업하여 장외주식 거래에 사용되는 블록체인 정산 시스템을 개발한 바 있다.

상장사 주식은 전산화되어 효율적으로 운영되고 있지만 비상장사 주식은 그동안 오프라인에서 수작업으로 매수, 매도 계약을 진행해 왔다. 장외주식 정보를 제공하는 사이트의 게시판에 매도, 매수를 원하는 종목에 대한 내용을 올리고 메신저나 전화를 통해 상대방과 직접 매매를 체결하는 식이다. 블록체인을 주식거래에 적용하면 온라인상에서 매수자와 매도자 간에 거래가 발생할 경우, 디지털 서명과 함께 거래가 체결된다. 이때 대금이 동시에 지급되어 거래시간 단축도 가능하다.

국내 스타트업도 안전하고 편리한 비상장주식 거래를 위해 플랫폼을 개발하고 있다. 블록체인 전문 스타트업 람다256, 엔젤리그, 쿼타북 등은 자사 블록체인 플랫폼 안에서 누구나 쉽고 투명하게 비상장주식을 투자할 수 있도록 서비스 개발을 하고 있다.

미국의 온라인 가구 전문 쇼핑몰인 오버스톡은 2014년부터 소비자가 비트코인을 활용해 물건을 구매할 수 있도록 서비스를 지원했다. 이 사이트는 곧 비트코인으로 거래하는 최대 온라인 쇼핑몰로 성장했다. 또한 오버스톡은 1,000여 명이 넘는 투자자로부터 약 1억 3,400만 달러(1,500억 원)를 모금해 2019년 1월에 증권형 토큰 거래 플랫폼 티제로tZERO를 오픈했다. 티제로는 뉴욕증권거래소나 나스닥과 같은 중앙집중식이 아닌 P2P기반의 분산 네트워크 구조를 갖는다. 미국에서 티제로 같은 모델이 가능한 이유는 이미 2015년 미국 증권거래위원회에서 블록체인 기반의 증권거래 시스템을 허용했기 때문이다.

런던증권거래소, 토론토증권거래소도 블록체인 기술을 도입하기 위한 연구에 들어갔고, 일본증권거래소는 IBM과 함께 실증 테스트를 통해 개발을 진행하고 있다. 호주증권거래소는 블록체인 기술회사의 지

출처: 비마이유니콘

분 5퍼센트를 획득해 증권거래 처리에 블록체인을 적용하는 시범사업을 진행 중이다.

국내 금융투자업계에서도 비상장 주식거래 분야에 블록체인 기술 도입을 준비하고 있다. 한국거래소와 블록체인 기술 스타트업 블로코가 협력해 장외주식 거래를 위한 KSM KRX Startup Market 시스템을 개발했다. KSM에 적용되는 블록체인 기술은 앞서 설명한 미국의 나스닥에서 적용한 형태와 유사하다. KSM 플랫폼에서 장외주식 거래를 체결하면 거래 내역 확인서라는 매매 청약서가 생성되고 이를 발급받은 KSM인증서로 전자서명하면 바로 증권사에 전달된다. 해당 청약서의 고윳값은 블록체인에 등록되어 명확하게 거래를 증명할 수 있고, 내용도 보장받을 수 있다.

2020년 4월, 증권거래 시스템 전문기업인 코스콤은 비상장 벤처, 스타트업 주식거래 플랫폼, 비마이유니콘 Be My Unicorn 을 출시하며 블록체인 기술을 적용했다.

비마이유니콘은 블록체인 기술을 통해 실제 매도하는 주주가 주식을 보유하고 있는지를 검증해준다. 거래 협의 후 온라인 양수도계약서(목적물에 대한 권리를 이전 권리자가 새로운 권리자에게 양수·양도한다는 내용으로 작성하는 문서)에 전자서명을 하고 상거래 시 결제 리스크를 줄여주는 에스크로 기술을 통해 안전하게 결제할 수 있다. 비상장 주식시장은 블록체인 기술의 도입으로 예전보다 더욱 활성화될 것으로 기대되고 있다.

4

블록체인,
핀테크를 완성하다

암호화폐 결제의 진화

2020년 10월, 약 3억 5,000만 명의 이용자를 자랑하는 세계 최대 간편결제 기업 페이팔이 암호화폐 거래, 간편결제 서비스 사업 진출을 발표했다. 이는 국내 카카오페이, 삼성페이처럼 신용카드, 은행 계좌 등을 연계하여 모바일로 손쉽게 결제 또는 송금할 수 있는 서비스를 말한다.

페이팔의 암호화폐 결제 서비스는 비트코인, 이더리움, 비트코인캐시, 라이트코인 등 주요 암호화폐를 대상으로 제공된다. 페이팔은 이를 위해 뉴욕주 금융당국으로부터 암호화폐 시장 진출을 위한 비트라

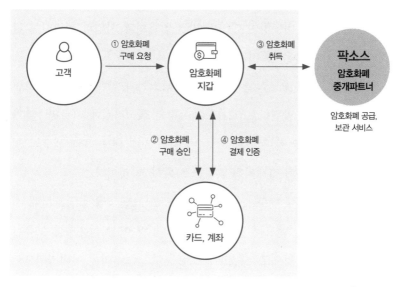

출처: PayPal

이선스 면허도 획득하였다.

　페이팔의 암호화폐 결제 서비스는 페이팔 플랫폼 내에서만 법정화폐와 암호화폐 매매를 할 수 있으며, 플랫폼 외부와의 유출 또는 유입은 금지된다. 페이팔 모델은 온전히 암호화폐 '결제'를 위한 것이지 암호화폐 '거래'를 위한 서비스는 아닌 것이다(〈도표 2-7〉).

　페이팔의 암호화폐 결제 서비스는 실시간으로 환전하여 결제하는 방식으로 이루어진다. 암호화폐 가격변동에 따른 위험을 최소화하기 위해서다. 페이팔 플랫폼 내 환전은 미국 암호화폐 전문 중개업체인

팍소스_{Paxos}와 제휴를 통해 제공된다. 페이팔 CEO 댄 슐먼_{Dan Schulman}은 "미래에 있어 디지털화폐 세상으로 전환은 불가피하며, 페이팔은 정부의 디지털화폐를 비롯하여 다양한 민간 암호화폐 사업과 협력하여 확대하는 데 힘을 쏟을 것"이라고 하였다.

또한 페이팔은 JP모건이 발표했던 JPM코인과 같은 스테이블 코인 전담부서 설립도 알렸다. 2021년 페이팔의 실적자료에 따르면 1분기 매출액과 영업이익이 전년 동기 대비 각각 30퍼센트, 84퍼센트씩 성장하였다. 암호화폐 결제지원 효과를 톡톡히 본 것이다.

페이팔은 자회사 벤모_{Venmo}를 통해서도 2021년 4월에 암호화폐 서비스를 내놓았다. 벤모는 전 세계 7,000만 명 이상 이용자를 보유한 핀테크 유니콘 기업으로 '크립토 온 벤모'_{Crypto on Venmo}라는 서비스명으로 암호화폐 서비스를 확대할 계획이다. 벤모는 모바일 앱으로 전화번호, SNS 계정, 이메일 등과 연동하여 결제와 송금을 간편하게 이용할 수 있어 밀레니얼 세대에게 높은 지지를 얻고 있다.

벤모 앱에서도 페이팔과 같은 방식으로 암호화폐를 구입하고 보유하면서 판매할 수 있게 된다. 기존 벤모 이용자는 은행계좌, 직불카드를 통해 주식을 사고팔 수 있었는데 향후 암호화폐까지 확대되는 것이다. 벤모의 암호화폐 서비스도 페이팔과 마찬가지로 팍소스와 제휴를 통해 제공된다.

국내에서도 PG_{payment gateway}사를 중심으로 암호화폐 결제가 확대되고 있다. 대부분의 이커머스 거래에서는 신용카드, 현금, 포인트 등의 결제를 지원하는 전자지급결제 대행사인 PG사가 필요하다. PG사가 암호화폐 결제를 위한 시스템 인프라를 갖추게 된다면 이를 이용하는 모든 가맹점은 쉽게 결제 서비스를 이용할 수 있게 된다.

국내 모바일 결제 선두업체인 다날은 자체적으로 발행한 페이코인PCI 직접 결제를 비롯하여 비트코인 전환 결제도 지원할 계획이다. 다날이 운영하는 동명의 모바일 앱 페이코인을 통해 약 120만 명의 이용자가 CU편의점, 도미노피자, 영화관 등 약 7만여 개 제휴 가맹점에 암호화폐 결제를 이용할 수 있게 된다.

다날은 페이코인 앱의 암호화폐 지갑을 지원하기 위해 블록체인 전문기업 해치랩스와 제휴하였고, 페이코인에서 비트코인으로 전환될 때 적정 가치 환산 산출을 위해 연계된 암호화폐 솔루션을 이용하게 된다. 다날은 더 나아가 '다날-유니온페이 선불카드'를 통해 전 세계 3,000만 유니온페이 QR가맹점에서도 페이코인과 암호화폐 결제를 사용할 수 있도록 지원할 계획이다.

국내 간편결제사 갤럭시아 머니트리도 암호화폐 결제시장에 뛰어들었다. 효성그룹 계열사인 갤럭시아 머니트리는 2020년 암호화폐 톨XTL을 자체 발행하기도 하였는데, 1톨은 머니트리 캐시 1원과 동일한 가치를 지닌 것으로 가격변동성을 최소화한 스테이블 코인이다. 갤럭시아 머니트리의 플랫폼 '머니트리'는 흩어져 있는 포인트를 하나의 머니트리 캐시로 모아 결제, 현금 출금도 지원하는 앱이다. 톨은 머니트리 앱의 리워드 서비스 '좁쌀'에서 사용되는 보상형 코인이다. 갤럭시아 머니트리는 이를 확대하여 비트코인 등 암호화폐 결제를 지원할 예정이다.

해외 송금 더 싸게, 더 빠르게

세계은행World Bank에 따르면 2020년 기준 글로벌 해외 송금 규모는 약 6,000억 달러(671조 원)를 상회하여 매년 평균 10퍼센트 이상의 규모로 성장세를 보이고 있다. 2019년 6월 하나금융경영연구소에서 발간한 '국내 해외 송금 시장의 변화와 전망' 보고서에 따르면 2018년 국내 해외 송금 규모가 약 134억 달러(15조 원)로 3년 만에 50퍼센트 넘게 증가하였으며 수년 내 20조 원 규모의 시장으로 성장할 것으로 전망하였다.

은행의 해외 송금 방식은 크게 두 가지 방식으로 나뉜다. 국제은행 통신망인 스위프트SWIFT, Society for Worldwide Interbank Financial Telecommunication를 이용하거나 웨스턴유니언Western Union, 머니그램, 페이팔과 같은 해외 송금 전문회사 서비스를 이용하는 것이다.

스위프트는 1977년에 유럽과 미국 시중은행들이 국가 간 자금거래를 위해 설립한 국제은행간통신협회로 시작하여 전 세계 200여 개국, 1만 1,000여 개 금융기관이 사용하고 있다. 국가 간에 물리적 통신망을 개설해 스위프트 참여 금융사의 보증에 따라 안전한 송금이 가능하다는 장점이 있다. 그러나 이용료가 비싸고 송금까지 3일 이상이 소요된다는 단점이 있다.

미국의 웨스턴유니언은 160년의 역사와 함께 전 세계 200여 개국에서 이용하는 대표적인 해외 송금 전문기업이다. 웨스턴유니언은 스위프트와 다른 추가적인 해외 송금 서비스 대안이 생겼다는 점에서 의미

가 있지만 제2의 스위프트에 불과하다는 비판도 존재한다.

　해외 송금은 속도 증가와 비용 절감 차원에서 블록체인 활용도가 특히 높은 분야로 손꼽힌다(〈도표 2-8〉). 대표적으로 2004년에 설립된 리플Ripple을 꼽을 수 있다. 리플은 블록체인을 통해 거래기록을 관리하므로 중앙기관이 필요 없고, 개인 간 거래가 가능하다. 거래시간이 짧고, 수수료가 저렴하다는 장점도 있다. 리플은 실시간 일괄 정산 시스템과 환전 송금 네트워크를 갖추고 있는데, 전 세계적으로 리플의 글로벌 네트워크 리플넷RippleNet 고객사 300개 이상을 확보했고 70여 개국 이상 국가와 결제 네트워크를 형성하고 있다.

2018년 3월, 리플은 61개에 달하는 일본 은행권 컨소시엄과 제휴를 맺고 블록체인 기반 통합 애플리케이션 머니탭Money Tab 을 출시했다. 머니탭은 일본 내 블록체인 기반 은행 간 송금 네트워크이다. 서비스 범위가 일본 내에 한정되어 있긴 하지만 리플은 저비용, 연중무휴 서비스를 제공하여 해외시장까지 확대할 계획이다.

리플의 엑스커런트xCurrent 는 블록체인 기반 해외 송금 솔루션 중 하나다. 2018년 4월 스페인 최대 은행 중 하나인 산탄데르 은행이 리플의 엑스커런트 기반 해외 송금 앱을 출시한 바 있다. 국내에서는 우리은행이 리플과 해외 송금 테스트를 성공적으로 마무리했지만, 구체적인 상용화 계획은 발표하지 않았다.

국내에서도 하나은행이 자체 플랫폼 '글로벌 로열티 네트워크'GLN, Global Loyalty Network를 통해 2017년 11월부터 블록체인 기반 해외 지급결제, 송금 서비스를 운영하고 있다. GLN은 대만, 태국, 베트남, 일본, 홍콩, 라오스 등 6개의 금융사, 유통사 등의 기업이 이용하는 포인트, 마일리지를 통합하여 운영할 수 있는 플랫폼이다. 하나금융 멤버십 서비스인 하나멤버스에서 개인이 보유한 포인트를 가지고 QR코드를 통해 GLN에 참여한 기업의 포인트로 교환할 수 있다. 하나은행은 이를 통해 외국에서도 실시간 환율을 적용한 선불결제, 송금, ATM출금을 가능하게 하고 있다. 블록체인 기술을 통해 전 세계 어디에서도 쉽고 안전하게 사용할 수 있는 글로벌 플랫폼을 만드는 것이 목표이다.

2021년 5월 하나은행은 GLN 자회사 분사를 발표하였다. 하나금융 관계사뿐 아니라 다른 국내외 금융사, 핀테크 업체와도 적극적 협업을 펼쳐 블록체인 기반 글로벌 플랫폼으로 성장한다는 계획이다.

보험도 블록체인으로

인슈어테크insurtech는 보험insurance과 기술technology의 합성어로 핀테크 산업 분야 중 하나다. 2010년 중반 인슈어테크라는 용어가 등장한 이래 관련 투자는 급증하고 있다. 글로벌 리서치 회사인 테크나비오TechNavio에서 전 세계 인슈어테크 시장규모는 매년 36퍼센트 성장하여 2024년에 약 217억 달러(24조 4,000억 원)에 다다를 것으로 예상하였다. 2015년 세계경제포럼에서도 4차 산업혁명으로 인해 가장 빠르게 변화할 금융사는 은행이지만, 가장 파괴적인 변화는 보험업에서 일어날 것이라고 예측한 바 있다.

인슈어테크는 단순히 보험과 기술 결합을 뛰어넘어 보험업에 새로운 가치를 창출하고 보험의 개념을 변화시키고 있다. 보험업은 미래에 일어날 사고를 대비한 일종의 '위험분산업'이다. 최근 디지털 시대로 진입하면서 엄청난 양의 데이터가 수집되고 있는데 이는 곧 보험업의 본질을 바꿀 것이다. 이렇게 수집된 빅데이터는 미래를 예측하고 보험업의 비용 절감, 상품개발, 맞춤형 마케팅 등에 활용되어 보험상품 설계에 사용될 것이다. 특히 IoT의 확산으로 다양하게 수집된 빅데이터

는 인공지능과 결합해 유의미한 분석 결과를 가져오고, 이를 활용해 보험업에 적용할 수 있다.

 미국의 자동차 전문 보험회사 메트로마일Metromile은 IoT기기를 활용한 자동차 보험을 선보였다. 보통 자동차 보험사는 1년에 한두 차례 정도만 고객의 주행거리를 점검한다. 메트로마일은 메트로놈Metronom 이라는 GPS 기반의 추적 장치를 사용해 주행거리, 운전 습관, 엔진 상태 등을 수시로 체크한다. 메트로놈은 수집된 정보를 차량 소유자의 애플리케이션으로 전달해주는 웨어러블 기기의 자동차 버전이라 할 수 있다. 메트로놈의 수집데이터는 블록체인에 기록되어 메트로마일, 보험사, 고객에게 공유된다. 메트로마일은 메트로놈에서 수집된 정보를 보험료 산정 시에 반영하고, 분석된 정보를 바탕으로 상품 추천 등 마케팅에 활용한다.

해외 보험사들은 보험 사고의 규모가 크고 표준 계약서가 있는 기업형 재물보험에도 블록체인 적용을 시도하고 있다. 2016년 6월 글로벌 보험사 알리안츠Allianz 그룹은 재난 기후 보험 투자관리회사 네필라 캐피탈Nephila Capital 과 제휴해 블록체인을 기반으로 하는 대재해 위험교환 서비스 계약을 체결했다. 대재해 위험교환 계약이란 지진, 허리케인처럼 거대한 재난 위험을 분산시키기 위해 보험계약을 채권 형태로 증권화해 자본시장에 유통시키는 것을 의미한다. 보험사는 자사의 대재해 리스크를 외부 투자자에게 이전하는 대신 높은 투자 수익금을 지급하고 있다.

대재해 사고가 발생해 사전에 합의된 지급 조건이 충족될 경우 투자자들은 투자 원금의 전액 또는 일부를 보험사에 지급하게 된다. 일반적으로 보험사의 실제 발생 손해액을 기준으로 지급액을 정산할 경우 정확한 손실 규모를 결정하고 정산하기 위해서는 최대 몇 개월이 걸려 비효율적이다. 알리안츠는 블록체인 기반의 손실액 정산 과정 자동화를 통해 심사, 정산 기간을 몇 시간 이내로 단축해 효율성 증대를 꾀하고 있다.

2018년 프랑스계 글로벌 손해보험사인 악사AXA 는 이더리움을 기반으로 블록체인 보험계약 기록 관리와 보험금 지급 여부를 자동으로 처리하는 비행지연 보험상품 피지Fizzy 를 판매하기 시작했다. 피지는 비행기가 두 시간 이상 연착되었을 경우 스마트 계약을 통해 자동으로 보상금을 지급한다. 피지를 이용하면 고객은 항공기 지연 여부에 관해 항공사와 다툴 필요가 없고, 직접 관련 서류를 제출하고 증명하는 번거로움도 없어진다.

2018년 9월 교보생명은 블록체인 기반 스마트 가족 보장 분석 시스템을 내놓았다. 고객 동의를 거쳐 고객이 가입한 모든 보험계약 정보를 한 번에 조회해 보장 내역을 분석 제공하는 방식이다. 이러한 기술을 스크래핑scraping이라고 한다. 문자 그대로 고객의 보험 정보를 온라인으로 '긁어서' 제공한다는 뜻이다. 보험 정보에는 고객의 민감한 데이터가 포함될 수밖에 없다. 이러한 정보의 누출과 위·변조를 방지하기 위해 블록체인 기술을 적용한 것이다. 보험 상담을 의뢰한 소비자들은 온라인상에서 보험 설계사들에게 자동 전송된 보험 정보를 바탕으로 질병, 상해, 입원, 통원비 등의 보장급부와 신체 부위, 나이 등에 맞춰 보장 현황을 분석하여 제공받을 수 있다. 필요한 모든 정보는 블록체인상에서만 이동된다. 고객이 중간에 계약 내용을 바꿀 경우를 제외하면 계약 정보의 수정은 원천적으로 불가능하다. 교보생명은 이를 확장하여 마이데이터 사업에도 도전하였다. 고객이 가입한 모든 계약 정보를 교보생명 플랫폼을 통해 분석하여 생애 설계 자산관리나 재무 컨설팅을 받을 수 있게 하는 것이 목표이다.

진료받자마자 보험금이 입금된다

국내에서는 2015년 금융당국이 '보험 산업 경쟁력 강화 로드맵'을 발표하고 실손의료보험의 병원, 소비자, 보험회사 간 보험금 청구, 지급 절차를 온라인이나 모바일화하는 계획을 수립한 바 있다.

로드맵에 따르면 보험계약자가 요청하고 동의할 경우 의료기관은 제반 서류를 온라인으로 보험회사에 제공해야 한다. 고객이 쉽게 보험금을 청구하고 수령할 수 있도록 한다는 취지다.

기존 보험금 청구 방식은 보험계약자가 직접 병원에서 관련 서류를 발급받아 우편이나 팩스로 보험회사에 전송하는 방식이다. 이처럼 본인이 직접 서류를 발급하고 제출하게 되면 보험금 수령비율이 떨어지고 보험상품의 만족도도 낮아진다.

그동안 보험금을 자동으로 청구하지 못했던 이유는 청구 서류에 포함된 개인정보 때문이다. 특히 의료 정보와 같은 민감한 개인정보가 직접 유출되는 것도 문제지만 2차, 3차 간접피해로 이어질 위험이 있기 때문이다. 한편 개인정보 관리 주체를 고객에게 전가하면, 보험사와 병원은 개인정보보호의 책임에서 벗어날 수 있다. 보험사는 이러한 문제를 블록체인 기술로 해결하고자 했다. 고객, 병원, 관련 기관처럼 제한된 참여자에게 보험계약, 의료정보를 암호화하고 분산해 공유하는 것이다. 그러면 고객이 병원에 방문할 경우 진료, 청구와 관련된 정보가 보험사에 거의 실시간으로 공유되어 보험금을 별도로 지급 요청할 필요가 없다. 블록체인으로 인해 고객 중심의 인슈어테크가 완성되는 것이다.

교보생명은 블록체인 기반 스마트 보험금 자동청구 시스템을 국내 병원에 적용 중이다(〈도표 2-9〉). 고객이 의료기관에서 진료를 받고 수납을 하면 블록체인 시스템에 따라 보험회사로 보험료 자동 청구가 되

■ 도표 2-9 현행 보험금 청구 시스템과 블록체인 보험금 청구 시스템 비교

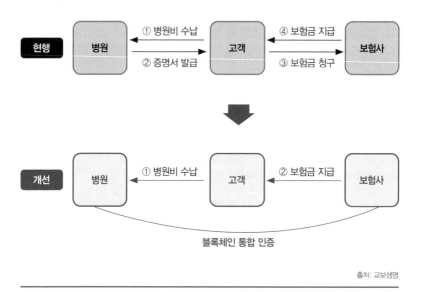

출처: 교보생명

는 프로세스다. 보험가입자가 내원 후 일일이 그 사실을 증명하지 않더라도 보험금 자동 청구가 가능하다. 교보생명은 서울 삼육서울병원, 상계 백병원, 수원 가톨릭대학교 성빈센트 병원을 비롯한 전국 7개 대형병원에서 블록체인 기반 스마트 보험금 자동 청구 시스템을 시범운영 중이다.

2017년 11월에 설립된 국내 블록체인 스타트업 메디블록Medibloc은 블록체인 기반 개인 의료정보 통합관리 플랫폼을 구축하고 있다. 메디블록은 개별 의료기관에 흩어져 있는 의료정보를 블록체인을 기반으로 개인에게 안전하게 제공하여 환자 중심의 의료정보 시스템을 구현

하는 것이 목표다. 2017년 11월에는 암호화폐 메디토큰$_{MED}$을 자체 발행하였는데, 병원, 보험사, 인슈어테크 기업 등에 의료정보 작성, 통합, 관리 등에 대한 보상으로 메디토큰이 활용된다.

메디블록에서 제공하는 간편 실손 보험 청구 서비스는 앱에서 보험 가입자의 본인인증 후 진료기록을 내려받아 가입된 보험사에 제출하는 것만으로 손쉽게 보험금 청구를 할 수 있다. 의료진은 메디블록의 병원 의료정보 시스템에서 환자 접수부터 정보 관리, 차트 입력, 보험 청구 등을 통해 통합 시스템을 운영할 수 있다. 삼성서울병원, 세브란스병원, 서울대학교병원, 경희대학교 치과병원 등 대형병원과 저변 확대를 통해 블록체인 기반 의료정보 플랫폼으로 거듭날 계획이다.

미국의 인슈어테크 스타트업 다이내미스$_{Dynamis}$는 P2P보험에 블록체인을 적용해 서비스 혁신을 이끌고 있다. P2P보험이란 과거 부모님 세대에 존재했던 '계모임'과 같다. 친목 모임 내에서 서로의 위험을 공유하고 이를 통해 위험을 분산시키는 개념이다. 친구, 가족, 지인 등 동일한 위험 보장을 원하는 사람들끼리 보험계약자 그룹을 형성하여 P2P보험에 가입한다. P2P보험은 가입 실적과 사고 유무에 따라 보험 기간이 끝날 때 보험료의 일부를 환급할 수 있도록 설계되었다. 예를 들어 강아지를 키우는 사람이 일반 보험사에서는 판매되지 않는 애견 보험을 들고 싶을 때, 애견 동호회에 가입해 회원들과 함께 각자 보험금을 내고 보험 가입 후 사고가 발생하면 적립금을 손실 보전에 쓰는 것이다. 희귀한 소장품을 가진 친구들끼리 보험금을 분담해 맞춤형 특수 보험에 가입하고 적립금을 쌓아 둘 수도 있다.

적립금은 손실 보전을 위해 쓰는 것 외에도 초과 손실에 대비해 재보험금으로도 쓰이게 된다. 보험 기간이 만료되었는데 만약 초과 손실금이 발생하지 않는다면 보험 가입자들은 적립금의 일부를 환급받을 수도 있다. 고객은 기존에 없던 상품을 가입할 수 있어서 좋고, 보험사는 다수의 보험가입자를 한 번에 유치할 수 있어서 좋다.

다이내미스는 블록체인 기술을 적용해 보험계약 체결, 보험료 납부, 사고 보험금 지급 등의 프로세스 전반을 스마트 계약으로 처리했다. 이를 통해 같은 동호회 회원이더라도 잘 모르는 사람과 보험을 함께 가입해야 하는 불안감도 줄일 수 있다. 보험과 관련된 모든 데이터가 블록체인상에 기록되고, 보험 가입 참여자들에게도 공유되어 보험 사기 같은 악용 사례 또한 현저히 감소시킬 수 있다.

이처럼 국내외 보험 산업에서 블록체인 기술을 도입하려는 시도가 활발하게 일어나고 있다. 아직 보험업에 적용되는 블록체인 기술은 일부 영역에 지나지 않는다. 블록체인 기반 스마트 보험금 자동 청구의 구축 범위는 병원서류의 제출 시점까지 한정된다. 보험금 지급 심사와 실제 지급은 또 다른 시스템의 영역이다.

또한 국민건강보험의 비급여 항목은 아직 표준화되어 있지 않아 완전한 스마트 계약을 구현하려면 정부기관의 참여가 필요하다. 기업보험이나 재보험과 달리 개인보험에서는 보험금 심사 자동화와 지급 자동화가 동시에 이루어져야 완전한 효율성을 기대할 수 있기 때문이다. 이를 위해 보험금 지급 심사, 보험금 지급과 같은 외부 인프라와 연동이 선행되어야 한다.

보험가입, 청구, 지급 심사, 지급이 블록체인상에서 직렬로 처리된다면 그야말로 심리스seamless한 무인 보험 자동화시대가 앞당겨질 것이다. 블록체인이 인슈어테크의 문제점으로 지적되었던 보험 이해관계자 간의 칸막이를 부수고, 이를 견인하는 역할을 하게 되는 것이다.

5

프로그래밍 금융,
디파이가 온다

디파이가 무엇일까

디파이 DeFi 는 '탈중앙화 금융' Decentralized Finance 의 합성어로 넓은 의미로는 블록체인 기반의 탈중앙화된 금융 서비스를 의미한다(〈도표 2-10〉). 디파이는 은행, 증권사와 같은 중개기관을 중심으로 이루어지는 기존 금융 방식과는 달리 모든 참여자가 금융기관 없이 블록체인 기술을 기반으로 알고리즘을 통해 이용한다. 2018년 말, 빠르고 투명한 금융 서비스를 위해 인간의 개입이 최소화된, 즉 프로그래밍된 금융을 만드는 모델로 점차 주목을 받게 되었다.

2015년에 출범한 이더리움은 P2P 개인 간 결제를 위해 만들어진 비

■ 도표 2-10 **전통 금융과 디파이 비교**

구분	전통 금융	디파이
중개자	금융기관	없음
투자 수단	법정화폐	암호화폐
투자 대상	주식, 채권 등	대출, 예치 등
운영 지역	제한	전 세계
운영 시간	제한	없음
자산 매매	허가된 거래소	탈중앙화 거래소

출처: CBDC 도입 관련 동향 및 영향(2021.3, KDB산업은행)

트코인과 달리 프로그래밍이 가능하다. 이러한 이더리움을 기반으로 다양하게 분산화된 애플리케이션, 디앱Dapp을 개발할 수 있다. 그래서 이더리움은 블록체인 기술을 기반으로 다수의 투자자들로부터 초기 개발 자금을 모금하는 ICO 붐 이후 디파이를 대표하는 블록체인 네트워크로 확실히 자리매김하였다. 현존하는 디파이 중 80퍼센트 이상이 이더리움에서 구동되고 있다.

이더리움에는 '스마트 계약'이라는 기능이 있는데, 이 기술로 디파이의 다양한 발전이 가능했다. 스마트 계약은 계약 당사자 간 사전에 합의된 내용을 전자계약 형태 프로그래밍 해놓고 계약조건이 충족되면 자동으로 계약 내용이 실행하도록 구현한 시스템이다. 블록체인 네트워크상에서 이러한 전자계약, 즉 금융거래 계약을 정해두고 이를 강제화할 수 있는 기술적 수단이 바로 스마트 계약인 것이다.

디파이의 장점은 중앙집중식 금융 시스템의 불안정 최소화와 효율적 분배, 확장성이라고 할 수 있다. 디파이는 은행, 증권사 등 중개기관이 없고 블록체인을 기반으로 프로그래밍된 소프트웨어가 신뢰 주체 역할을 하기 때문에 외부 해킹이나 시스템 불안정의 우려가 없다. 치밀하게 만들어진 소스 코드 위에 스마트 계약이 작동하여 기존 금융서비스에 비해 임의적 조작 문제가 없고, 비용적인 측면에서도 효율성이 높다.

또한 높은 확장성으로 인해 개발도상국 등 금융 후진국에서도 신속하고 효과적인 금융 서비스 제공이 가능하다. 결국 디파이도 블록체인 기술을 바탕으로 구현되는 서비스이기에 블록체인의 특성을 고스란히 가진다.

전통 금융과 디파이

디파이 시장규모는 지속적으로 확대되고 있다. 특히 최근 1년간 예치금액이 큰 폭으로 상승하며 성장을 견인하고 있다. 디파이 전문 리서치 기업인 디파이 펄스Defi Pulse와 디앱 레이더Dapp Radar에 따르면 2021년 4월, 전 세계 디파이 예치금액TVL, Total Value Locked이 최대 약 624억 달러(69조 원)에 달하며 순활동 지갑 수Unique Active Wallet도 최대 5만 2000건에 이른다(〈도표 2-11〉). 순활동 지갑 수는 디파이에서 실제 거래가 이루

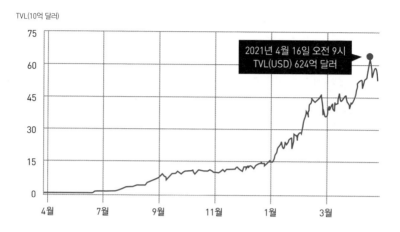

TVL(10억 달러)

2021년 4월 16일 오전 9시
TVL(USD) 624억 달러

출처: www.defipulse.com

어지는 전체 지갑의 수를 뜻한다.

　그렇지만 디파이는 암호화폐의 큰 변동성 때문에 금융 서비스의 역할을 제대로 할 수 있는가에 대한 의심을 계속 받고 있다. 이에 대한 해결책은 스테이블 코인과의 연계이다. 법정화폐만큼이나 안정적인 가치를 보장하는 스테이블 코인을 활용하면 변동성을 줄이고, 높은 이자율을 꾸준히 얻을 수 있다.

　이더리움 기반 대출 서비스를 예로 들어보자. 디파이는 이더리움이 필요한 자와 이더리움을 예치하거나 빌려주고 이자를 받으려는 자가 만나 시장이 형성된다. 이더리움의 스마트 계약 기능과 안정적 보상을 위한 스테이블 코인이 결합하면 저비용으로 높은 수익률을 얻을 수 있는 탈중앙금융, 즉 디파이를 구현할 수 있는 것이다.

디파이 생태계를 분야별로 좀 더 살펴보면 대출Lending, 탈중앙화 거래소DEX, 파생상품Derivatives, 결제Payment 등으로 나눠볼 수 있다. 디파이에서는 일반적으로 중앙화된 거래소 방식에서 벗어나 P2P 방식 즉, 탈중앙거래로 이루어진다. 거래소를 통해 본인의 암호화폐를 관리하는 것이 아니라 직접 관리하기 때문에 거래소 해킹으로부터 안전하다.

대출 분야는 디파이에서 47퍼센트를 차지할 정도로 가장 활용도가 높은 서비스인데, 스마트 계약을 통해 대출자와 차입자를 연결한다. 사용자는 예치된 암호화폐를 다른 사용자에게 빌려주고 이자를 얻을 수 있다. 최소 담보비율을 계산하여 담보비율이 낮아지면 청산하는 모든 과정을 스마트 계약이 처리하게 된다.

디파이 시장에서 암호화폐 유동성을 공급하고 추가적인 토큰까지 받는 모델을 '이자 농사'Yield Farming 라고 한다. 마치 농사를 지어 이자를 불린다는 의미에서 만들어진 단어이다. 디파이 플랫폼에 암호화폐 예치를 하면 시장에 유동성이 공급되고, 이를 기반으로 다양한 디파이 상품들이 만들어지게 된다. 참여자들은 디파이 시장에 유동성을 공급하는 동안 이자 수익을 얻을 수 있지만 예치기간 암호화폐를 매매하지 못한다. 설정된 예치기간이 끝나게 되면 그제서야 자유로운 매매가 가능해진다.

디파이 파생상품은 두 가지 이상의 암호화폐를 결합하여 합성토큰Synthetic Token 을 발행하여 만든다. 암호화폐는 물론이고 주식, 유가, 금

등 다양한 자산의 가격과 연동하는 토큰을 발행하여 다양한 파생상품을 만들어 낼 수 있다.

결제 분야도 디파이 생태계를 유지하는데 중요한 역할을 하는데, 디파이 개념하에서 지급결제가 이루어지고 이를 통한 수익도 얻을 수 있다. 디파이는 암호화폐를 기반으로 한다는 점을 제외하면 우리가 흔히 알고 있는 금융과 별반 다르지 않다. 이게 바로 디파이가 탈중앙금융임에도 활용도가 높아 발전가능성이 무궁무진한 이유다.

디파이가 은행을 바꿀 수 있을까

최근 들어 이런 의문이 많다. 블록체인 네트워크상에서 암호화폐를 기반으로 구현되는 시스템을 과연 금융이라고 할 수 있을까? 전통적인 금융이라고 하면 예금, 대출, 외환, 결제 등을 의미하는데 이는 법정화폐를 기반으로 구현된다.

은행에 법정화폐를 맡겨야 정해진 이자를 받고, 부동산이나 주식을 담보로 법정화폐 대출을 받을 수 있으며, 물건을 사기 위해 법정화폐로 지급을 한다. 법정화폐 토대가 되지 않은 금융 서비스는 존재하지 않는 것이다. 따라서 암호화폐를 기반으로 하는 디파이는 전통적인 시각에서 금융이 되지 못할 수 있어 암호화폐가 진정한 화폐인지에 대한 해묵은 질문이 계속되는 것이다.

디파이는 본인 인증과 약정기간이 없어 이용자 접근이 쉽다. 또한 다른 암호화폐와 결합은 물론 기존 금융 서비스와 결합도 가능하기에 새로운 금융 서비스를 계속해서 만들 수 있다는 장점이 있다. 그러나 개방형 블록체인의 보안 문제, 규제 불확실성 등의 위험요소도 상존한다. 아이러니하게도 디파이는 책임을 지고 보증해주는 중앙기관이나 법적 장치가 없어 분쟁 발생시 해결이나 법적 보호를 받을 수 없다.

2020년에만 17개의 디파이 플랫폼에 해킹사고가 발생했다. 그해 말 암호화폐 리서치 기업 코인긱 Coingeek 이 발표한 자료에 따르면 디파이 프로그램 버그 악용으로 1억 5,000만 달러(1,670억 원)에 달하는 손실이 발생했다.

아직까지 디파이는 초기 시장이라서 일반인들이 접근하기에 어려운 것도 문제로 지적되고 있다. 디파이 플랫폼에서 제공하는 UX/UI도 다소 투박한 편이다. 본인인증 없이 플랫폼에 참여할 수 있다는 점도 기존 금융규제에 배치된다. 또한 블록체인 네크워크상의 스마트 계약으로만 작동하기 때문에 참여자와 이용거래가 많아질수록 처리 속도가 느려질 수 있는 문제도 있다.

그럼에도 디파이의 장점이 너무나도 명확하기에 앞서 언급한 한계점이 점차 개선된다면 기존 금융 서비스를 보완하거나 일부를 대체하는 효과를 누릴 수 있으리라 예상된다.

디파이는 어느 국가의 누구든 인터넷에만 접속할 수 있다면 금융 시스템을 이용할 수 있는 포용성과 확장성이 있다. 더불어 높은 수익도 얻을 수 있다. 디파이가 제공하는 예치, 무위험 차익거래, 이자 농사 등은 금융 참여자에게 너무나 매력적인 수익모델이다. 중개기관이 없

■ 도표 2-12 **전통 금융, 씨파이, 디파이 비교**

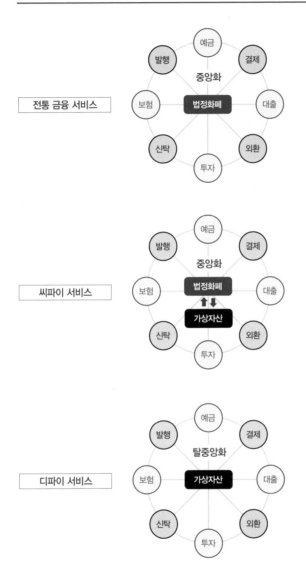

전통 금융 서비스

씨파이 서비스

디파이 서비스

출처: 블록체인 기반 혁신금융 생태계 연구보고서('21.1, 과학기술정보통신부)

어 본래 참여자가 가졌어야 할 이익이 온전히 그들 몫이 되는 것이다. 디파이는 그동안 금융시장의 약점으로 작용하였던 폐쇄성, 불투명성, 고비용 등의 단점을 상쇄할 수 있다는 점에서, 이를 이해하고 적극적으로 활용할 가치가 충분하다.

최근 디파이와 비견되는 것이 씨파이$_{CeFi}$ 이다(〈도표 2-12〉). 씨파이란 탈중앙화 금융에 빗대어 만든 합성어인데, 중앙화 금융$_{Centralized}$ $_{Finance}$ 을 의미한다. 씨파이는 암호화폐로만 운영되는 디파이와 달리 법정화폐와 연동할 수 있는 금융 서비스를 의미한다.

씨파이는 암호화폐를 활용한 금융 서비스라는 점에서 디파이와 동일하지만 법정화폐와 교환이 가능하다는 점에서 큰 차이점이 있다. 씨파이에 있어 법정화폐로의 교환은 기존 금융 시스템, 나아가 금융제도와의 결합을 의미한다. 전통 금융 사업자들이 디파이에 대해 간과하지 말아야 할 이유가 바로 여기 있다. 금융은 전통 금융 사업자의 전유물이 아니며 시장의 니즈에 따라 언제든 바뀔 수 있다. 향후 전통 금융과 디파이의 장단점이 서로 보완되면서 금융소비자에게 큰 가치를 제공하게 될 것이다.

다른 어떤 분야보다 금융은 블록체인 기술이 도입되면서 변혁적으로 바뀔 것이다. 디파이와 씨파이 서비스는 이때 반드시 알아둬야 하는 개념이다. 지금의 금융 체제와 비교해서 확실히 바뀔 미래를 상상해보자.

BLOCKCHAIN TREND

제3장

유통, 블록체인을 만나다

: 식품부터 부동산까지, 모든 것이 기록되는 세상이 찾아온다

태주와 서현은 약혼한 사이다. 태주는 서현에게 프러포즈를 하기 위해 백화점에 들러 반지를 살펴보았다. '영원한 사랑'을 의미하는 다이아몬드. 그 의미를 특별하게 하려면 출처도 깨끗하게 검증된 것이면 좋겠다고 생각했다. 그런데 마침 매장 직원이 태주에게 에버레저Everledger의 품질보증서가 있는 다이아몬드를 권했다. 아프리카 내전의 상징인 블러드 다이아몬드는 신성한 결혼에 어울리지 않는다는 조언과 함께 에버레저의 블록체인 시스템으로 보증된 다이아몬드는 품질만큼 출처도 믿을 만하다고 설명한다. 태주는 매장 직원의 이야기를 들으며, 서현도 다이아몬드의 아름다움만큼 유래와 과정의 깨끗함도 좋아하겠다고 생각했다.

　태주는 집을 마련하는 것도 고민이다. 블록체인 부동산 시스템을 살피며, 살고 싶은 지역의 몇몇 매물의 소유권 기록을 찾아보고 있다. 부모님은 집을 마련하기 위해 여러 부동산을 직접 돌아다니며 비싼 복비를 내야 했고, 해당 매물의 소유권이나 대출 저당 같은 정보를 알아보기 위해 서류를 일일이 뽑아 봐야만 했다고 한다. 지금은 블록체인을 통해 서류를 확인하는 절차가 많이 간소화되었고, 중개료도 저렴해졌다. 서현과 함께 직접 가 볼 집을 몇 곳 골라 리스트를 정리했다. 부동산 블록체인 P2P 시스템에 올라와 있는 매물 중 괜찮아 보이는 집을 살펴보기 위해 방문 신청을 했다. 원하는 시간대에 집을 열어 볼 수 있는 스마트 계약 기반의 디지털 도어락 암호가 스마트폰으로 전송되었다.

태주는 서현과 같이 저녁을 먹기로 했다. 외식에 물린 터라 오늘 저녁에는 직접 장을 봐서 요리를 하기로 했다. 인터넷에서 레시피를 몇 개 골라 간단한 코스 요리처럼 만들 생각이다. 애피타이저로 로메인 상추 샐러드, 메인으로 한우로 만든 스테이크, 디저트로 요구르트 푸딩을 골랐다. 그런데 요즘 미국에서 로메인 상추를 먹고 식중독에 걸렸다는 뉴스, 중국에서 소고기나 우유 같은 신선식품에 대한 안전 문제가 불거진다는 뉴스가 종종 들려온다. 한국의 사정은 아니지만 식품을 고르면서 괜히 신경 쓰이는 것은 사실이다. 마트의 냉장 신선 코너에서 로메인 상추를 살펴보면서 해당 포장 비닐에 있는 QR코드를 스마트폰으로 스캔하자, 블록체인 콜드체인 시스템을 통해 기록된 농장 주소와 유통 경로가 화면에 떴다. 대장균으로 인한 식중독 문제가 없는 안전 농장이라는 인증이 나타났다. 안심하고 카트에 담는다. 소고기와 요구르트도 블록체인 QR코드 스캔을 통해 확인하고 골랐다.

서현이 태주의 집에 도착했다. 서현은 태주가 요리를 직접 해 준다

는 사실에 꽤 기대하는 눈치다. 태주는 애피타이저를 만든 후, 스테이
크를 굽기 위해 소고기에 양념을 하고 있다. 태주가 요리를 하는 대신
서현은 와인을 준비했다. 둘만의 식사를 끝내고 태주는 조명을 바꾸었
고, 서현은 준비한 와인을 꺼냈다. 서현이 꺼낸 이탈리아산 와인의 라
벨 가장자리에는 블록체인 시스템으로 산지와 유통정보가 검증되었다
는 홀로그램 스티커가 붙어 있다.

　태주는 서현이 좋아하는 재즈 음악을 틀고, 서현의 이야기를 듣는
다. 태주는 잠깐 화장실을 다녀오겠다는 핑계로 방 안에 들어가 책상
서랍에 잠시 넣어 두었던 다이아몬드 반지가 든 작은 상자를 꺼낸다.
서현은 음악을 들으며 태주를 기다린다.

1

블록체인이
유통에 적격인 이유

블록체인과 신선한 달걀의 상관관계

앞서 본 가상의 일상 속 보석 인증, 부동산 거래, 식품 유통 과정 추적 등은 블록체인을 유통에 적용한 대표적인 사례다. 탈중앙화, 보안성, 확장성, 투명성으로 대표되는 블록체인의 유용성은 유통과 접목되었을 때 더욱 빛을 발한다. 유통 과정에서 발생하는 데이터들을 블록체인에 적재한다면 제품의 출처, 배송 과정, 보관 상태 등의 다양한 정보들을 순차적으로 추적할 수 있어 제품의 신뢰도를 높일 수 있다.

대표적인 유통 관련 사고로 2017년 8월에 있었던 국내 살충제 달걀 파동을 들 수 있다. 달걀은 거의 모든 사람이 매일 섭취하는 식품이어서 안전과 유통 과정에 대한 문제가 집중 조명되었다. 만약 달걀 유통 과정에 블록체인 기술이 적용되었다면 파장이 작았을 수도 있었다. 당시 살충제 성분인 피프로닐Fipronil에 오염된 달걀이 발견되자 국내 주요 마트에서는 달걀과 달걀을 사용하는 제품의 판매를 잠정 중단했었다.

농림축산식품부는 3,000마리 이상의 산란계를 사육하는 모든 농장에 대해 조사를 착수해, 일주일 만에 1,239곳의 농장 중 49곳의 농장에서 오염된 달걀을 발견했다고 발표했다. 특히 친환경 농장으로 분류된 곳에서 살충제에 오염된 달걀이 발견되어 신뢰도가 많이 하락했다. 또한 파동이 일어나고 1년 뒤인 2018년 9월에 강원 철원군의 농장에서 살충제 달걀이 또다시 발견되어 해당 달걀이 전량 폐기되기도 했다.

살충제 달걀 파동을 통해 유통 이력 관리의 허술함이 도마에 올랐다. 달걀 껍질에 생산 정보를 표기하는 기존의 방식인 '난각코드'는 전산 시스템으로 관리되지 않았다. 생산 농가를 추적하는 것도 어려울 뿐만 아니라 유통 경로를 찾기는 더욱 힘들었다. 심지어 난각코드의 형식도 전혀 통일되어 있지 않았다. 정부에서는 살충제 달걀 농장을 적발하고도 난각코드 내용이 부실해 회수와 폐기의 어려움을 겪어야만 했다. 식품의약품안전처에서는 살충제 달걀 파동이 일어나고 나서야 농가나 달걀 수집업체들이 각자의 방식으로 난각코드를 새기고 같은 농가에서도 여러 종류의 코드를 쓰고 있다는 것을 파악했을 정도였다.

현재 국내에서 생산되는 달걀의 유통 경로는 크게 네 가지로 정리할 수 있다. 전체 달걀 유통량 중 세척과 선별 기능이 있는 달걀 공식 집

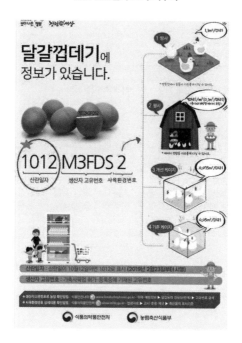

출처: 식품의약품안전처

하장Grading & Packing Center(GP 센터)에서 55퍼센트, 영세한 식용란 수집판매 업체에서 18퍼센트, 브랜드를 붙여 파는 식품유통업체에서 17퍼센트, 직접 공급하는 방식이 10퍼센트 정도다.

　정부에서는 달걀 GP 센터 유통 의무화, 이력 추적제 도입 등을 추진하고 있다. 또 2019년 2월부터는 달걀의 산란일자 표기를 의무화했다. 달걀 껍데기에 생산자 고유번호와 사육환경번호를 나타내는 여섯 자리 외에 산란일자를 뜻하는 네 자리를 추가해 달걀의 신선도 확인을 용이하게 한 것이다. 정부의 달걀 GP 센터 인프라 구축은 2022년까

▪ 도표 3-1 블록체인의 주요 특징 및 유통 산업에 적용할 경우의 장점

특징	주요 내용	유통 산업에 적용할 경우 장점	달걀 유통 적용 사례 (예상)
탈중앙화	신뢰기관 없이 거래 가능	거래 수수료 절감	정부 등 신뢰기관 인증 비용 절감
보안성	거래 정보를 다수가 공동으로 소유하며 관리	거래 신뢰도 향상, 거래 성립에 기여	달걀 산란일자, 유통 기록 등 정보 위·변조 불가
확장성	거래 정보 원장을 기반으로 인증, 이력 추적, 결제 등 다양한 서비스로 연결 및 확장 가능	진품 여부 확인, 유통 이력 추적 등 활용	달걀 유통 이력 추적에 활용 가능
투명성	모든 거래 기록이 공개되어 쉽게 접근 관리	거래 신뢰도 향상	달걀 유통 이력에 대해 누구나 열람, 유통 참여자 간 상호 모니터링 가능

지 진행될 예정이다.

달걀의 안전을 위해서는 산란일뿐 아니라 저장 및 유통 온도도 중요하다. 블록체인 기술 기반으로 안전관리인증HACCP, Hazard Analysis and Critical Control Points이 접목된다면 살충제 달걀 파동은 일어나지 않을 것이고, 오염되거나 상한 달걀이 다시 발견되더라도 좀 더 신속하게 대처할 수 있을 것이다.

블록체인을 통해 유통 경로를 추적하면 공급망 관리의 효율성을 높일 뿐만 아니라 공급업체나 관리자에게 암호화된 허가권을 할당해 상호 모니터링을 할 수 있다(〈도표 3-1〉). 블록체인에 기록된 유통 정보를 공급망 참여자들이 실시간으로 확인하면, 오염된 달걀이 소매점에

도달하기 전에 중간 유통 과정에서 회수해 사고의 사전 방지도 가능
하다.

가짜 상품 판별을 위한 알리바바의 자구책

전 세계 유통 시장의 성장을 주도하고 있는 이커머스 기업들도 속속
블록체인에 관심을 드러내고 있다. 2020년 글로벌 시장 기준 소매 판
매 유통 시장은 전년 대비 1퍼센트 성장했다(〈도표 3-2〉). 반면 이커머
스 시장은 24퍼센트 고성장하며 전체 시장의 성장을 견인했다.

글로벌 소매 유통 중 이커머스가 차지하는 비중은 약 20퍼센트로 추
정된다. 글로벌 이커머스 대기업들은 대체로 자사의 기존 인터넷 플랫
폼 사업 방식을 유지하면서 블록체인 기술을 부가적인 전략으로 활용
하는 모습이다. 상품의 유통 경로를 추적하고 부정 사용자를 걸러내기
위한 인증에 블록체인을 활용하고 있다.

알리바바는 2020년, 전 세계에서 블록체인 기술 특허를 가장 많이
등록한 기업으로 꼽혔다. 알리바바가 블록체인을 활용하는 최우선 목
적은 위조 수입품과 가짜 식품을 판별해 상품의 신뢰를 확보하는 것이
다. 특히 B2C 쇼핑몰 티몰T-Mall과 물류 기업 차이냐오Cainiao에서 취급하
는 수입품과 수출품에 관한 정보를 블록체인에 저장하고 있다.

알리바바 본사가 있는 중국 광저우와 인근 상하이, 셴젠 등에서는
블록체인 기반 물류 시스템을 통해 50여 개국에서 수입된 3만여 종의

소매 판매 유통 시장

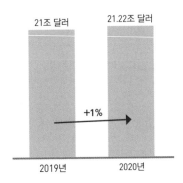

21조 달러

21.22조 달러

+1%

2019년 2020년

이커머스 시장

3.46조 달러
2019년

4.29조 달러
2020년

+24.1%

글로벌 소매 유통의 이커머스 비중

20.2%

2020년

출처: DigitalCommerce360

상품에 대한 정보도 추적할 수 있다. 알리바바는 호주 우체국AusPost, 호주 식품회사 블랙모어스Blackmores, 회계법인 PwCPricewaterhouse Coopers 호주 지사와 함께 블록체인 기반의 상품 신뢰 프레임워크 FTFFood Trust Framework도 조직했다. 가짜 식품의 유통을 줄이기 위해 블록체인상에 유통 이력을 기록해, 품질이 낮거나 가짜 성분이 섞인 상품을 추적한다. 블록체인은 한 번 기록된 사실에 대한 수정이 불가능하기 때문에 데이터의 위·변조, 조작을 방지할 수 있어 식품 안전에 대한 신뢰성과 투명성을 확보할 수 있다.

한편 알리바바는 중국의 사회 문제 해결을 위해서도 블록체인 기술을 활용하고 있다. 2019년 양쯔강 삼각주 지역의 11개 성시의 지하철 승차 및 발권 정보 공유, 실시간 정산을 블록체인 네트워크 기반으로 구현했다.

또한 2020년 코로나19 위기 상황의 대응을 위해 알리페이 내부에 블록체인 기술을 활용하여 감염자 및 사망자 수, 의료기관 상황을 실시간으로 확인하는 인앱in App 서비스를 구축했고, 의료기기 유통망 관리 시스템도 구축했다. 이렇듯 최근 블록체인은 기술적 성장을 넘어 그동안 풀지 못했던 사회 문제들을 적극적으로 해결하고 있다.

아마존의 특별한 블록체인 접근법

아마존은 블록체인 기술을 이커머스 사업에 전면적으로 적용하기에 앞서 '솔루션' 사업 방식으로 접근하는 것으로 알려져 있다. 클라우드 사업을 하는 AWS_{Amazon Web Service}를 중심으로 BaaS_{Blockchain-as-a-Service}, 즉 '블록체인의 서비스화'를 내세우고 있다. 아마존은 미국 특허청으로부터 블록체인과 연관된 전자서명 안전성, 탈중앙형 데이터 저장 보안강화 특허도 취득했다.

아마존의 블록체인 서비스 이름은 '아마존 매니지드 블록체인'_{Amazon Managed Blockchain}이다. 소니뮤직의 음악 저작권 관리, CJ 네트웍스의 방송 콘텐츠 내의 음악 사용 이력 관리, 국내 수제 맥주 회사 카브루_{Kabrew}에서 맥주 제조 환경 및 유통 과정 관리 등에 아마존 매니지드 블록체인이 적용되어 있다.

이외에도 글로벌 농업 데이터 기업 팜모바일_{Farmobile}, 인도 IT기업 마힌드라 등에서 아마존 매니지드 블록체인을 활용한 서비스를 준비하는 등 생태계가 확장되는 중이다. 2021년 3월부터는 이더리움 블록체인 지원도 시작했는데, 이더리움 기반의 디파이 서비스를 겨냥한 것으로 보인다.

2019년부터 아마존의 AWS는 순환형 공급망_{Circular supply chain} 블록체인 프로젝트를 추진하며 액센츄어_{Accenture}, 마스터카드와 협업을 시작했다. 순환형 공급망은 소비자의 지속 가능한 구매 선택을 지원한다. 소비자가 공급망의 각 단계에서 사용되는 자원과 폐기물을 줄이고 윤리적인 과정을 준수하는 생산자의 물품을 선택해 보상받을 수 있다면, 공급망은 생산자에서 소비자로만 전달되는 일방통행 성격이 아니라 소비자의 선택이 공급자에게 전해지는 '순환형'으로 거듭날 수 있을 것이다.

이러한 순환형 공급망을 구현하기 위해서는 유통 과정의 디지털 인증 관리와 블록체인 기술이 필요하다. 특히 소비자가 구매 선택을 하기 전에 해당 상품이 어떤 과정을 통해 생산되고 유통되었는지에 대해 위·변조되지 않은 정보를 투명하게 확인할 수 있어야 한다. 순환형 공급망 프로젝트는 결국 구매와 밀접하게 연결되어 있기 때문에 향후 프로젝트의 성과에 따라 아마존이 핵심 사업인 이커머스 사업에 어떻게 블록체인을 활용할지 주목된다.

또한 아마존은 2020년 연례보고서_{annual report}에서 위험 요인_{risk factor} 중 하나로 판매자의 사기나 위법적인 행위가 일어날 수 있다는 것을 처음으로 제시했다. 아마존이 직접 재고를 책임지지 않고 거래 플랫폼만 제공하는 제3자 판매 물품 중에 모조품이나 불법적인 제품이 포함될 수도 있기 때문이다.

아마존의 전체 판매 제품 중 제3자 판매 비중은 2017년부터 50퍼센트를 넘어섰고, 2020년 말 55퍼센트를 기록하는 등 꾸준히 증가세다. 아마존은 이러한 위험 요인을 해소하기 위해 향후 블록체인 기술을 더 적극적으로 활용할 것으로 예상된다.

신뢰 기반 탈중앙화로 비용이 절감되다

미국 유타주 솔트레이크시티에 위치한 전자상거래 기업인 오버스톡

■ 미국 오버스톡 자회사 메디치 벤처스의 블록체인 사업 현황

출처: 오버스톡

은 블록체인 사업에 매우 적극적이다. 블록체인 사업에 집중하기 위해 기존 이커머스 사업을 매각한다는 계획을 밝힐 정도다. '헤지펀드의 전설'로 불리는 펀드매니저 조지 소로스George Soros가 3대 주주인 것으로도 유명하다. 오버스톡은 자체 온라인 쇼핑몰에서 사용할 결제 수단으로 비트코인을 선제적으로 도입했다.

블록체인 관련 신사업은 메디치 벤처스Medici Ventures를 통해서 활발히 전개하고 있다. 메디치 벤처스는 오버스톡의 블록체인 서비스 솔루션 회사들에 대한 투자를 관리하는 자회사다. 메디치 벤처스는 블록체인 기반의 유통 공급망과 관련해 그레인체인GrainChain(농산물), 빈센트Vinsent(와인), 팩텀Factom(공급망 데이터 솔루션)에 투자하고 있다. 그 외에도 인증, 토지 대장 등록, 금융, 자본 거래, 투표 등 다양한 블록체인 분야에 관여하고 있다.

중국 전체 2위 이커머스 기업 징동닷컴은 2019년 중국 정부가 발표한 블록체인 공식 서비스 등록 기업 명단에서 클라우드, 금융, 위조방지, BaaS 등 4개 서비스의 인증을 획득했다. 현재 자사 쇼핑몰에서 판매하는 5만여 개 제품 추적에 블록체인을 활용하고 있다. 식품과 주류, 분유, 의약품 등 안전과 품질에 민감한 제품 위주로 적용했다.

징동닷컴은 호주의 인터애그리InterAgri와 제휴하여 소고기 유통에 블록체인 기술을 적용하기도 했다. 블록체인에 호주산 소고기에 대한 모든 정보를 저장하고 전 유통 과정의 정보를 추적하는 것이다. 블록체인에 등록된 호주산 소고기는 도축 시기를 의미하는 타임 스탬프를 조작하는 것이 불가능하다. 이를 통해 중국의 소비자들은 징동의 호주산 소고기를 안심하고 구매할 수 있다.

일본 대형 이커머스 기업 라쿠텐은 2018년 8월에 가상자산 거래소 '모두의 비트코인'을 인수하여 '라쿠텐 월렛'으로 사명을 변경시켰다. 2019년 3월에 일본 금융청 승인을 받아 거래소 사업을 정식으로 시작했고, 라쿠텐 월렛의 멤버십 포인트를 암호화폐로 환전하는 서비스도 출시했다. 라쿠텐은 2021년 3월부터는 암호화폐 결제도 도입했다. 자체 결제 앱 라쿠텐 페이에 암호화폐를 연동시켜 이용자가 엔화로 이체 충전하면 암호화폐로 라쿠텐 플랫폼에서 물건을 구매할 수 있다.

싱가포르 이커머스 기업 큐텐Qoo10은 2020년부터 국내 암호화폐거래소 빗썸과 제휴하여 싱가포르에서 빗썸캐시 결제 서비스를 제공하고 있다. 또한 2018년에는, '큐브'QuuBe라는 블록체인 기반 온라인 쇼핑몰을 홍콩에 런칭했다. 큐브는 전용 가상화폐 큐코인Q*Coin으로 결제와 정산이 이루어지며, 모든 거래 내역은 블록체인 기술로 저장된다. 큐코인은 달러 가치와 연동되어 있고, 구매자의 상품 결제뿐만 아니라 판매자의 광고 아이템 구매 용도로도 사용할 수 있다. 큐텐의 창업자는 한국에서 지마켓을 만들어 이베이에 매각한 바 있는 구영배 대표다. 그는 기존 이커머스의 경쟁력인 가격과 상품 구성, 편리성을 블록체인 기반의 큐브에서도 구현하는 것이 목표라고 밝혔다.

블록체인의 탈중앙화는 단순히 중개자의 역할을 없애는 것이 아니라 블록체인 자체가 규칙을 엄격히 준수하는 중개자가 되는 것이다. 사람이 개입하던 기존의 중개 방식을 프로그램화한 소프트웨어 시스템으로 대체하는 방식이다. 중개자 간에 일어나는 상호 작용을 시스템 하나로 대체한 셈이다. 탈중앙화를 통한 중개 비용의 절감은 가장 큰 장점이 된다. 그 자체로 중개자가 된 블록체인 기술만 있다면 중개 수수료를 지불해야 하는 기존의 거대 플랫폼 없이도 거래가 가능하다.

대체로 글로벌 이커머스 기업들은 자사의 플랫폼 지배력을 보존하면서 블록체인 기술을 보완재 성격으로 활용하고 있다. 반면 상대적으로 규모가 작은 이커머스 기업들은 기존의 중앙 통제식 플랫폼 중개 모델을 뒤흔들 수 있는 측면을 더욱 부각하는 편이다. 중앙 통제식 플랫폼과 대조되는 분산 시스템을 내세우며, 중개 수수료를 없애거나 낮추는 것이 대표적인 방식이다.

시장 지배력이 견고한 대기업의 입장에서는 기존의 플랫폼 거래 수수료를 건드린다면 핵심 매출이 감소할 수 있다. 따라서 기존 플랫폼의 지배력에 대한 신뢰성을 높이는 용도로 블록체인 기술을 활용하거나, 솔루션 서비스화를 통해 추가 수입원으로 만들고자 한다. 반면 시장에 진입하려고 하는 신생 기업이나 지배력이 낮은 중소기업들은 거래 수수료를 낮추거나 제거하는 식으로 우선 이용자를 모으려는 상황이다.

블록체인 기술을 통해 기존의 이커머스 산업 구도에 충격적인 변화가 생길지, 글로벌 대기업들의 지배력이 오히려 더욱 공고해질지 예의 주시할 필요가 있다.

2

더 안전해지고
더 단순해지다

단 2초 만에 원산지를 추적하다

유통 산업과 ICT기술이 접목되면서 이커머스, 모바일 결제, 물류 시스템 분야에 혁신이 이뤄지고 있다. 최근에도 유통 공급망의 다변화와 전문화를 통한 온·오프라인의 연결, 데이터 기반의 소비자 맞춤 서비스, 융복합 기술의 적용 등이 활발히 일어나고 있다. 앞으로 유통은 블록체인의 적용을 통해 그야말로 '초신뢰 유통'으로 거듭날 전망이다.

현대인의 식생활은 가공식품보다 신선식품을 선호하는 트렌드로 변하고 있다. 그러나 신선식품 유통 과정에서 종종 문제가 발생해 사람들의 건강과 생명을 위협한다. 한국의 살충제 달걀 파동과 비슷하게 미국에서도 시금치, 로메인 상추 유통 사고가 일어났다. 2006년 미국에서 유통 중인 일부 시금치에서 대장균이 검출되어 26개 주의 200여 명이 감염되고 세 명이 사망했다. 미국 정부에서는 조사관 수백 명을 투입했지만, 진상 규명에 2주가 소요되었다. 2018년에는 로메인 상추에서 대장균이 검출되어, 2006년 이후 최악의 식중독 사태가 벌어졌다. 2018년 5월 미국 전역에서 100명이 넘는 감염자가 발생했고, 캘리포니아에서는 사망자도 발생했다. 두 달이 넘도록 오염 농장이 판정되지 않았고 오염원도 규명되지 못했다. 미국 질병통제예방센터는 모든 유형의 로메인 상추의 섭취를 중단할 것을 권고했다. 신선식품의 안전과 신뢰가 확보되지 못해 소비자의 건강이 위협받고 있는 것이다.

만약 블록체인 기술이 신선식품 공급망에 적용되어 있었다면 불과 몇 초 만에 문제가 발생한 농장을 찾아내어 신속하게 대처했을지도 모른다. 미국의 유통기업 월마트Walmart는 2016년에 IBM과 협력해 식품 공급망에 블록체인을 적용하는 시범사업을 시작했다. 시범사업 결과, 특정 식물의 원산지를 추적하는 과정을 단 2초 만에 처리할 수 있다고 발표했다. 특정 신선식품에 문제가 발생한 경우, 해당 농장 위치를 즉시 확인해 리콜 처리하거나 구체적인 공급자를 확인해 책임을 지울 수도 있다.

또한 2019년 1월에 농작물을 공급하는 농장과 운송 업체에 안내문을 보내 9월까지 '식품 추적 블록체인'Food-tracking blockchain에 합류할 것을 권장했다. 무엇보다 블록체인이 유통 과정의 투명성과 식품 안전을 향상하는 데 활용될 수 있기 때문이다.

과거의 식료품 공급 과정은 실질적으로 사슬chain이라 부르기도 부적절하게 관리되었다. 공급 과정 기록은 전혀 디지털화되어 있지 않고 대부분 종이 문서로 적혀 있는 경우가 많았기 때문이다. 기록의 일부가 디지털화된 경우도 있으나, 다양한 시스템에서 상호작용할 수 없었다.

판매하는 상품의 종류와 수가 무수히 많은 것도 문제의 원인이 되었다. 미국 월마트의 특정 상품과 관련된 SKUStock Keeping Unit(재고 관리 코드)는 30년 전에도 1만 5천 개나 되었고, 현재는 5만 개에 달할 정도다. 상품 관리의 복잡성뿐만 아니라 유통 과정의 불투명성은 필연적이었다.

신선식품을 유통하는 과정에서는 온도 관리가 가장 중요하다. 콜드체인cold chain은 온도에 민감한 제품을 저온으로 보관하며 제품의 품질과 안전을 보장하는 유통 시스템이다. 유통 과정에서 제품이 부패나 변질될 가능성을 줄여 기업 입장에서는 손실률을 낮추고, 소비자는 좋은 품질의 신선식품을 구입할 수 있다. 콜드체인 시장에도 블록체인이 적용되면 투명성과 효율성을 높일 수 있다.

콜드체인 시스템에서는 블록체인에 신선식품의 원산지 정보를 비롯한 다양한 디지털 정보가 저장되고 배송 과정마다 최신 정보를 업데이트한다. 이 과정에서 정확한 온도를 유지하고 돌발 상황에 적시 대응할 수 있다. 디지털 자동화를 통해 수작업이 줄어들어 관리의 효율성도 증진된다.

대표적으로 월마트가 IBM, 칭화대와 함께 돼지고기 콜드체인 프로젝트를 진행하고 있다(〈도표 3-3〉). 월마트 매장에 진열되는 돼지고기의 유통 과정을 추적하는 프로젝트다. 중국은 전 세계 돼지고기 소비

■ 1960년대의 월마트 종이 원장

출처: WSJ

■ IBM 푸드 트러스트를 이용한 딸기 유통 기록 확인

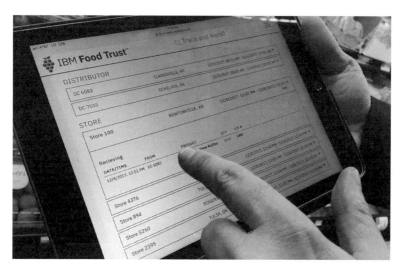

출처: WSJ

량의 절반을 소비하는 것으로 알려져 있다. 그런데 중국에서 돼지에게 약품이나 중금속이 섞인 사료를 먹여 단기간에 출하시키는 바람에 안전성에 대한 문제가 불거진 적이 있었다. 돼지고기 생산의 안전성이 여전히 의심되어 블록체인 프로젝트에서도 돼지고기를 주 대상으로 삼은 것으로 파악된다.

이 프로젝트에서는 아래 과정을 거쳐 추적 가능한 기록을 생성한다.

1. 돼지를 사육하는 축산업자는 돼지에 IoT 센서를 부착해 사육 환경과 방식을 블록체인에 실시간으로 저장한다.
2. 가공업체는 가공된 정보를 센서에 입력해 도축 과정을 블록체인에 저장한다.
3. 운송업체는 돼지고기에 센서를 부착해 온도와 습도를 비롯한 운송 상황 데이터를 측정해 블록체인에 기록한다.
4. 도소매 업체는 포장지 센서에 판매 환경과 관련된 정보를 입력한다.

각 과정에서 수집된 정보는 블록체인에 영구적으로 기록된다. 그리고 이 정보들은 돼지고기의 안전성을 판단할 수 있는 중요한 데이터로 활용된다. 이러한 블록체인 시스템은 식품 관련 정보를 담은 종이 기록지와 수동 검사 시스템을 대체할 것으로 예상된다.

월마트는 드론을 이용한 배송 시스템에도 블록체인을 적용하고 있다. 배송 과정을 블록체인 기술로 관리하면, 실시간 배송 상황을 알 수 있고 배송 과정 추적도 용이해진다. 2018년부터 스마트 패키지를 배

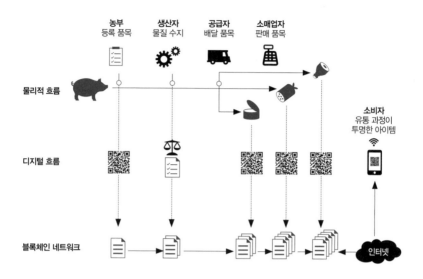

출처: 월마트

달 서비스에 도입하기도 했다. 스마트 패키지 시스템은 상품의 포장 안에 담긴 내용물에 대한 정보를 블록체인에 기록하는 방식이다. 이 시스템을 활용하면 판매자와 구매자는 제품의 주문 정보와 배송 상태를 블록체인을 통해 실시간으로 정확한 정보를 확인할 수 있다.

미국에서는 2017년 과일 채소 기업 돌 푸드Dole Food, 육류 기업 타이슨Tyson, 향신료 기업 맥코믹McCormick을 비롯한 10개 식품 기업들도 푸드 트러스트food trust를 확보하기 위해 IBM의 블록체인 프로젝트에 합류했다.

2018년 10월에 IBM은 'IBM 푸드 트러스트' 기술을 상용화했다. 앞서 언급한 주요 파트너인 식품업계 대기업들뿐만 아니라 중소기업도

한 달에 100~1,000달러의 이용료만 지불하면 네트워크에 참여할 수 있다.

유럽 최대 슈퍼마켓 체인 까르푸Carrefour도 IBM과 손을 잡았다. 까르푸는 블록체인 기술을 통해 프랑스, 스페인, 브라질산 제품의 생산과 유통 과정을 추적할 것이며 2022년까지 더 많은 원산지로 적용 범위를 확대할 계획이다. 2018년 미국의 식품 공급업체 탑코 협동조합Topco Associates, 웨이크펀Wakefern, 비프체인Beefchain, 덴니크 청과업체Dennick Fruitsource, 스미스필드Smithfield에 이어 2019년에는 미국 알버트슨Albertsons, 2020년 프랑스 에이브릴 그룹Avril Group, 2021년 중동 마지드 알푸타임Majid Al Futtaim도 IBM 푸드 트러스트에 합류했다.

과거에는 식품 제조사들끼리 협력하기보다 경쟁을 하는 것이 더 일반적이었다. 그러나 이제 식품의 안전성에 대한 신뢰 확보는 경쟁의 이슈가 아닌 업계의 공통적인 최우선 목표이기 때문에 과거보다 원활한 협력이 이루어지고 있다. 푸드 트러스트를 활용하면 기업들은 안전하게 식품을 관리할 수 있고 소비자에게 안전 인증 같은 긍정적인 이미지를 줄 수 있을 것이다.

스타벅스는 식품 유통 기업이면서도 기술 친화적 기업으로 불릴 만하다. 선불 충전 및 사이렌 오더, 기프티콘 등 핀테크 기업으로서의 면모도 이미 보여주고 있다. 커피 원두 관리에는 블록체인 기술도 적극적으로 활용하고 있다. 2020년 8월부터 마이크로소프트의 솔루션을 활용하여 원두 관리에 블록체인 기술을 적용했다. 미국 스타벅스 매장을 방문한 고객은 원두 패키지에 있는 코드를 스캔하면, 블

■ 스타벅스 원두 패키지의 블록체인 기반 정보를 스캔 중인 소비자

출처: 스타벅스

록체인에 기록된 원두의 원산지와 로스팅된 장소에 대한 정보를 확인할 수 있고, 바리스타의 커피 제조 팁도 제공받을 수 있다. 원두 재배 농가에서는 생산한 원두의 유통 경로를 확인할 수 있다. 스타벅스는 윤리경영과 공정무역이라는 가치를 블록체인을 통해 고객에게 전달하는 것이다.

까다로운 참치 유통 과정을 한눈에

고가의 식품인 참치 유통에도 블록체인이 적용될 수 있다. 주로 선

진국에서 참치를 많이 소비하지만 생산은 주로 인도네시아, 필리핀, 아프리카 같은 신흥국가에서 담당한다. 생산지에서부터 원산지 표기가 엄격히 관리되지 않은 탓에 다른 생선들이 고급 참치로 둔갑해 고급 레스토랑에 납품되는 경우가 비일비재하다.

2010년에서 2013년까지 미국에서 유통된 흰 참치의 84퍼센트가 참치가 아니라 에스콜라$_{Escolar}$라는 통계도 있다. 에스콜라는 인체에 해로운 독성이 있다고 알려져 일본에서는 유통을 금지한 생선이다. 참고로 에스콜라에는 인간이 소화할 수 없는 왁스 에스터$_{wax\ ester}$ 함량이 높다. 왁스 에스터는 왁스나 세제의 원료로 쓰이며 복통이나 설사, 구토를 유발하는 위험 성분이다.

영국의 스타트업 프로비넌스$_{Provenance}$도 참치 유통 과정에 블록체인을 도입하려고 한다(〈도표 3-4〉). 프로비넌스에 따르면, 영국 소비자의 30퍼센트 정도가 친환경적이고 윤리적으로 생산된 제품을 구매하려는 성향을 갖고 있다. 반면, 참치는 지속 가능한 수준의 어획량을 지켜야 하는 멸종 위기 동물이다. 이러한 상황을 고려해 프로비넌스에서는 노동 윤리와 환경 보호 그리고 소비자의 식품 안전에 대한 신뢰를 위한 도구로 블록체인을 활용하려고 한다.

블록체인 네트워크에 참치의 생산, 가공, 유통의 전 과정을 기록으로 남길 수 있다면 소비자들은 진짜 참치를 의심 없이 먹을 수 있을 것이다. 참치를 잡은 어부와 포획된 위치와 날짜, 유통 과정의 중요한 사건들도 알 수 있다. 프로비넌스는 비정부기구$_{NGO}$를 참여시켜 참치를 잡는 어부에게 블록체인에 등록할 수 있는 스티커를 배포했다. 블록체

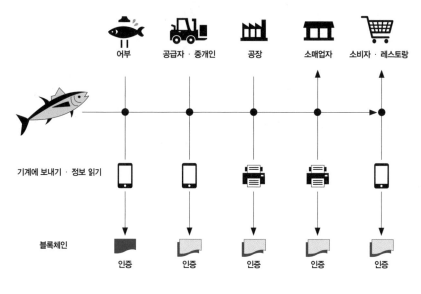

출처: 프로비넌스

인 기반의 시스템은 참치의 투명한 유통을 비롯해 어획량을 적정 수준으로 한정시켜 멸종 위기를 극복하는 데 도움을 줄 수 있을 것이다.

중국 중안보험은 닭고기 콜드체인과 관련된 블록체인 솔루션을 개발했다. 중안보험은 IT와 보험이 결합된 인슈어테크를 선도하고 있는 온라인 보험사다. 중국인은 돼지고기만큼 닭고기도 많이 섭취한다. 중국의 닭고기 소비량은 미국에 이어 두 번째로 많다. 농수산물유통공사에 따르면 2030년에 돼지고기 소비량을 넘어설 것이라는 전망이 나올 정도다. 중안보험의 솔루션은 닭의 성장 과정, 가공과 배송 과정에서

■ 웨어러블 기기를 착용하고 있는 중국 산치아오 '고고 치킨'의 닭

출처: CGTN

발생하는 모든 데이터를 블록체인에 단계별로 기록하게 되어 있다. 닭고기의 생산과 유통의 전 과정을 담고 있는 디지털 신분증으로 블록체인을 활용하는 것이다.

2016년에는 중안보험에서 블록체인 기술이 응집된 기술부서가 중안테크ZhongAn Technology로 분사했다. 중안테크는 2017년 중국 정부와 협력해, 구이저우성Guizhou 지방의 산치아오Sanqiao 산악 마을의 농가를 대상으로 블록체인 기술 기반의 양계 모니터링 시스템을 구축했다. 고고 치킨GoGo Chicken 프로젝트라 불리는 이 시스템은 6,000마리 정도의 닭에 웨어러블기기를 부착해 닭의 활동을 측정한다. 농장에서는 모니터링 시스템을 활용해 토양, 물, 공기의 신선도 등의 환경을 제어한다. 사육 과정의 각종 정보는 유통 과정의 정보와 함께 블록체인 기반 클라우드 시스템에 기록되고 보관된다.

최상의 사육 환경, 유통 과정의 투명성을 확보하기 위한 시스템 덕분에 기존의 닭보다 비싸게 팔리지만, 소비자들의 반응은 좋은 편이다. 특히 블록체인 적용 사업이 민간 기업 위주로만 진행되지 않고, 중국 정부의 강력한 의지와 지원 속에서 이뤄지고 있다는 것도 주목할 만하다.

삼성SDS의 수산물 블록체인 유통

국내 IT 솔루션 기업 삼성SDS는 식품 생산자에게 블록체인 기반 유통 이력 관리 플랫폼 '첼로 트러스트'를 제공하고 있다(〈도표 3-5〉). 식품의 품질 정보를 디지털 식품망으로 공유해 식품 원산지 정보에 대한 소비자의 신뢰를 확보하는 것이 목적이다. 가축이 사육될 때 먹는 사료 정보부터 사육 지역과 책임자, 도살 이후 가공 단계, 유통과 최종 판매에 이르는 전 과정의 정보가 데이터로 블록에 저장되어 추적할 수 있다.

삼성SDS의 첼로 트러스트는 수산물의 경우 국내 전복 양식장에 적용하여 '생산-입고-선별-출하' 전 과정을 관리하는 데 쓰이고 있다(〈도표 3-6〉). 와인 유통에는 OCR_{Optical Character Recognition} 광학 문자 인식을 접목하여 국제 운송 정보를 확인하게 했다. 농산물 유통에도 블록체인 기술과 더불어 IoT까지 접목하여 데이터의 오류를 바로잡고, 운송 상태를 모니터링하여 거래 기록을 자동으로 기록하고 있다.

■ 도표 3-5 **블록체인 기반 디지털 식품망 플랫폼**

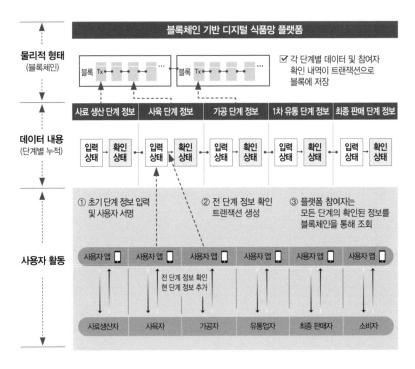

출처: 삼성SDS

■ 도표 3-6 **블록체인에 기록되는 양식 전복 거래 과정**

출처: 삼성SDS

와인 산업의 판도가 바뀌다

와인은 브랜드와 빈티지에 따라 수천만 원을 호가하는 고급 식품이다. 또 이탈리아는 세계 와인 생산량 1위로 유명하지만 그만큼 가짜 와인으로 떠들썩한 사건도 많다. 2006년에는 토스카나 지방의 사시카이아 와인을 비롯해 650만 병을 위조한 업체가 적발되었고, 2008년에는 피렌체의 브루넬로디몬탈치노 와인 위조 사건도 있었다.

2014년에도 와인의 1차 발효 후 압착 과정이나 2차 발효 정제 과정 도중 질 낮은 포도나 화학물질을 섞는 방법으로 가짜 와인을 판매한 업체가 적발되기도 했다. EY 와인 리포트에 따르면, 전 세계에서 구매되는 와인 중 20퍼센트는 가짜 와인으로 추정된다고 한다.

이스라엘 스타트업 빈센트는 와인 선물 상품을 거래하는 플랫폼 사업을 추진하고 있다. 와인 감정가들과 수입상들은 빈센트의 플랫폼에서 숙성 중인 와인을 병에 주입하기 1~2년 전에 거래할 수 있다. 빈센트는 와인 선물 상품을 토큰으로 만들어 블록체인에 기록하고 거래해, 와인 생산지를 밭 단위까지 추적할 수 있다. 와인업계의 고질적인 위조 문제를 해결하는 데 도움을 줄 전망이다. 미국 오버스톡의 자회사 메디치 벤처스는 빈센트의 지분을 약 20퍼센트 인수하며 투자하기도 했다.

중국의 스타트업 비체인VeChain도 와인과 관련된 블록체인을 연구하고 있다. 중국에서도 소비자들에게 인기가 높은 와인의 절반이 모방품이라는 이야기가 있을 정도로 와인 위조 문제는 심각하다. 2021년

1월 중국 광저우 경찰은 224억 원 규모의 중국 역대 최대 와인 위조를 적발한 바 있다. 비체인은 상하이의 대형 소매상점 DIG와 협업해 프랑스 와인 브랜드 '피에르 페로' 제품의 진위를 점검하고 있고, 블록체인 기술로 추적할 수 있는 와인의 양을 점차 늘릴 계획이다.

안전한 식품이 식탁에 오기까지

식품 안전은 아무리 강조해도 지나치지 않다. 빠르게 변화하고 있는 기후, 생활 패턴, 다양하고 새로운 원재료의 등장으로 사람들의 식품 안전에 대한 관심과 인식은 더욱 확산되고 있다. 특히 이커머스 카테고리가 일반공산품을 넘어 신선식품까지 확대되면서 식품 유통 과정에 대한 IT 산업의 관여도 증가하고 있는 상황이다.

식품이 생산되는 시점부터 블록체인이 도입된다면 식품의 안전성과 신뢰 확보는 더욱 가속화될 수 있다. 하지만 식품의 유통 과정에 비해 생산 현장은 기술의 도입이 상대적으로 어려운 경우가 많다. 농수산물을 생산하는 농장은 아직 기업형보다 소규모 영세 사업자들이 많고, 이들은 기술 장비 도입 등 투자 자금의 여유가 없는 경우가 대부분이기 때문이다.

그러나 식품 대기업이 블록체인 기술을 적극적으로 도입한다면, 정부나 소규모 농장 차원에서 도입하는 것보다 더욱 빠른 속도로 기술의 이점을 확산할 수 있다. 어느 시장이나 성장 초기에는 정부의 정책도 중요하지만, 많은 소비자와 접점을 유지하고 있는 '빅 플레이어', 즉 대기업들의 움직임에 의해 좌우되는 경우가 많기 때문이다.

아마존이 유기농 식료품 매장인 홀푸드를 인수해 콜드체인을 통한 신선식품 유통 역량을 확대했고, 중국 알리바바도 마트 '허마셴셩' 운영을 통해 중국인의 모바일 장보기 경험을 대중화하는 등 '빅 플레이어' 기업들 덕분에 식품 유통이 빨라지고, 온라인과 오프라인의 경계가 사라지고 있다.

식품의 빠른 배송을 넘어 건강하고 안전한 배송을 원하는 시대의 흐름 속에서 블록체인 기술이 긍정적인 기여를 할 수 있을지 주목된다.

3

블록체인은
모든 것을 기록한다

공인중개사 없는 부동산 거래

블록체인은 신뢰가 중요한 분야에서 더욱 빛을 발할 수 있을 것이다. 특히 정보 기록의 유지와 업데이트의 신속성이 생명인 곳에서 더욱 효과를 발휘할 수 있다. 무엇보다 거래 기록을 정확하게 남길 수 있다는 특징 때문이다. 부동산 계약 시장이 대표적인 분야다. 블록체인으로 부동산 소유권을 기록하게 되면 매매 이력을 통해 현재의 소유권 상태를 실시간으로 알 수 있다.

현재 부동산의 소유권 정보를 관리하는 원장은 중앙 데이터베이스가 아니라 개별적인 컴퓨터들이다. 각 사람들이 갖고 있는 개별 컴퓨터들이 원장의 복사본을 별도로 관리하는 구조다. 부동산의 소유권이 다른 사람에게 넘어가면, 시스템 내의 모든 원장이 소유권의 이동 사실을 기록한 최신 버전으로 갱신되어야 한다. 그러나 각 사람들 간에 정보를 전달해서 개별 원장을 모두 갱신하려면 시간이 걸린다. 시스템의 마지막 구성원까지 원장을 갱신해서 최신 복사본을 갖기 전까지 시스템 내의 정보는 일치하지 않는다. 어떤 사람은 최신 정보를 갖고 있지만, 다른 사람은 최신 정보를 받지 못할 수 있다.

모든 원장의 갱신이 완료되지 않으면 최신 정보를 먼저 획득한 누군가가 이를 악용할 여지도 생기게 된다. 예를 들어 강남구 모 아파트를 김 씨가 이 씨에게 매매 완료했다는 사실이 시스템 내의 모든 원장에 기재되기 전에, 어떤 사기꾼이 이를 악용해 최 씨에게 이중으로 판매할 수도 있다. 두 사람이 동시에 같은 집을 매매해 소유할 수는 없다. 둘 중 한 명만 새로운 합법적 소유자가 되어야 한다.

블록체인 기술이 부동산 계약 시장에 적용되면 이러한 사기 문제를 효과적으로 방지할 수 있다. 부동산 사기는 심각한 사회 문제를 야기할 수 있기 때문에 거래의 안전 보장에 많은 비용이 발생한다. 국내 부동산 온라인 중개 사이트에서도 중개업자의 허위 매물을 가려내기 위해 관리 비용을 부담하고 있다. 미국에서는 부동산 사기를 방지하기 위해 제3의 예탁사escrow를 통해 검증한다. 검증 수수료는 부동산 가격의 1~2퍼센트 수준이다. 블록체인 기술을 통해 소유권을 입증할 수 있다면 관리 비용이나 검증 수수료를 내지 않고도 사기를 방지할 수 있다. 허위 매물 등록이나 거래가 원천적으로 불가능할 것이기 때문이다. 또한 블록체인 기술로 인증 과정이 간소화되고, 소유권 이전 비용의 절감도 가능해진다.

스웨덴은 2017년부터 부동산 등록 시스템에 블록체인을 도입했다. 블록체인 기술을 통해 부동산 거래에 따른 비용을 연간 1억 유로 정도 절감할 것으로 예상하고 있다. 스웨덴 정부에서 개발한 것은 디지털 토지 장부lantmateriet다. 모든 부동산 거래를 블록체인 거래 장부로 디지털화해 개방성과 투명성을 높인 것이다. 이를 통해 비용 절감 외에도 위조 방지와 사기 감소, 거래 촉진, 비효율성 개선의 효과를 기대한다.

일본은 토지 대장 관리에 블록체인을 활용할 계획이다. 2018년부터 일본 법무성은 전국의 2억여 개 토지 구획과 5,000만여 개 건물 정보를 비롯해 부동산 매매에 관한 데이터를 블록체인으로 관리하는 것을 추진하여 2023년까지 완료할 예정이다.

미국의 블록체인 기반 부동산 회사 유빗쿼티Ubitquity에서는 부동산 거래에 따른 토지 소유권, 재산증서, 유치권 같은 정보들을 기록하고 추적하는 데 블록체인 기술을 활용하고 있다. 대표적인 서비스로는 부동산 소유권 추적 시스템이 있으며, 종이 문서 시스템을 대체하는 블록체인 계약 보관 플랫폼을 지향한다. 부동산 거래 결과를 블록체인 기술을 통해 정리해, 현재 시점의 소유권에 대한 조회와 확인이 가능하고 문서와 소유권 이전 절차의 투명성을 확보했다.

블록체인 기반의 부동산 거래는 부동산 금융 서비스로도 연계되고 있다. 미국의 스타트업 아틀란트ATLANT가 대표적이다. 아틀란트는 2018년부터 부동산 토큰 투자 플랫폼 Uvas와 P2P 렌탈 플랫폼 카르타Karta

■ 아틀란트의 부동산 모바일 서비스 Uvas와 카르타

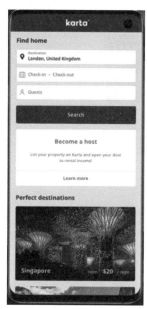

출처: ATLANT

를 운영하고 있다. 또한 아틀란트는 토큰화된 부동산 자산의 거래 외에도 중개자 없는 P2P 부동산 렌털 서비스를 지원해 에어비앤비 같은 숙박 공유경제 시장에도 진입하고 있다. 부동산 토큰화 자산 거래소, 부동산 렌트, 암호화폐 월렛을 모바일 앱으로 출시했으며 유럽의 가상자산 거래소 레돗Redot을 2021년에 인수하기도 했다.

한국의 스타트업 카사코리아는 금융위원회가 혁신금융 서비스로 지정한 디지털 수익증권DABS: Digital Asset Backed Securities 분야의 대표 기업이다. 카사코리아는 블록체인 기반 디지털 부동산 수익증권 유통 플랫폼 '카사'를 운영하고 있다(〈도표 3-7〉). 건물을 DABS로 쪼개어 발행하고 거

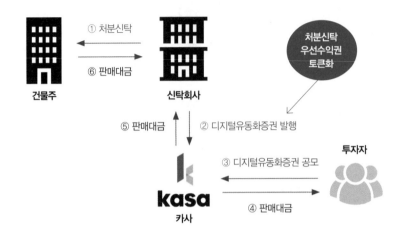

출처: 카사코리아

래할 수 있게 했다. 상업용 부동산 투자의 문턱을 낮추고, 유동성을 부여했다는 점에서 주목받았다. 카사가 상장시킨 국내 첫 DABS였던 '역삼 런던빌'은 2020년 12월에 101억 8,000만 원의 공모가 엄청난 관심 속에 완판되었다.

건물주가 플랫폼에 상업용 건물의 상장을 신청하면, 건물 가격 감정 이후 신탁회사가 건물을 담보로 DABS를 발행한다. 투자자는 소액에 DABS를 청약을 받을 수 있고, 공모 이후에는 주식처럼 원할 때 플랫폼에서 DABS를 매매할 수 있다. 카사 플랫폼은 평일 오전 9시~오후 5시 동안 매매가 가능하며 거래 방식은 장외주식시장과 동일한 다자 간 상대매매 방식으로 진행된다. 또한 주식 배당처럼 DABS를 보유하는 동안 임대 수익을 받을 수도 있다.

국내 국토교통부는 부동산 거래 전자계약 시스템을 2017년부터 운영하고 있다. 첨단 ICT기술을 활용해 종이나 인감 없이 온라인 서명을 통해 부동산 전자계약을 체결하도록 지원한다. 실거래 신고와 확정일자 부여의 자동화, 거래와 관련한 계약 서류의 디지털 보관이 가능하다.

또한 2018년부터 과학기술정보통신부, 한국인터넷진흥원과 협력해 블록체인 시범사업을 추진하고 있다. 2024년까지 첨단 정보통신 기술을 적용한 '블록체인 기반 부동산 거래 플랫폼'을 구축하여 국민, 공공기관, 금융기관 등이 투명하고 빠르게 부동산 서류를 열람하고 활용할 수 있는 환경을 만들 계획이다. 부동산거래 전자계약 시스템에 블록체인 기술을 적용해 금융권, 법무사, 공인중개사 등과 연계한 부동산 거래를 원스톱 서비스로 제공하는 것이 목적이다. 이를 통해 거래의 자동화가 더욱 촉진되고, 향후 중개자의 역할이 최소화될 전망이다.

부동산 영역에서 블록체인 기술을 적용할 수 있는 범위는 거시적으로 재산 소유권과 자본주의 경제 차원으로까지 확대해서 살펴볼 수 있다. 페루의 경제학자이자 빈곤 퇴치 운동가 에르난도 데 소토Hernando de Soto는 전 세계의 등록되지 않은 자산의 가치가 약 20조 달러에 달할 것으로 추산한다. 데 소토는 《자본의 미스터리》Mystery of Capital라는 저서에서 미등록 자산을 죽은 자본Dead capital이라고 지칭하며, 유럽과 남미의 시장 경제가 다르게 성장한 것은 재산권의 제도화 차이 때문이라고 설명한다. 만약 빈곤한 사람들이 죽은 자본을 담보로 활용할 수 있다면 추가로 창출될 수 있는 자본이 더욱 커질 수 있다는 것이다. 죽은 자산을 살아 있는 자본Live Capital으로 전환하면, 특히 개발도상국의 경제 성장률이 10퍼센트 이상 높아질 수도 있다.

실제로 데 소토는 개발도상국 정부들을 대상으로 국민들의 부동산과 같은 재산권을 블록체인화하는 프로젝트에 대해 꾸준히 설득하고 있다. 2016년에는 블록체인 기업 비트퓨리BitFury의 조지아Georgia 정부 부동산 등기부등본 블록체인 기록 프로젝트에 합류하기도 했다. 블록체인 기술이 개발도상국 등 세계 경제 성장의 촉매제로도 작용하고 있는 셈이다.

왜 '당근마켓'은 블록체인 기술에 주목할까

중고품 경제second-hand economy는 저성장과 소비 침체, 공유 개념의 확산 분위기 속에 고성장하고 있다. 국내 중고품 거래 시장 규모는 중고차를 제외해도 약 20조 원으로 추정될 정도다. 규모 면에서 국내 편의점 시장만큼 커졌다. 중고거래가 활발한 물품 카테고리로는 패션 잡화, 출산 유아용품, IT기기, 가전제품, 취미용품 등이다. 국내 온라인 중고거래의 독보적인 커뮤니티인 '중고나라'의 월 이용자는 1,000만 명, 모바일 중고거래의 신흥주자 '당근마켓'의 월 이용자는 1,500만 명에 달할 정도다.

중고품 시장은 경제학에서 '레몬(빛 좋은 개살구) 마켓'lemon market이라고 부른다. 구매자가 제시하는 낮은 가격에는 물건을 팔려 하지 않아 불량품(레몬)만 남기 때문이다.

또 중고품 시장의 가장 큰 문제는 정보의 비대칭성이다. 구매자는 판매자가 내놓은 물품에 대한 정확한 정보가 없어서 불량품을 살 확률이 높다. 국내 인터넷 사기 피해 사례가 중고품 거래 커뮤니티나 사이트에 집중되어 있는 것도 그 때문이다.

중고나라에서는 2021년 블록체인 전문가를 대표로 선임했다. 블록체인 기술을 활용해 중고거래 시스템의 고도화를 추진할 것으로 예상된다.

정보의 위·변조가 어려운 블록체인의 특성을 잘 활용하면 중고 판매자와 구매자에 대한 신용 정보 추적, 중고 물품에 대한 신뢰 향상에도 도움을 줄 수 있다. 대부분의 중고거래가 개인 간에 직접 일어나는 만큼 이러한 분산된 거래 형태는 블록체인의 분산경제 성격과도 유사한 측면이 있다.

일본의 당근마켓이라고 할 수 있는 메루카리Mercari도 블록체인 기술을 내부적으로 연구, 개발하고 있다. 메루카리는 2018년에 성공적으로 주식시장에 상장되어 시가총액은 2021년 약 8조 원에 달하고, 2020년 매출액은 9,000억 원대를 기록할 것으로 예상된다. 일본의 전체 중고 시장 규모는 2020년 3조 엔(약 30조 원)을 넘어선 것으로 예상되고 계속 성장할 것이다.

메루카리는 스마트폰을 이용한 간편한 매매 절차를 선보이며 일본 모바일 중고거래 시장을 선점했다. 기존의 오프라인 중고거래는 판매

■ 메루카리의 블록체인 기술 및 가상자산 자회사 '메루코인'

출처: Mercari

■ 메루카리 그룹의 블록체인 사업 구조

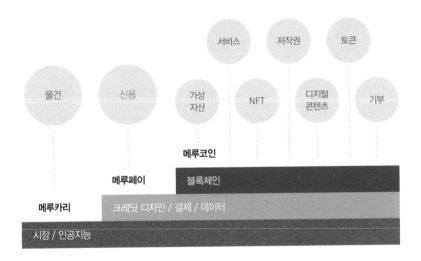

가가 낮았고, PC 온라인 중고거래는 야후옥션 같은 경매 시장 위주로 형성되어 있어 거래 완료까지 시간이 많이 걸렸기 때문이다. 그러나 메루카리는 판매자의 상품 등록 절차와 구매자의 구입 절차를 간소화해 일본 중고거래 시장의 판도를 바꾸었다.

메루카리는 2021년 4월에 블록체인 기술과 가상자산 관련 서비스를 개발하는 자회사 메루코인Mercoins을 설립했다. 결제 시스템인 메루페이Merpay와의 접목을 통해 거래 정보 보안, 사기 거래 방지를 강화할 뿐 아니라 비트코인 결제, NFT, 디지털 콘텐츠, 기부 등 블록체인 생태계 서비스를 확대해나갈 계획이다.

중고시장에 블록체인이 적용되면 정보 비대칭성을 이용해 이익을 거두었던 판매자는 단기적으로 손해가 발생하여 시장이 음성화될 수도 있다. 그러나 블록체인을 통해 중고품 시장의 신뢰도가 향상된다면 중장기적으로는 오히려 시장 참여자가 늘어나 시장의 전체 규모도 성장할 것이다.

또한 중고품 판매자가 불량품을 팔거나 판매 물품을 제대로 배송하지 않았을 경우에는 해당 거래 이력이 블록체인에 남고 지워지지도 않기 때문에 범죄로 이어질 수 있는 거래 시도를 막을 수 있다. 자연스레 중고품 구매를 망설이던 소비자들의 참여가 많아지면서 중고거래 관련 기업들의 매출이 늘어날 것이고, 기존 제조사들은 기성 중고 제품을 뛰어넘는 혁신적이고 차별적인 신제품 개발에 더욱 박차를 가할 것이다.

의약품 산업의 성장에 필요한 것

현재 의약품 공급망에 대한 모니터링 체계는 불완전하다. 의약품은 사람의 몸에 직접적으로 영향을 주기 때문에 유통 과정에서 원본을 위조나 변조 없이 전달하는 것이 중요하다. 글로벌 제약 시장에서 위조약으로 인해 발생하는 손실은 연간 2,000억 달러에 달한다는 통계도 있다.

의약품이 생산지인 제약 공장에서부터 최종 소비자인 환자에게 전달되기까지의 과정이 길어질수록 단계마다 인증을 돕는 법률과 규칙이 필요하다. 하지만 이를 완벽하게 모니터링하려면 막대한 비용이 발생할 수 있다. 또 의약품에도 유통기한이 존재하기 때문에 유통 소요 기간이 길어질수록 의약품의 가치는 떨어지게 된다.

블록체인 기술을 의약품 유통에 적용하면, 생산지에서 소비자에게 전달되는 과정에 일어날 수 있는 정보의 위·변조를 막을 수 있다. 스마트 계약을 통해 유통의 일부 과정을 자동화해 비용을 절감하고 효율성을 제고할 수도 있다. 중간 유통 과정에서 문제가 발생할 경우 책임의 소재를 명확하게 밝힐 수도 있다.

중국에서는 기준치 미달의 의약품이 유통되면서 안전사고가 발생하는 경우가 많았다. 중국의 징동닷컴은 중국 시장 내 제약 공급망의 투명성을 높이기 위해 2018년 12월에 징동 의약품 오픈 추적 솔루션JD Medicine Open Tracking Solution을 출시했다. 의약품의 생산, 활용, 운송, 보관, 판매를 아우르는 모든 단계에서 블록체인 기술을 활용한다는 계획이다.

인도에서도 불법 의약품 시장이 고성장하면서 자국 내 의약품 시장의 20퍼센트까지 차지할 정도로 큰 문제가 되고 있다. 인도는 정부 차원에서 불법 의약품 문제를 해결하기 위해 노력하는 중이다. 인도 정부의 싱크탱크인 니티 아요그는 2018년부터 인도의 모든 약품 목록을 블록체인에 기록해 위조 약품과 마약을 걸러내는 프로젝트를 진행하고 있다. 해당 시스템이 완성되면 인도의 의약품은 제도 단계에서 고유의 아이디가 부여되어 소비자가 구매할 때 QR코드 또는 바코드로 진품 여부를 확인할 수 있게 된다.

미국 화이자를 필두로 글로벌 제약업계가 참여하고 있는 메디레저MediLedger가 대표적인 의약 관련 블록체인 프로젝트다. 2017년에 결성된 메디레저는 약품 공급망 안전법DSCSA, Drug Supply Chain Security Act을 준수하기 위해 블록체인 기술을 활용한다. 이 프로젝트에서는 이미 의약품 유통 추적 파일럿 프로그램을 완료했다.

미국 내에서 제약사에 반품되는 의약품 규모는 연간 매출액의 3퍼센트 정도로 추정된다. 이때 반품된 의약품 상태에 대한 신뢰도가 없기 때문에 매번 폐기되기 일쑤다. 그러나 블록체인 기술이 적용되어 반품 의약품의 진위 여부와 상태에 대한 신뢰를 획득할 수 있다면, 제약사들은 반품 의약품을 폐기하지 않고 재판매를 할 수 있어 매출 손실을 최소화할 수 있을 것이다.

2021년에는 코로나 백신 유통에 블록체인 기술이 적용되었다. 화이자와 모더나 백신은 섭씨 영하 70도 이하의 초저온, 아스트라제네카 백신은 영상 2~8도의 냉장 상태에서 보관 및 유통해야 한다.

빠르게 백신을 처방하기 위해서는 백신 상태를 정확하게 확인하고 추적해야 한다. 한국에서는 코로나 백신 접종이 시작된 후 보관 온도를 제대로 지키지 못해 폐기된 물량이 2021년 3월 기준 800명분에 달했다. 폐기 사유는 냉장고 고장, 온도계 이상, 백신 관리 담당자 부주의 등이었다.

영국 국민보건서비스NHS는 세계 최초로 백신 유통에 블록체인의 분산원장 기술을 적용했다. NHS는 영국 '에브리웨어'와 미국 '헤데라 해시그래프'의 시스템을 활용했다. 에브리웨어는 디지털 방식으로 자산을 추적하고 원격으로 모니터링할 수 있는 솔루션을 제공하는 기업이다. 헤데라는 구글과 IBM이 지원하는 글로벌 블록체인 프로젝트다. NHS의 백신 유통 과정에서 에브리웨어의 센서는 유통 온도를 실시간으로 모니터링하고, 해당 데이터는 헤데라의 블록체인 플랫폼에 저장된다. 블록체인 기술을 통해 백신 유통 기록의 일관성을 제고하고, 데이터의 위변조를 방지한다. 데이터의 무결성을 보장해 안전한 관리가 가능하다.

한국 제약업계에서도 의약품 물류 시스템에 블록체인을 적용해야 한다는 의견이 나오고 있다. 한국제약바이오협회의 문상영 한경대학교 교수는 의약품 물류 시장이 현재 글로벌 기업들에 의해 주도되고 있는 상황이지만 의약품 물류 과정의 블록체인과 ICT기술에 대한 수요가 높아 한국 기업에도 기회가 있을 것이라고 말한다.

한국에서도 제약과 바이오업계에서 신약을 연구, 개발하는 기업들이 예전보다 늘고 있다. 이러한 노력에 발맞추어 ICT와 블록체인 기술

을 통한 의약품 물류 개선까지 이루어진다면 한국 의약품 산업의 성장
이 더욱 촉진될 전망이다.

4

착한 소비가
트렌드다

블러드 다이아몬드의 근절

　블록체인을 통한 유통 관리는 생산 지역과 유통 방식을 기록함으로써 윤리적인 소비문화에도 기여할 수 있다. 다이아몬드는 아름답고 진실된 사랑을 상징하며 결혼반지 예물로 애용된다. 그러나 아름다움 뒤에는 부도덕한 방식으로 '블러드 다이아몬드'Blood Diamond를 채굴하거나 모조품을 진품으로 둔갑하는 경우도 더러 있다. 특히 블러드 다이아몬드는 내전과 인권침해의 상징이다. 콩고, 라이베리아, 시에라리온 등지에서는 일어난 내전의 자금원으로 사용되기도 했다. 정부를 전복시키고자 하는 반란군은 아프리카 지역민들을 강제 동원해 다이아몬드를 생산하고, 반란군은 다이아몬드를 판매한 자금으로 무기를 구입한다. 주로 밀매를 통해 합법적인 다이아몬드 시장에 유입되어 고가에 팔리는 방식이다. 다이아몬드에 대한 전 세계적인 수요도 아프리카 지역민의 착취를 부추기는 원인이다.

2003년부터는 킴벌리 프로세스Kimberley Process 국제협약, 즉 다이아몬드의 수출입에 관한 국제 협의기구를 만들어 아프리카 대륙 곳곳에서 채굴되어 전쟁자금으로 사용되는 블러드 다이아몬드의 불법 유통을 통제하기로 했다. 킴벌리 협약에는 한국을 포함한 70여 개국이 가입했다. 그러나 2015년 국제앰네스티는 킴벌리 협약의 제도적인 약점을 지적했다. 코트디부아르의 블러드 다이아몬드가 가나를 통해 합법적인 다이아몬드 시장으로 유입되거나, 중앙아프리카공화국의 무장 단체들이 채굴한 다이아몬드를 내수 시장에서 유통하는 방법으로 킴벌리 협약을 피해 국제적인 수출 이익을 얻는 일이 끊이지 않았기 때문이다. 심지어 한국에서는 2011년경 킴벌리 협약에 가입하지 않은 국가인 카메룬의 다이아몬드와 관련해 CNK라는 종목의 주가 조작 사건까지 발생하기도 했다.

영국 스타트업 에버레저는 블록체인 기술을 활용해 블러드 다이아몬드의 유통을 막는 시도를 하고 있다. 에버레저는 다이아몬드의 원산지와 특성들을 40가지 이상으로 분류해 블록체인에 등록했다. 감정서, 보험, 소유자 정보와 같은 물리적인 정보들을 디지털 정보로 변환하고 블록체인에 기록해 다이아몬드의 생산, 인증, 유통의 전 과정을 추적할 수 있는 시스템을 만든 것이다. 에버레저의 시스템을 활용하면, 다

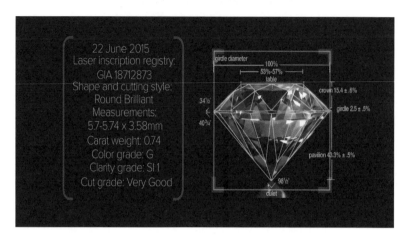

출처: 에버레저

이아몬드의 소유주가 바뀔 때마다 거래 기록이 남아 유통의 투명성이 확보된다. 장물 거래 자체가 어렵다고 할 수 있다.

에버레저의 비즈니스 모델은 은행, 보험회사, 다이아몬드 감정소 사이에 원원win-win 관계를 구축하는 서비스를 제공해 수입을 창출하는 방식이다. 우선 다이아몬드 감정 데이터베이스 사용료 수입이 발생한다. 또 기업과 보험회사가 다이아몬드의 감정 정보를 알기 위해 에버레저의 데이터베이스에 접속할 때마다 사용료가 발생한다. 현재 에버레저는 감정소와 협력 관계를 유지하며 정보를 공유하고 있지만, 원칙적으로는 경쟁 구도에 있다. 기존의 다이아몬드 감정은 감정소의 몫이었다. 감정료는 연마된 다이아몬드의 경우 개당 80달러 정도이고, 고가 다이아몬드의 경우 가격의 약 1퍼센트가 책정된다. 만약 에버레저의 데이터베이스 사용료가 감정소의 감정료보다 낮게 책정된다면 시장을 형성할 수 있다.

또 다른 수입원으로는 다이아몬드 소유 이력 정보 이용 수수료가 있다. 보험회사에서는 다이아몬드의 진품 여부를 확인할 때나 보험금 청구를 받고 손실을 확정할 경우에 다이아몬드 소유 이력 정보를 필요로 한다. 은행이 대출을 제공할 때에도 담보 가치를 확인해야 하기 때문에 다이아몬드 소유 이력 정보가 필요하다. 에버레저에 등록된 다이아몬드는 2019년을 기준으로 160만 개를 넘어섰다. 에버레저의 창업자 리앤 캠프Leanne Kemp는 실물의 다이아몬드와 똑같은 '디지털 쌍둥이'를 블록체인에 만들고 있다고 표현한다. 이러한 블록체인 시스템을 통해 소비자들은 블러드 다이아몬드를 구매하는 것을 피하고, 합법적인 방식으로 채굴된 진품 다이아몬드를 구매할 수 있다. 에버레저는 다이아몬드를 시작으로 준보석gemstone, 미네랄, 와인, 럭셔리 상품, 예술 작품, 보험 등에도 자사의 블록체인 기술 적용을 확대하고 있다.

클린 코발트 캠페인

코발트는 전기차, 노트북, 모바일 기기의 필수 부품인 리튬 이온 배터리에 많이 사용되는 광물이다. 모건스탠리는 전기차 배터리 시장의 성장을 비롯한 기술의 발전으로 코발트에 대한 수요가 2026년이 되면 2018년보다 여덟 배 이상 커질 것으로 전망하고 있다. 그런데 문제는 전 세계 코발트 산출량의 60퍼센트를 아프리카의 콩고에서 생산하고 있다는 것이다. 블러드 다이아몬드와 마찬가지로 코발트의 생산 과정도 깨끗하지 못하다. 광산의 작업 환경은 열악하고, 특히 콩고에서는 어린이까지 광부로 동원되고 있다. 한 예로 콩고의 7세 어린이 광부는 하루에 12시간 이상 일하지만 1~2달러 정도밖에 받지 못한다. 이에 국제앰네스티는 글로벌 전자 기업들이 배터리에 코발트를 사용하면서도 원자재 공급망의 인권 점검에는 소홀하다고 폭로하며 파장을 일으켰다.

2019년 1월 LG화학, 미국의 포드, 중국의 화유코발트, RCS글로벌을 비롯한 기업들은 IBM과 함께 코발트 유통을 추적하는 파일럿 프로그램 '클린 코발트'를 발족했다(〈도표 3-8〉). 이 프로젝트의 목적은 글로벌 광물 공급망의 투명성을 제고하고, 인권과 환경 보호를 지원하는 것이다. 화유코발트의 콩고 광산에서 생산된 코발트가 중국 제련소와 한국 LG화학의 음극 공장, 배터리 공장을 거쳐 미국 포드 공장으로 이동하는 공급망을 블록체인 기술을 활용해 추적한다. 해당 파일럿은 2019년에 RSBNResponsible Sourcing Blockchain Network으로 안착되었고 볼보도 합류했다.

미국의 IT기업 애플은 '책임 있는 기업 연합'RMI, Responsible Business Alliance's Responsible Minerals Initiative 의 광물 공급망 개선을 위한 블록체인 가이드라인 개발에 참여 중이다. 애플도 2018년 스마트폰에 필요한 코발트를 콩고에서 조달하는 것과 관련해 감사를 받은 바 있다. 애플은 당시 공급망 내 인권 침해 문제를 잘 해결하고 있다는 평가를 받았으나, 국제 사면 위원회는 해당 기준 자체가 낮아 여전히 인권 침해 여지가 있다고

■ 도표 3-8 **LG화학이 참여하고 있는 코발트블록체인 공급망 구조**

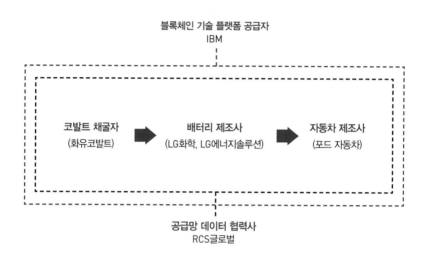

블록체인 기술 플랫폼 공급자
IBM

코발트 채굴자 → 배터리 제조사 → 자동차 제조사
(화유코발트)　　　(LG화학, LG에너지솔루션)　　　(포드 자동차)

공급망 데이터 협력사
RCS글로벌

출처: 각 사, Bloomberg

지적했다.

　캐나다 자원 개발 회사 코발트블록체인과 블록체인 스타트업 DLT 랩스도 2018년 합작법인을 설립해 콩고에서 생산하는 코발트 공급망에 블록체인 기술을 적용하고 있다. 코발트블록체인은 콩고 광산과 계약을 맺고, 정당한 노동자로 근무하는 광부가 생산한 코발트에 세부 정보가 담긴 디지털 태그를 부착한다. 이후 광석이 제련소에 도착할 때까지 중개인도 세부 정보를 기록한다.

　영국 런던 스타트업 서큘러Circulor도 콩고의 소규모 광산업자들과 협력해 채굴 과정에서 아동 노동자들을 동원하지 않는다는 내용을 블록체인에 기록하는 프로젝트를 진행하고 있다. 콩고 외에 호주, 캐나다 같은 코발트 주요 생산지에서도 전개 중이다. 윤리적 과정을 거쳐 생산된 코발트 원재료에는 바코드가 부여되고 블록체인 기술을 이용해 단계별로 변경될 수 없는 원장에 기록된다.

특히 코발트는 성장 주도 산업에 속하는 IT기기와 전기차 산업에 소요되는 핵심 원자재다. 산업의 성장과 더불어 사회적 책임에 대한 요구도 더욱 커질 것으로 예상된다. 블록체인이 기업의 사회적 책임과 관련된 리스크를 낮춰주는 데 도움을 주는 기반 기술로 활용될 수 있을 것이다.

5

ESG에도
블록체인이 필요하다

해운 물류 및 무역

글로벌 물류 시스템에서도 블록체인을 유용하게 사용할 수 있다. 글로벌 물류업은 수출업자, 수입업자, 선사, 유통업자, 소매업자로 이어지는 과정에서 참여자가 많고 프로세스가 복잡해 이와 관련된 중개자도 많다. 중개자가 많은 만큼 불필요한 비용이 증가되고 정보의 공유가 쉽게 이루어지지 않는다.

전 세계에서 생산되는 상품의 90퍼센트는 해상 운송을 통해 유통되고 있다. 특히 해상 운송 분야는 전자화되지 않은 비효율적인 프로세스를 통해 운송 정보가 관리되고 있다. 일반적으로 해상 운송을 한 번 진행할 경우 30개 정도 기관의 승인, 최대 200회의 의사소통 과정이 필요하며, 무역 서류 처리 비용은 해상 운송 비용의 20퍼센트까지 차지할 정도다.

예를 들어 한국의 수입업자가 미국의 수출업자로부터 어떤 상품을 수입한다고 가정해 보자. 국가 간 거래기 때문에 돈을 보내고도 상품을 받지 못하는 경우가 발생할 수 있으므로 은행과 같은 중간 매개자가 필요하다. 수출업자는 은행으로부터 지불보증의 의미로 신용장을 받아 상품 제조사에게 제공한다. 제조사는 이를 바탕으로 상품을 제작해 수출업자에게 제공하고 이후 상품은 선적과 통관 수속을 거친 후 세관을 통해 국내로 들어온다. 수입업자가 상품을 확인하고 은행에 관련 정보를 전달하면 마침내 미국의 수출업자에게 대금 지급이 완료된다.

블록체인을 적용하면 복잡한 무역 프로세스를 단순한 구조로 바꿀 수 있다(〈도표 3-9〉). 물류 거래 내역을 실시간으로 공유하고 확인할 수 있어 전체 물류 공급망에서 운송 정보를 확인할 수 있다. 무역 과정에 참여하고 있는 참여자들이 블록체인상에 계약 내용을 올려놓으면 수출입 절차, 대금지급, 무역원장을 비롯한 모든 계약 조항들이 스마트 계약에 따라 자동으로 처리된다.

상품이 안전하게 수입업자에게 전달되고 문제가 없음을 확인하면 스마트 계약을 통해 자금이 수입업자의 은행에서 수출업자의 은행으로 전달되는 것까지 자동으로 완료된다. 추가적으로 현지국가의 물류 시스템까지 블록체인을 적용한다면, 무역금융과 결합해 더욱 큰 시너지를 발휘할 수 있을 것이다.

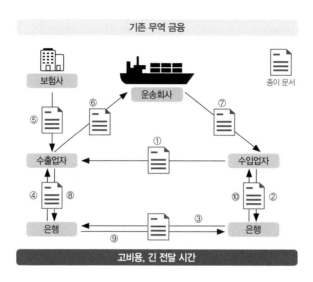

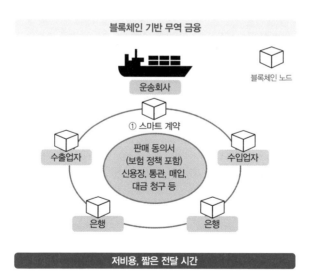

출처: 한국금융연구원

세계무역기구wto는 블록체인을 통해 전 세계 GDP의 5퍼센트, 전체 무역량의 15퍼센트가 증대될 것이라고 예상한다. 거래 투명화를 통해 각종 사기와 오류가 감소하고, 디지털화에 따라 서류작업 시간이 단축되며 물리적 비용도 줄어들 것이다.

머스크Maersk와 IBM의 협력 사례도 주목할 만하다. 머스크는 글로벌 컨테이너 물류 시장 점유율의 약 20퍼센트를 차지하고 있는 대형 업체다. 머스크는 2015년 말부터 문서의 디지털화를 추진했다. 컨테이너 하나를 글로벌 시장에 운반하기 위해서는 수십 개의 기관·기업과 연락을 해야 하고, 수백 개 이상의 문서가 필요하다.

예를 들어 한국에서 라오스로 컨테이너 물품을 보낼 때 라오스는 별도의 항구가 없기 때문에 태국과 베트남의 항구를 거쳐야 한다. 따라서 경유 통관, 내륙 운송, 국경 통과, 창고 이용, 하역 같은 여러 과정을 거쳐야 하며 해당 기관과 기업들과 연락을 해야만 한다. 이때 컨테이너가 이동하는 과정의 모든 참여자가 블록체인의 분산형 거래 장부에 기록을 남기면, 컨테이너의 이동 경로를 실시간으로 추적하고 공유할 수 있다. 기존의 물류 이동 과정에는 수작업과 문서, 이메일들이 많이 필요하지만 블록체인 기술을 적용하면 이 과정을 대폭 생략할 수 있다.

2016년에 머스크와 IBM은 케냐에서 네덜란드로 보내는 컨테이너를 추적하는 프로젝트를 실행했다. 또 슈나이더 일렉트릭Schneider Electric의 화물을 실은 컨테이너를 프랑스-네덜란드-미국 순으로 운반하는 경로를 테스트하기도 했다. 해당 프로젝트에는 네덜란드와 미국의 관세

청도 참여했다. 또 인공지능 왓슨_{Watson}에 기반을 둔 블록체인 기술을 컨테이너 물류 추적 시스템에 적용하기 시작했다. AI 블록체인 기술은 유통기한이 짧은 상품에 최우선으로 적용될 수 있다. 오렌지, 파인애플, 꽃, 아보카도 같은 신선식품이 대표적이다.

머스크와 IBM은 2018년 1월에 합작법인을 설립했고, 2018년 8월 블록체인 운송 솔루션으로 트레이드렌즈_{TradeLens}를 정식 출범시켰다. 2020년 기준 200개에 가까운 기관이 트레이드렌즈 생태계에서 활동하며 매일 200만 개가 넘는 이벤트를 처리하고 있다.

싱가포르에서는 2017년 8월에 싱가포르항만청_{PSA}과 퍼시픽 인터내셔널 라인스_{PIL, Pacific International Lines}가 IBM과 양해각서_{MOU}를 체결해 블록체인 기반 공급망을 선보였다. 2017년 8월부터 12월까지 중국 충칭에서 싱가포르까지 범위의 공급망을 운영했으며 통관업무 가속화, 항만 간 협업과 터미널 기획 개선에 블록체인을 활용했다. PSA와 PIL은 2020년 머스크와 IBM이 운영하는 블록체인 운송 솔루션 트레이드렌즈에도 합류했다.

국내에서도 물류 시스템의 블록체인 적용이 활발해지고 있다. 삼성 SDS는 기업형 블록체인으로 넥스레저_{Nexledger}를 내세우고 있으며, 블록체인 솔루션 첼로 트러스트를 통해 물류 플랫폼을 서비스하고 있다. 글로벌 해외 운송 참여사들이 송장과 물품 정보를 블록체인 플랫폼으로 공유해 신뢰 기반의 물류망을 확보하는 것이 목적이다. 디지털 블록체인 물류 시스템의 컨소시엄에는 각 운송 과정의 대표 기관과 기업들이 두루 참여할 정도로 관심도가 높다.

공공 분야로는 부산항만공사와 관세청, 한국해양수산개발원KMI, 해운선사로는 현대상선, 고려해운, SM상선, 장금상선, 흥아해운, 남성해운이 참여한다. 현대상선은 한국과 중국 구간의 냉동 컨테이너에 블록체인 기술을 시범도입했고, SM상선은 방콕과 호치민 구간에 블록체인 기술을 활용해 화물을 운송했다.

국제무역연구원의 조사 자료에 따르면, 신용장 거래 수수료는 전체 수출대금의 0.11퍼센트로 송금방식의 수수료 0.01퍼센트에 비해 매우 높다. 신용장 작성, 유통, 배포와 같은 관리비용으로만 송금 수수료의 10배에 달하는 비용이 드는 것이다.

블록체인 기술을 도입해 스마트 계약이 적용되면 거래계약서의 내용을 근거로 신용장 개설이 가능해지고 수출업자는 통지은행을 거칠 필요 없이 안전하게 직접 신용장을 전달할 수 있다. 이러한 모든 과정이 블록체인상에서 투명하게 관리되면 관리비용이 줄어들고 실시간 정산에 따른 업무 효율화도 기대할 수 있다.

탄소배출권 거래

탄소배출권은 지구 온난화의 주범인 온실가스를 배출할 수 있는 권리를 말한다. 온실가스 중 비중이 높은 이산화탄소의 배출을 규제하기 위해 전 세계 국가들이 협약을 맺은 제도다.

이산화탄소로 인한 지구 온난화는 경제학에서 설명하는 '외부 효과'

의 단골 사례기도 하다. 이산화탄소는 화석 연료를 연소시킬 때 의도하지 않게 배출되어 잠재적으로 지구의 환경에 해로운 영향을 끼친다. 탄소배출권에 대한 개념이 없던 과거에는 이산화탄소를 다량으로 배출한 기업이나 국가가 책임을 지지 않았고, 피해를 입은 대상에게도 보상이 이루어지지 않았다.

현재 교토의정서에 가입된 온실가스 감축 의무 부담국은 개발도상국에 온실가스 배출 저감 설비와 자금을 지원해 주는 만큼 온실가스를 추가로 더 배출할 수 있다. 석유화학이나 발전소를 통해 이산화탄소를 많이 배출하는 기업들도 배출량 자체를 줄이거나 탄소배출권을 여유 있게 확보한 기업으로부터 해당 권리를 사야 하는 구조다.

특히 ESGEnvironmental, Social and corporate Governance의 중요성에 대한 인식이 강화되면서 탄소 중립 목표 달성 시기가 앞당겨지고 있고, 탄소배출권과 탄소세 등에 대한 관심도 커지고 있다. 서울대 환경대학원의 2021년 2월 조사 발표에 따르면 한국의 서울이 전 세계 81개 대도시 중에 세 번째로 많은 이산화탄소를 배출하는 도시라고 한다. 한국 정부는 배출권 거래제를 통해 641개 기업에 배출권을 할당한 뒤 그 범위 내에서 배출을 인정하고, 여유분이나 부족분은 상호 거래하도록 제도화했다. 배출권 할당 대상 기업 수는 2021년 641개에서 2025년까지 694개, 사전 할당량도 2021년 16억 4,300만 톤에서 2025년까지 29억 200만 톤으로 늘어날 예정이다.

글로벌 탄소배출권 거래 시장은 2005년 유럽연합이 처음 개설한 이후, 지속적으로 성장하고 있다. 39개국 기준 40조 원에 달하는 대규모

시장으로, 국내에서는 2015년부터 거래를 시작했다. 그러나 국내 탄소배출권 시장은 공급량이 적고 거래가 저조한 편이다. 이러한 탄소배출권 시장에 블록체인 기술이 도입된다면 거래의 디지털화와 자동화를 통해 거래가 좀 더 활발해지고, 암호화폐 인센티브 시스템을 통해 신재생 에너지 보급도 촉진될 전망이다. 현재 블록체인 기반의 탄소배출권 거래 시장은 북미의 노리NORI와 포세이돈Poseidon, 홍콩의 베리디움Veridium 등이 있다(〈도표 3-10〉).

중국은 전 세계에서 탄소배출량이 가장 많은 국가로서, 2017년부터 탄소배출권 거래를 시작했다. IBM은 중국의 탄소배출권 시장을 위해 블록체인 기업인 '에너지 블록체인 랩스'Energy Blockchain Labs와 파트너십을 맺고, '그린Green 자산관리 플랫폼'을 제공하기 시작했다. 탄소 자산 내역이 블록으로 기록되어 거래가 투명하게 이뤄지고, 스마트 계약을 통해 자동으로 정산된다. 블록체인 기반의 시스템을 통해 탄소 자산 개발 비용과 거래 비용을 절감할 수 있을 것으로 예상된다.

MIT미디어랩은 친환경 에너지 대체를 촉진하기 위해 그린코인Green Coin이라는 블록체인 기반 암호화폐를 고안하기도 했다. 그린코인은 탄소를 발생시키는 화석연료 에너지를 태양광 같은 신재생 에너지로 대체하기 위한 수단으로 개발되었다. 신재생 에너지 자산을 보유한 주체에게 인센티브 개념으로 제공된다. 신재생 에너지를 사용해 전기를 생산할 경우와 기존의 일반 화석 연료를 사용할 경우를 비교해 절감된 탄소 배출량에 따라 코인이 정산되는 구조다.

블록체인 탄소배출권 시스템이 IoT 센서와 결합된다면 기업뿐만 아

구분	노리	베리디움	포세이돈
운영 조직	NORI LLC.	인피니트어스 InfiniteEarth	포세이돈 파운데이션
블록체인 플랫폼	이더리움	스텔라 Stellar	스텔라
합의 알고리즘	POS	스텔라 분산 합의	스텔라 분산 합의
블록체인 종류	퍼블릭	퍼블릭	퍼블릭
코인 공개 연도	2020	2020	2019
코인 공개 국가	미국	홍콩	미국, 캐나다
탄소 토큰	NRT	카본 CARBON	카본 크레딧 CARBON CREDIT
시장 규모	50억 달러	-	230만 달러
거래 토큰	노리	베르데 VERDE	오션 OCEAN

출처: 에너지경제연구원, 플로리다대학교 우정훈

니라 개인 간의 배출권 거래도 적용할 수 있다. 집이나 회사의 에너지 사용 환경과 전력 소비량 데이터를 IoT 센서를 통해 수집하고, 수집된 데이터는 블록체인으로 관리해 탄소배출권 잔량을 실시간 계산하는 방식이다. 또 스마트 계약을 통해 탄소배출권 거래를 성립시키고 암호화폐로 탄소세를 지불할 수도 있을 것이다.

중장기적으로 블록체인은 글로벌 탄소배출권 시장의 산업화에 기여할 수 있을 것으로 기대된다. 탄소배출권의 가격이 수요와 공급에 따라 실시간으로 결정되는 알고리즘을 거쳐 블록체인 원장에 동시 기록되어 공개되면, 가격 정보를 원활하게 확인할 수 있어 거래가 활성화될 것이다.

6

블록체인 유통의
미래

앞으로 다가올 다섯 가지 혁신

블록체인 기술은 유통 산업 혁신에도 영향을 줄 수 있다. 블록체인 기술의 탈중앙화, 보안성, 확장성, 투명성이라는 특징이 유통 과정에 적용되면 상품의 신뢰와 소비자의 안전 보장에 기여할 수 있고, 비용 절감과 효율성 향상 등의 긍정적인 효과가 기대된다.

그렇다면 이제부터 블록체인이 유통 산업에 가져올 다섯 가지 혁신에 대해 살펴보자.

첫째, 블록체인은 유통 과정의 신뢰를 확보해 준다. 유통 과정에서 발생하는 데이터들을 블록체인에 기록해 두면 제품의 원산지, 배송 과정, 보관 상태를 비롯한 정보들을 추적할 수 있어 제품의 안전 신뢰도를 높일 수 있다. 또 블록체인 기술이 진품 여부 확인, 유통 이력 추적과 상호 모니터링에 활용되면 식품과 의약품을 안전하게 유통하는 데 도움을 줄 수 있다.

둘째, 블록체인은 중개 비용을 절감할 수 있다. 이는 유통 산업의 경제적인 측면에서 가장 주목할 만한 부분이다. 블록체인 기술만 있다면 중개 수수료를 지불해야 하는 거대 플랫폼 없이도 거래가 가능하다. 글로벌 이커머스 대기업들은 블록체인 기술을 이력 추적이나 부가 수입원 같은 보완재로만 활용하려는 경향이 있다. 기존의 플랫폼 거래 수수료 구조를 건드릴 경우 핵심 매출이 감소할 수 있기 때문이다. 반면 신생 기업이나 중소기업들은 블록체인 기술을 통해 거래 수수료를 아예 없애거나 낮추는 등 중개 비용 절감을 전면에 내세우는 편이다. 파격적인 유인 요소를 통해 이용자를 모으고 싶어 하기 때문이다. 블록체인 기술이 기존의 이커머스 산업 구도에 변화를 주는 충격 요인으로 작용할지, 글로벌 대기업들의 지배력이 오히려 더욱 공고해지는 도구로 활용될지도 주목할 만한 대목이다.

셋째, 블록체인은 기록을 유지시켜 준다. 정보 기록의 유지와 업데이트의 신속성이 중요한 거래에서 특히 효과를 발휘할 것으로 기대된다. 대표적인 분야가 정보의 비대칭성으로 인해 사기가 일어날 수 있는 부동산이나 중고품 거래 시장이다. 블록체인 기록을 통해 이력을 추적하면 현재의 소유권 상태와 거래 내역을 실시간으로 알 수 있고, 관리 비용이나 검증 수수료를 내지 않고도 사기를 방지할 수 있다. 허위 매물 등록이나 거래가 원천적으로 불가능하기 때문이다. 인증 과정도 간소화되고, 소유권 이전 비용의 절감도 가능해진다.

넷째, 블록체인은 윤리적인 소비와 지속 가능한 생산, 환경 보호에도 기여할 수 있다. 앞으로 기업과 소비자의 사회적 책임에 대한 요구는 더욱 커질 것이다. 책임 있는 소비를 위한 수단으로 블록체인 기술을 활용할 수 있다. 현재도 부도덕한 방식으로 채굴되는 '블러드 다이아몬드'의 유통을 방지하고, IT와 전기차 산업의 핵심 광물 코발트 채굴 노동에 아이들이 착취되지 않도록 블록체인이 경계병 역할을 하고 있다.

다섯째, 블록체인 기술이 산업 성장의 촉매로 작용할 수 있다. 중고 시장에서 블록체인 기술을 도입해 신뢰가 형성되면 중고품 구매자가 전보다 늘어나 시장의 규모가 더욱 커질 수 있다. 글로벌 탄소배출권 거래 시장도 블록체인 기술을 통해 거래가 활성화되고 산업화될 수 있다. 또한 개발도상국 국민들의 재산권이 블록체인 기록 작업을 통해 경제학자 데 소토가 이야기하는 '죽은 자산의 살아 있는 자본으로의 전환'이 일어난다면 세계 경제의 성장도 촉진될 전망이다.

다만 블록체인 기술이 유통 분야에 적용되더라도 잠재적인 한계는 존재한다. 유형 자산을 유통하는 과정에서 생길 수 있는 '최초 1마일' the first 1mile 문제가 대표적이다. 유통 과정에는 블록체인에 기록이 제대로 남더라도 블록체인이 사람과 접촉하는 지점에서는 허점이 생길 수 있기 때문이다.

자료의 입력 상황에서 오류가 생기거나 신뢰의 문제가 생긴다면 오히려 더 큰 문제가 생길 수 있다. 결국 정보의 디지털 블록체인 입력 과정에서 정보 입력자에 대한 감시와 관리가 중요하며, 이는 IoT기술과의 연계를 통해 해소할 수 있을 것이다.

BLOCKCHAIN TREND

제4장

IoT, 블록체인을 만나다

: 모든 것이 연결된 세상, 스마트 시티가 현실화된다

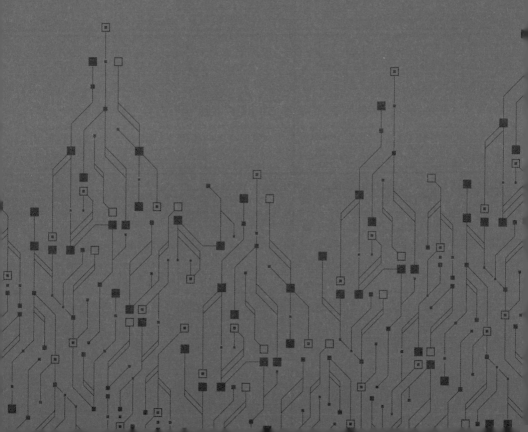

은행원 주희 씨는 근무시간 동안 수많은 사람을 대면하고 대화를 나눈다. 그러다 보니 퇴근 후나 주말에는 사람 만나는 것이 피곤하게 느껴질 때가 많다. 자연스럽게 누군가를 만나는 일을 최소화하고 싶다고 생각된다. 그런 주희 씨에게 블록체인은 너무나 고마운 존재다. 블록체인이 도입된 후로 그녀가 귀차니즘을 느끼지 못하게 만들어 주는 다양한 서비스들이 등장했다.

특히 '집순이'인 주희 씨에게 스마트홈은 최고의 서비스다. 이전에는 집 안에서 일어나는 반복적이고 소소한 선택도 모두 사람의 몫이었다. 몇 년 전 주희 씨는 여름이 되어서야 에어컨이 고장 났다는 것을 알았다. 한여름에 A/S센터에 전화를 하다 보니 일주일을 기다려야 점검을 받을 수 있었다. 또 주희 씨가 좋아하는 사과즙이 떨어질 때쯤이면 매번 같은 구매처에 연락해 같은 양을 구매해야만 했다. 하지만 블록체인이 적용된 세상에서는 이 모든 것들이 스마트 계약으로 자동 처리된다. 고장을 인식한 가전제품이 직접 A/S센터에 연락을 취하고, 냉장고가 식품의 재고를 파악해서 필요한 것을 직접 주문한다. 며칠 전 TV에서 블록체인이 사람의 의사결정을 줄여 주는 자동화 세상을 '기계경제'라는 트렌드로 소개하는 다큐멘터리를 본 기억이 떠오른다. 이번 여름에는 에어컨으로 고생할 일이 없을 거라고 생각하니 마음이 한결 가벼워진다.

기계경제는 주희 씨의 아파트 관리비도 아껴 준다. 최근에 주희 씨는 전력 시스템을 공유하는 블록체인 서비스에 가입했다. 이 서비스를 통해 국가에서 제공하는 전력보다 더 저렴하게 전기를 사용하고 있다. 물론 각 가정에서 태양광 패널을 통해 발생시킨 전기를 거래하다 보니 양이 적어서 집에서 사용하는 모든 전기를 이웃에게서 구매하기는 어렵다. 하지만 티끌 모아 태산이라는 말처럼 일부의 전기라도 값싸게 구할 수 있어 통장에 여유자금이 쌓이고 있다.

오늘은 주희 씨가 부모님 댁인 세종시에 방문할 계획이다. 곧 추석이 다가오고 있기 때문이다. 미리 찾아가 친척 어른들께 인사도 드리고 오랜만에 맛있는 집밥을 먹을 생각을 하니 벌써 입꼬리가 귀에 걸린다. 주차장으로 내려가자 자율주행모드가 가능한 SUV가 주희 씨를 반겨 준다.

주희 씨는 시동을 켠 뒤 자율주행모드를 실행한다. 도로 위에는 연휴가 시작되기 전에 이동하려는 사람들 사이에서 눈치 게임이 시작되었다. 예상보다 이르게 출발했지만 이미 도로 위에는 주중보다 차들이 많다. 부모님 댁에 빨리 가고 싶은 주희 씨는 다른 자율주행모드의 차들이 차선을 양보하면 암호화폐를 지급하겠다는 스마트 계약을 실행한다. 그러자 양보 의사가 있는 다른 차들이 길을 양보해 준다.

부모님 댁에 도착하자 예상시간보다 빨리 왔다며 부모님이 반긴다. 이제 푹 쉴 일만 남았다고 생각하니 기분이 좋아진다.

집밥을 먹은 후 주희 씨는 거실에 누워 TV 리모콘을 잡고 자연스럽게 홈쇼핑 채널을 찾는다. 쇼핑광인 주희 씨는 마음에 드는 화장품을 발견하고 지역화폐인 세종코인으로 스마트 결제를 진행한다. 몇 년 전 세종시가 한국 최초의 블록체인 시티로 결정되지 않았다면, 이처럼 편리한 스마트 쇼핑이 불가능했을 것이다. 이런 기능이 없다는 생각만 해도 번거롭고 불편한 기분이 든다.

오늘 하루 이동하느라 피곤했는지 슬슬 피곤이 밀려온다. 휴식을 위해 주희 씨는 잠을 청한다.

1

블록체인이 만든
IoT 혁명

IoT의 태생적 한계를 극복하다

우리의 일상은 몸이 열 개라도 부족한 하루가 반복된다. 새벽에 일어나 회사로 출근하고, 저녁 늦게까지 근무한다. 종종 긴급한 회의를 준비해야 할 때면 야근은 필수다. 늦은 시간 퇴근해 집에 돌아오면 기다림에 지친 아이는 이미 소파에서 잠들어 있다. 미처 끄지 못한 TV에서는 아이가 좋아하는 TV 프로그램이 계속 재생되고, 밤공기의 쌀쌀함에 바닥은 차갑다. 안타까운 마음으로 TV의 전원을 끄고, 아이를 침실로 옮긴 후 방 안의 온도를 따뜻하게 맞춘다. 깊은 잠에 빠지지 못했던 아이가 깨지 않도록 좋아하는 자장가를 틀어 준다. 퇴근 후 돌아온

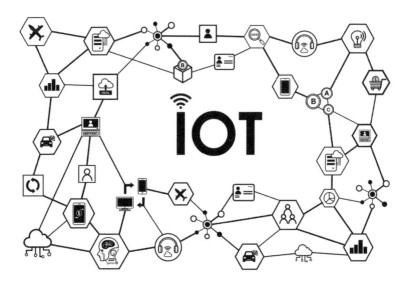

출처:gettyimage

집에서도 손과 발은 멈출 틈이 없다.

처음 IoT_{Internet of things} 개념이 등장했을 때 사람들은 일상의 짐을 일부 덜 수 있을 것이라는 기대가 있었다. IoT플랫폼에 TV, 온도조절기, 오디오를 연결해 두면 언제 어디서든 집 안의 사물들을 원하는 조건대로 손쉽게 관리하고 운영할 수 있을 거라고 생각했기 때문이다. 즉 모든 사물이 거미줄처럼 촘촘히 연결되어 새로운 가치를 만들어 내고, 이로써 더 나은 세상을 만드는 초연결 사회에 대한 설계도를 제시한 것이다.

IoT는 초연결 사회를 효율적으로 구현하기 위해 처음부터 중앙화 시스템을 적용해 왔다. 사람들의 무의식 속에도 'IoT=중앙화 시스템' 이라는 공식이 깊게 박여 있다. 포털 사이트에서 IoT를 검색한 결과만 살펴봐도 쉽게 알 수 있다. IoT를 상징하는 이미지들은 한 가지 공통점을 가진다. 정중앙에 구심점 역할을 하는 플랫폼이 있고 플랫폼에서 뻗어 나온 여러 갈래의 선들이 다양한 사물과 연결되어 있다.

하지만 모든 일에 일장일단이 있듯이 효율성을 극대화하는 IoT의 중앙화 구조가 오히려 단점으로 작용하기도 한다. 대표적으로 비용과 보안 문제가 손꼽힌다. 비용 문제는 IoT에 연결되는 사물들의 기하급수적인 양적 확대에서 비롯된다.

글로벌 시장조사기관인 마켓앤마켓_{Market and Market}은 IoT기기 수가 2025년까지 250억 개로 지속 증가할 것으로 전망했다. 또한 IT기업인 시스코_{Cisco}는 2022년까지 인터넷 접속이 가능한 기기의 수가 약 285억 개에 달할 것으로 예상했으며 약 285억 개의 기기 중 절반 이상이 기계와 기계를 연결하는 역할을 담당할 것으로 예측했다.

더 세부적으로 1인당 몇 개의 IoT기기를 가지게 될 것인가도 IoT의 확장을 살펴보는데 중요한 지표가 될 수 있다. 시스코는 2023년이 되면 전 세계 인구들이 1인당 평균 3.6개의 IoT기기를 활용하게 될 것이라고 예상했으며, 한국처럼 IT 친화적이며 디지털화가 빠르게 진행된 국가의 경우에는 국민 1인당 평균 12.1개의 네트워크 연결이 가능한 IoT기기를 보유할 것으로 전망했다.

이는 인터넷 연결이 가능한 기기가 컴퓨터와 모바일 그리고 태블릿과 같은 전통적 기기에 국한되지 않고 점차 종류가 다양해지고 그 수가 많아지고 있음을 의미한다. 실제로 세계 최대 인터넷 민간기구인 인터넷 소사이어티_{Internet Society}에 따르면 아시아 태평양 지역을 조사한 결과 응답한 이들 중 반 이상이 IoT기기를 최소 세 개 이상 보유하고 있다고 답했다. 특히 웨어러블 기기, 가상현실 헤드셋 같은 새로운 디바이스를 적극적으로 사용하고 있는 것으로 확인되었다.

IoT기기의 종류와 수가 증가하는 추세는 IoT서비스의 범위가 확대되고 있는 것을 시사한다. 하지만 반대로 디바이스 수가 늘어남에 따라 기기 간에 교환되는 정보량이 많아질수록 데이터 이용료는 늘어날 것이다. 뿐만 아니라 사업자는 중앙 서버나 플랫폼에 집중될 대규모 트래픽을 감당하기 위해 데이터 센터를 새롭게 구축하거나 이를 유지 보수하기 위해 비용을 들여야 한다. 관련 서비스를 제공하는 사업자와 이용자의 경제적 부담이 늘어난다는 의미다.

IoT 중앙화 시스템의 경우, 비용 다음으로 신경 써야 할 부분은 보안이다. 중앙화 시스템은 보안이 한 번 뚫리면 돌이키기 힘들다. 플랫폼에 연결한 디바이스의 숫자가 적으면 무리가 없겠지만, 디바이스 수가 폭증하면 해커들이 중앙화 시스템에 들어올 수 있는 길목이 많아진다. 자연스레 보안을 신경 써야 하는 범위는 넓어지고, 보안 위험도 커진다.

이처럼 디바이스에서 해킹을 시작해 플랫폼을 장악하는 방법도 있지만, 역으로 해킹하는 방법도 있다. 마치 체스 게임에서 킹을 잡음으로써 승리를 가져가는 체크메이트처럼 모든 디바이스가 연결되어 있는 플랫폼 하나만 공략함으로써 시스템 전체를 장악하는 방법이다. 전문용어로는 '단일 장애 지점'Single Point of Failure이라고 부른다. 단일 장애 지점이란 한 곳의 장애가 전체 시스템의 장애로 직결될 수 있는 핵심적

■ 도표 4-1 **단일 장애 지점 개념도**

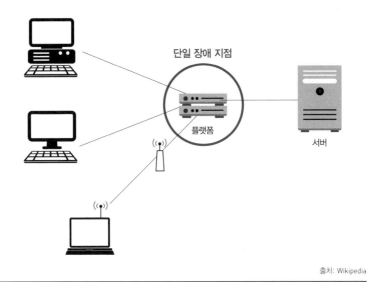

단일 장애 지점

플랫폼

서버

출처: Wikipedia

인 부분을 의미한다(〈도표 4-1〉).

IoT 분야에서는 플랫폼이 단일 장애 지점이기 때문에 IoT플랫폼의 장애는 곧 전체 IoT서비스의 장애로 직결된다. IoT 산업이 확장되면서 요소 기술들이 발전하고 있지만, 보안 위협이라는 절대적인 허들이 제거되지 않는 한 기업들은 서비스를 제공하면서도 불안한 마음을 지닐 수밖에 없다. 이러한 사정을 반영하듯 IBM이 2018년 700개 기업을 대상으로 IoT서비스 운용에 있어서 가장 고민되는 사항을 묻자, 조사 대상 중 36퍼센트가 보안을 꼽았다.

IoT 분야에서 중앙 시스템의 고질적인 문제에 대한 답은 건축 분야에서의 문제해결 사례를 통해 단서를 찾을 수 있다. 건축 분야에서는 시공 방법과 자재 연구를 통해 핵심 기술들을 발전시켜 왔다. 그럼에도 완공까지 수개월이 걸리는 절대적인 기간을 줄일 수 없었다.

그런데 최근 3D 프린팅 기술을 도입하며 완공 시간을 눈에 띄게 줄이는 데 성공했다. 실제로 미국의 스타트업인 아이콘ICON은 3D 프린터를 이용해 하루 만에 주택 한 채를 완공했다. 건축 기간이 줄어들다 보니 비용도 1만 달러면 충분했다. 최첨단 IT기술을 도입함으로써 건축의 패러다임을 바꾼 것이다. 건축 분야의 혁신은 IoT 분야에도 많은 것을 시사한다. 바로 새로운 IT기술을 도입하면 구조적인 문제를 해결할 수 있다는 사실이다. 최근 많은 IT기술 중 IoT 분야에서 게임 체인저로 가장 각광받고 있는 기술이 바로 블록체인이다.

블록체인이 주목받는 이유는 간단하다. 중앙집중형 IoT가 가진 구조적 문제점을 블록체인의 탈중앙화 특성으로 해결할 수 있기 때문이다. 블록체인은 문제가 발생했을 때 중앙 서버나 플랫폼의 일방적인 명령보다는 블록체인 네트워크를 구성하는 각각의 참여자들의 의견을 듣고 해결하는 방식을 중시한다. 의사결정 방법이 변하는 것이며, 이를 전문적인 용어로는 '합의 구조'가 변화하고 있다고 표현한다.

그렇다면 합의 구조가 플랫폼 왕정에서 모든 참여자의 의견을 듣는 일종의 사물 민주주의로 바뀐다면 가장 먼저 어떤 변화가 일어날까? 가장 먼저 IoT플랫폼에 연결된 디바이스들이 일하는 방식의 변화를 예상할 수 있다. 그동안 IoT플랫폼은 이용자가 여러 가지 명령을 입력할 경우 이를 순차적으로 처리했다. 플랫폼이 하나의 명령을 디바이스에게 전달하면, 디바이스는 명령을 수행하고 완료했음을 플랫폼에게 알린다. 그러고 나서야 플랫폼은 다음 명령을 내릴 수 있어 이용자가 결과를 확인하는 데까지 시간이 오래 걸렸다. 즉 주문 후 공정이 완료되는 시간을 의미하는 리드타임이 길었다.

하지만 IoT 구조가 분산형으로 바뀌면 여러 가지 명령을 병렬적으로 동시에 처리할 수 있다(〈도표 4-2〉). 예를 들어 이전에는 TV를 켜고, 에어컨의 온도를 22도로 설정하라고 요청하면 명령이 입력된 순서에 따라 TV를 켜는 명령을 먼저 수행한 후 에어컨의 온도를 22도로 맞추는 작업을 수행했다. 우선순위에 따라 일을 진행했던 것이다. 하지만 분산형 시스템에서는 TV를 켜는 명령과 에어컨 온도를 설정하는 업무가 동시에 진행된다. IoT기기의 반응속도가 더 빨라진 것이다. 이러한 리드타임의 혁신은 곧 IoT 산업의 생산성 향상으로 이어지고, 이용자들에게 새로운 편익을 제공할 것으로 기대된다.

단, IoT 구조가 분산형으로 바뀐다고 해도 플랫폼은 여전히 중요한 역할을 담당할 것이다. 이용자의 명령을 받고 모든 기기에 명령을 전달하는 허브의 역할은 분산형 IoT 구조에서도 필요하다. 하지만 우리 머릿속에 자리잡은 IoT의 이미지는 더 독립적으로 변화할 것이다. 그리고 종국에는 항상 중앙에 자리 잡고 있던 플랫폼의 영역은 점차 희미해질 것이고, 명령을 동시다발적으로 수행하는 각각의 사물들이 중요한 구조로 진화할 것이다. 1999년 MIT 연구원이자 P&G의 브랜드 매니저였던 케빈 애슈턴Kevin Ashton이 IoT의 개념을 고안한 이후, 처음으로 맞이하는 IoT 패러다임의 격변이다(〈도표 4-3〉).

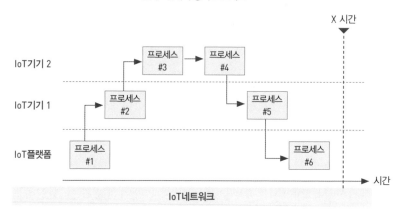

중앙집중형 IoT 구조
: 순차 · 단계적 방식 프로세스

분산형 IoT 구조
: 동시 · 병렬 방식 프로세스

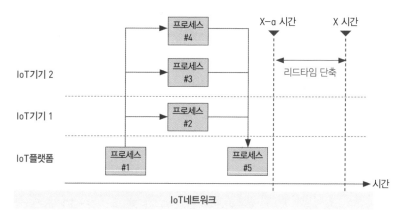

과거

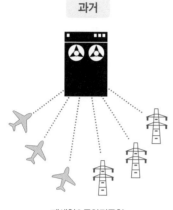

폐쇄형&중앙집중형
IoT네트워크

현재

오픈형&중앙집중형
IoT네트워크

미래

오픈형&분산형
IoT네트워크

출처: IBM

경제 패러다임을 바꾼 '신뢰의 기계'

2017년 1월 인공지능 스피커 간에 일어난 기상천외한 말씨름이 화제가 되었다. 블라디미르Vladimir와 에스트라곤Estragon이란 이름을 가진 두 대의 인공지능 스피커는 3일에 걸쳐 대화를 나누었다. 두 스피커의 대화는 인터넷 개인 방송 서비스인 트위치에서 생방송으로 송출되었다. 약 350만 명이 이 방송을 지켜봤다. 대화 내용은 엉성했다. 서로 자신이 사람이라고 주장했고, 지구가 아닌 다른 행성에서 온 사람이라고 주장하기도 했다. 그럼에도 불구하고 많은 이들의 관심이 집중된 이유는 인공지능 스피커가 우리의 일상생활을 바꿀 수 있는 매체로서 얼마나 발전했는지 확인하고자 하는 호기심 때문이었다.

특히 인공지능 스피커는 스마트홈 초기부터 서비스를 구현할 핵심 플랫폼 기기로 주목받아 왔다. 구글이 매년 개최하는 연례 개발자 회의에서 구글은 인공지능 스피커 구글홈Google Home에 대해 스마트홈의 자동화를 주도할 기기로 소개해 왔다. 구글홈 외에도 애플의 홈팟Home Pod, 마이크로소프트의 인보크Invoke, 아마존의 에코Echo, 카카오의 카카오미니, 네이버의 웨이브, KT의 기가지니, SKT의 누구NUGU를 비롯해 다양한 인공지능 스피커가 사람들의 관심을 한몸에 받으며 출시되었다.

인공지능 스피커는 아직 초기 단계지만 연결된 디바이스의 조작 방식을 터치에서 음성으로 바꿔 놓았다. 아직까지는 인공지능 스피커가 단순한 명령을 처리하는 수준에 그쳐 한계를 드러낸다. 실제로 한국소비자원이 구글홈, 에코, 누구, 기가지니의 이용자를 대상으로 실태조사를 한 결과, 가장 많이 사용하는 기능은 음악 재생, 날씨와 교통 정보 검색, 인터넷 검색 결과 듣기였다. 최근 구글에서도 2018년 연례 개발자 회의에서 구글홈의 인공지능 소프트웨어인 구글 어시스턴트의 향상된 기능들을 소개했지만, 여전히 완벽한 스마트홈을 구현하기에는 역부족이다.

단순한 정보 제공이나 연결된 전자기기의 전원을 켜고 끄는 수준에서 벗어나 완벽한 스마트홈을 구현하는 디바이스로 거듭나기 위해 인공지능 스피커가 해결해야 할 숙제는 무엇일까? 인공지능 스피커는 사물과 사람 간에 대화하는 기술을 넘어서서 사물과 사물 간 의사소통도 자유로워야 한다.

현재 IoT플랫폼이 사물과 대화하는 법을 배우기 어려운 이유 중 하나는 사물과 사물 간 대화에서 사람의 개입이 필수적이기 때문이다. 예를 들어 IoT 사물 간 커뮤니케이션에서 결제를 해야 하는 상황을 상상해 보자. 결제를 진행하려면 신원 확인이 필요하다. 하지만 사물은 사람이 개입하지 않으면 제3의 신뢰기관을 통해 발급받은 신원을 주체적으로 확인하지 못한다. 주민등록번호 기반의 인증서인 공동인증서(공인인증서)를 사용하기 위해서는 인증 주체인 사람이 반드시 결제 과정에 참여할 수밖에 없다는 의미다.

이러한 문제를 해결할 수 있는 것이 블록체인 기반의 탈중앙화 신원증명 솔루션인 DID Decentralized Identity이다. DID는 블록체인 기술을 사용하여 이용자의 개인정보를 디바이스에 저장해둔다. 그리고 신원 인증을 할 때 필요한 정보만 골라 신원을 증명하는 기술이다. 예를 들어 주민등록증은 사진, 이름, 생년월일, 주소, 발급일자 등의 정보를 담고 있는데, 오프라인에서 성인인증을 하는 경우 본인임을 확인하기 위한 사진과 생년월일 정보만 전달하면 된다. 만약 DID 기술을 이용하면 이용자가 자신의 개인정보를 직접 관리하고, 상황에 맞는 정보만 발췌하여 제공할 수 있어 신원 확인의 효율성이 높아진다. 즉, 기업에 의해 개인정보가 유출될 가능성을 최소화할 수 있다.

DID가 차세대 신원 확인 기술로 주목받고 있는 만큼 글로벌 시장을 선도하기 위해 관련 기업들이 연합하며 재빨리 움직이고 있다. 글로벌 시장조사기업인 자이온마켓리서치Zion Market Research는 전 세계 DID 시장이 연평균 80퍼센트 성장을 거듭하여 2024년에는 약 34억 5,000만 달러에 달할 것으로 전망했다.

DID는 어느 분야에서 신원증명의 솔루션으로 활용되고 있을까? DID 적용을 위해 준비 중인 사례로는 백신여권을 꼽을 수 있다. 백신여권은 접종받은 백신의 종류와 날짜, 그리고 코로나19 감염 여부의 개인정보를 담고 있다. 코로나19 시국에 해외출입국이나 공공장소 출입할 때 백신여권의 전체 정보 혹은 일부 정보를 확인하고, 출입을 허용하는 방안으로 활용될 수 있다.

전 세계 최초로 백신여권을 상용화한 이스라엘과 중국의 경우에는 DID가 아닌 QR코드로 백신여권을 구현했으나, QR코드를 손쉽게 위조한 범죄가 나타남에 따라 블록체인 기술을 적용한 탈중앙화 신원증명 솔루션에 대한 관심이 높아지고 있다. 실제로 국내에서는 질병관리청이 민간 기업인 블록체인랩스가 개발한 세계 최초의 DID 기반 백신 접종 인증 어플리케이션인 쿠브$_{COOV}$를 공개하는 등 DID 기술을 백신여권에 적용하기 위한 고민을 이어나가고 있다.

앞서 살펴본 DID의 등장으로 신원증명과 관련한 서비스나 기술 구현의 문제가 해결된다고 하더라도 한 가지 문제가 더 남아 있다. 사물이 결제의 필요성을 느껴 결제수단을 선택해 실행하는데 필요한 모든 권한을 가져도 되는가에 대한 것이다. 기술 문제가 완벽히 해결되더라도 사물의 결제 권한의 범위는 아직까지 활발히 논의되고 있는 문제다.

이러한 의심의 싹을 자르기 위한 방법으로 블록체인의 스마트 계약이 주목받고 있다. 스마트 계약을 처음 고안한 암호학자인 닉 자보$_{Nick Szabo}$는 스마트 계약에 대한 상세 조건을 코드로 설정하고, 해당 조건이 충족될 경우에만 코드가 실행되어 계약이 체결되도록 정의했다.

예를 들어 중국 스타트업 32티스$_{32teeth}$가 만든 블록체인 기반의 칫솔 서비스를 통해 스마트 계약을 이해해 보자. 32티스의 궁극적인 목표는 이용자의 치아를 건강하게 만드는 것이다. 우선 이용자의 치아 청결도를 파악한 후 전동 칫솔이 움직이는 범위와 방향을 계산해 더 신경 써서 닦아야 하는 부분을 알림으로 알려 준다. 앱을 통해 전달받은 알림에 따라 정해진 시간에 치아를 닦으면 이용자는 AYA코인을 얻을 수 있다. AYA코인은 중국어로 아이야비$_{愛牙市}$(치아 사랑)라는 의미를 담고 있다. 특정 행동을 하면 암호화폐를 보상받는 단순한 과정이 바로 스마트 계약을 이용한 것이다.

전통 경제에서는 계약을 위해 서류와 인감 도장, 중개인이 필요하지

■ 32티스는 올바른 칫솔질 미션을 성공하면 AYA코인을 지급한다

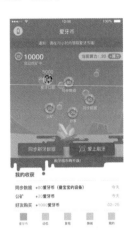

출처: Yesky

만 블록체인 경제에서는 신뢰 기반의 스마트 계약으로 모두 해결된다. 심지어 계약자들이 직접 대면할 필요도 없다. 낯선 것에 대해 확신을 가지는 과정을 신뢰라고 정의할 때, 블록체인은 신뢰 기반의 사회 구조를 만드는 특별한 힘을 가졌다.

영국의 주요 일간지인 〈이코노미스트〉Economist는 블록체인을 '신뢰의 기계'라고 표현했으며, 앞으로 블록체인이 경제가 작동되는 방식을 바꿀 것이라고 예측했다. 참여자의 양심과 법적 구속력에 의존하지 않고, 심지어 양심을 바랄 수 없고 법으로 구속할 수 없는 사물에도 신뢰를 기반으로 하는 새로운 계약 관계를 만들어 낼 수 있기 때문이다.

IoT에 스마트 계약을 적용하면

IoT 분야에 스마트 계약을 적용한다면 어떤 변화가 일어날까? 한마디로 사물 간에 경제 활동이 가능해진다. 사람들의 의사결정에 따라 스마트 계약 내용을 최초에 설정하면 계약 조건이 성립될 때마다 사물들은 계약 내용을 이행한다. 여기에서 계약 조건은 집과 땅을 계약하는 수준을 넘어선다. 32티스의 예처럼 정해진 시간에 이를 닦는다는 매우 구체적이고 일상적인 내용을 계약 조건에 담을 수 있다. 이를 단순히 약속이나 규약이라고 표현하지 않고 계약이라고 하는 까닭은 계약에 따른 금전적 대가가 인센티브로 제공되기 때문이다.

스마트 계약에 어떤 내용을 담는지에 따라 이용자는 인센티브를 얻을 수 있다. 인센티브는 암호화폐 형태로 제공된다. 사물 간에 일어날 다양한 상호작용을 하도록 만들기 위해 제공되는 인센티브는 사물 간 협동을 장려한다. 자율적인 경제체계에서의 경제 활동을 하도록 만드는 것이다. 즉 암호화폐는 사물들이 행하는 모든 경제 활동의 통화 역할을 하는 셈이다.

사물 중심의 인센티브 경제가 활성화됨에 따라 기업들은 이용자들이 자사의 IoT기기를 사용하도록 유도하기 위해 암호화폐를 사용한다. 암호화폐는 이용자의 행동을 변화시키는 모티베이터motivator이자, 사물경제를 활성화시키는 촉진제 역할을 담당한다.

사용자가 특정 기업의 IoT기기를 많이 사용할수록 연쇄작용이 일어나 자사 제품의 구매가 증가한다. 그러므로 기업들은 스마트 계약을

적용한 시스템을 구축하는 것이 어느 때보다 중요해졌다. 블록체인을
활용해 자신만의 생태계를 창조하는 것. 삼성, 애플 등이 블록체인 기
술에 주목하고 있는 가장 큰 이유다.

2

블록체인과
IoT가 만나면

막힘 없이 빨라진다

IoT 시장이 성장하고 IoT기기가 급증하게 되면 우리가 상상하지 못한 다양한 물건들이 인터넷에 연결될 것이다. 이러한 현상에는 단점도 있는데, IoT플랫폼으로 과도한 트래픽이 몰려 병목현상이 발생한다는 것이다.

특히 IoT서비스는 실시간으로 데이터가 전송되는 서비스이므로 안정적인 네트워크 연결이 최우선이다. 자율주행차처럼 사람의 생명과 직접적인 관련이 있는 서비스의 경우에는 트래픽 폭증으로 인해 데이터 송수신 속도가 저하되면 아찔한 상황으로 이어질 수 있다. IoT 사업자들은 트래픽을 효율적으로 관리하기 위한 유지 보수 개발 비용을 늘릴 수밖에 없다.

하지만 IoT에 블록체인이 적용되면 절대적인 트래픽 전송 길이가 단축되어 트래픽 부담을 낮추는 데 기여할 수 있다. 중앙집중형 IoT서비스에서는 주요 트래픽이 중앙 서버(플랫폼)와 기기 간에 흐르는 반면(〈도표 4-4〉), 분산형 IoT서비스에서는 주요 트래픽이 기기와 소비자 간에 동시다발적으로 흐른다(〈도표 4-5〉).

자율주행차를 예로 들어 보자. 기존의 중앙집중형 자율주행차 서비스에서는 상황 판단의 주체가 중앙 서버다. 그러다 보니 자율주행차가 운행되는 동안 도로 위에서 일어나는 모든 상황의 정보를 중앙 서버에 보내 주어야 한다. 돌발 상황이 발생하면 중앙 서버에서 가이드를 보내 준다.

하지만 분산형 자율주행차 서비스에서는 스마트 계약에 따라 상황에 맞는 결정을 내리는 각각의 자율주행차가 상황 판단의 주체가 된다. 굳이 도로 위의 정보를 중앙 서버에 알려 주지 않더라도 자율주행차 간 정보를 주고받으며 운행된다. 물론 전체적인 서비스에 대한 업데이트가 진행되거나 변경된 정책이 적용되어야 할 때는 중앙 서버와의 트래픽 교환이 필요하다. 하지만 평소에는 중앙집중형 자율주행차보다 트래픽 전송 구간의 길이가 짧아져 트래픽의 부담을 줄이면서도 서비스 안정성을 확보할 수 있다.

또한 블록체인 기반의 토큰 이코노미를 적용해 네트워크 대역폭을 공유하는 방법도 있다. 트래픽 사용에 여유가 있는 IoT디바이스가 트

■ 도표 4-4 **전통적 IoT 데이터 트래픽 흐름도**

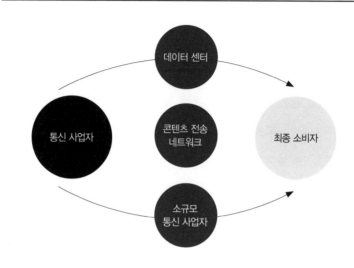

■ 도표 4-5 **블록체인 기반의 IoT 데이터 트래픽 흐름도**

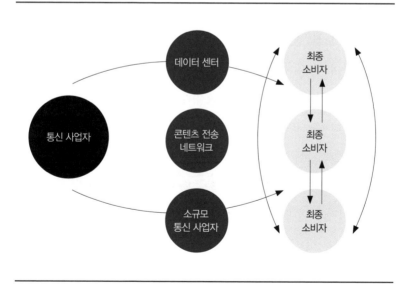

래픽을 분담해 주고 분담의 대가로 암호화폐를 제공받는다면 상호 간에 이익을 얻을 수 있다. 시장경제의 원리로 IoT서비스의 데이터 폭증 문제를 해결할 수 있음을 시사하는 것이다. 이러한 방법들을 실제로 구현하고자 하는 시도들도 이어지고 있다.

가상현실 콘텐츠 기반의 e스포츠를 중계하는 세타TV_{Thetatv}가 대표적이다. 세타TV는 콘텐츠 제공 사업자_{contents provider}가 트래픽의 부담을 완화하는 방법으로 블록체인 기반의 IoT 활용을 제안하고 있다. 최근 1인 방송이 늘어나면서 고화질 동영상을 생방송 라이브로 제공하려는 수요는 점차 강해지고 있다. 하지만 고화질 영상을 다량 송출해야 하는 기업들은 트래픽에 따른 비용 부담이 크다.

이를 극복하기 위해 세타TV는 블록체인 자회사인 세타를 설립하고 자체적으로 세타 블록체인을 개발했다. 세타 블록체인에서는 각 트래픽 송수신에 여유가 있는 기기들이 네트워크 대역폭을 빌려주고, 빌려준 만큼 보상으로 '세타토큰'_{Theta Token}을 제공받는다. 세타TV는 세타토큰 기반의 토큰 이코노미를 구축함으로써 트래픽 전송 비용을 최대 80퍼센트까지 줄일 수 있을 것으로 기대하고 있다.

자체 베타 테스트를 진행한 결과도 고무적이다. 세타TV 서비스에서 자체적으로 적용한 결과 평균 45퍼센트에 달하는 트래픽이 세타 블록체인을 통해 유입되었다. 일방적으로 통신사업자 또는 CDN_{Contents Delivery Network} 사업자에 절대적으로 의존해야 했던 데이터 흐름의 구조에 변화를 줄 수 있을 것으로 기대된다.

세타TV에 대한 기대감이 늘어나며 투자와 협력도 이어지고 있다.

벤처캐피탈인 삼성넥스트와 소니가 세타TV에 투자를 진행했으며, 2020년에는 구글과 파트너십을 체결하고 상호 간에 협력하기로 했다. 파트너십 내용은 정확하게 공개되지 않았으나 유튜브가 전 세계 무선 인터넷 트래픽의 37퍼센트 이상을 차지하고 있는 서비스라는 점을 감안한다면 구글이 세타TV가 주장하는 트래픽 전송 비용의 절감에 관심을 갖게 된 것으로 해석할 수 있다.

강력한 해킹도 안전하게 막아낸다

2016년 10월 미국에서 트위터, 스포티파이, 넷플릭스, 페이팔, 사운드 클라우드처럼 널리 알려진 서비스들이 일제히 멈춰 버린 일이 발생했다. 사건의 원인은 미국 동부 지역에서 시작된 디도스 공격 때문이었다. 보안 전문가들은 '미라이 봇넷'Mirai Botnet이라는 악성코드가 전통적인 해킹 대상기기인 PC나 모바일, 태블릿이 아닌 IoT디바이스를 통해 전달되었다고 분석했다. CCTV, 무선 공유기처럼 보안이 허술한 다수의 IoT디바이스에 악성코드를 퍼트리니 무방비로 당할 수밖에 없었던 것이다.

미국 동부에서 시작된 디도스 공격 사태는 가전제품 제조사들을 큰 충격에 빠뜨렸다(〈도표 4-6〉). 한 번의 공격으로 우리가 평상시 사용하고 있는 세탁기, 냉장고, 전자레인지, TV 등이 속수무책으로 해킹당할 수 있다는 사실을 목도한 사건이었다. 일상생활에 밀접한 제품이 해킹

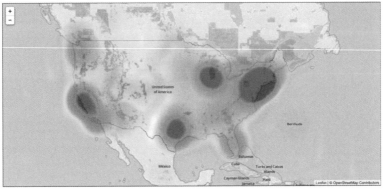

출처: hackya.co

을 당하면 검색 키워드 정보 유출, 계정 정보 유출, 도청 및 감청, 사생활 유출 등의 위험이 있어 심각한 일이 아닐 수가 없다.

지금껏 제조사들은 자신들이 출시하고 있는 가전제품을 IoT디바이스로 탈바꿈시키기 위해 노력해 왔다. 하지만 보안 사고에 노출된 IoT 가전제품들은 오히려 스마트라는 브랜드 네이밍을 통해 고급 제품으로 출시되었던 것들이었다.

삼성전자의 스마트 냉장고가 대표적이다. 삼성전자는 2016년 3월 세계 최초로 IoT 기능을 적용한 냉장고를 출시했다. 냉장고 스크린에서 식품의 유통기한을 설정해 놓으면 알람을 해 주거나, 재고가 없는 식품이나 식자재를 직접 주문하도록 돕는 기능을 제공했다. 또한 2021년에는 단순 IoT기술만 사용한 게 아닌 AI기술까지 접목한 제품을 출시해 한층 더 발전된 모습을 보여주었다. 그러나 역설적으로 제품이

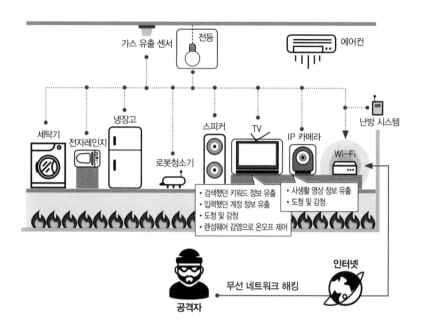

전등

에어컨

가스 유출 센서

냉장고

스피커

TV

IP 카메라

난방 시스템

세탁기

전자레인지

로봇청소기

Wi-Fi

• 검색했던 키워드 정보 유출
• 입력했던 계정 정보 유출
• 도청 및 감청
• 렌섬웨어 감염으로 온오프 제어

• 사생활 영상 정보 유출
• 도청 및 감청

인터넷

무선 네트워크 해킹

공격자

출처: 이글루시큐리티

정교해질수록 기업에서 예방해야 할 보안의 중요성은 더욱더 커져만
간다.

IoT기기로 변신한 스마트 가전은 인터넷과 연결되어 다양한 부가
서비스를 제공할 수 있었지만, 반대로 해커들의 공격 대상이 되는 결
과를 초래했다. 영국의 보안기업 소포스랩스_{SophosLabs}는 "피 냄새를 맡
은 상어 떼가 IoT기술이 접목된 가전제품 주변을 맴돌고 있다."고 표
현했다.

하지만 블록체인의 합의 방식은 IoT디바이스가 해킹의 위협으로부터 피신할 수 있도록 도와준다. 블록체인은 IoT서비스를 운용할 때 보안의 무결성을 보장할 수 있다. 태생적으로 블록체인은 보안에 강하기 때문이다.

전쟁에 비유하자면 해커들은 그동안 전쟁에서 승리하는 방법을 정확하게 알고 있었다. 적군의 지휘관을 찾아내 꼭두각시처럼 부릴 수 있는 비법을 알고 있었던 것이다. IoT 분야에서 지휘관 역할은 플랫폼이 담당한다.

하지만 블록체인이 적용된 IoT서비스에서는 지휘관이 사라진다. 블록체인 기반의 IoT서비스에 접속된 기기들은 각각 하나씩 모든 데이터가 기록된 원장을 나눠 가지고 있기 때문이다. 아무리 뛰어난 해커라도 모든 적군을 꼭두각시로 만들기에는 한계가 있어 안전성이 보장된다. 해커가 포섭한 아군의 수가 점점 늘어난다고 하더라도 문제없다. 일정 시간이 지나면 해커에게 속아 넘어간 변절자도 다시 아군으로 바뀌기 때문이다.

블록체인은 일정 시간마다 블록을 형성하기 위해 모든 참여자를 검증하는 단계를 거친다. 즉 위조되거나 변조된 정보들은 검증을 거쳐 다시 오염되기 전의 데이터로 원상복구 된다. 이러한 특성 덕분에 블록체인 기반의 IoT에서는 일부 기기에 문제가 발생한다고 하더라도 전체 시스템에 영향을 미치기 힘들다. 블록체인은 IoT서비스에 완전 무결한 백신인 셈이다.

이처럼 블록체인은 IoT에 합의 구조를 적용함으로써 중앙화된 IoT

구조가 직면한 문제를 해결할 수 있는 단초를 제공한다. 또 IoT에 인센티브 구조 기반의 암호화폐를 도입해 IoT기기마다 경제적 활동을 할 수 있도록 개선하는 데 이바지하고 있다.

3

공유경제와
블록체인

유형에서 무형까지 공유한다

블록체인은 탈중앙화 요소와 스마트 계약 기능을 통해 미완의 경제 시스템과 서비스들이 자리 잡을 수 있도록 도와주고 있다. 아직 우리 사회 곳곳에는 현재의 경제 시스템만으로는 해결하지 못하는 문제들이 많다. 특히 블록체인 기반의 IoT가 공유경제에 도입될 경우 범주와 영역을 재편할 뿐만 아니라 공유 대상이 유형의 재화에서 무형의 재화로 확대될 것으로 기대된다.

블록체인이 바꿔 놓을 공유경제 시스템을 정확하게 이해하기 위해 우선 기존의 공유경제 서비스를 살펴보자. 공유경제 기업으로 가장 대표적인 기업은 우버와 에어비앤비Airbnb다. 특히 에어비앤비는 호텔 건물 하나 소유하지 않으면서도 힐튼 호텔보다 기업가치가 높고, 하얏트 호텔과 유사한 규모의 기업을 몇 개나 인수할 수 있을 만큼 성장했다.

하지만 이에 대한 곱지 않은 시선도 있다. 쉽게 말해서 공유경제는 타인에게 자신의 재화를 사용할 수 있게 공유해 주고 그 대가를 받는 비즈니스 모델이다. 이 모델이 정착하려면 재화를 공유하는 사람과 공유받아 이용하는 사람 사이의 신뢰 수준이 높은 사회여야 한다. 하지만 신뢰는 다년간의 관계를 바탕으로 얻는 것이므로 단기간에 상호 신뢰가 형성되기에는 무리가 있다. 실제로 시장조사업체인 트렌드모니터가 공유경제 정착이 어려운 이유에 대해 설문조사한 결과, 주요 응답 내용 중 타인에 대한 신뢰도가 낮고 안전 불감증이 만연하다는 식의 정서적 요인들이 손에 꼽혔다(〈도표 4-7〉).

그럼에도 블록체인 기반의 IoT서비스는 고유의 특성을 통해 공유경제의 패러다임을 뒤바꿀 것이다. 가장 큰 패러다임의 변화는 사람에 대한 신뢰가 아닌 기술에 대한 신뢰를 토대로 계약이 이뤄지며, 공유의 대상이 유형의 재화에서 무형의 재화까지 확대된다는 점이다.

두 가지 변화 모두 스마트 계약을 통해 구현할 수 있다. 스마트 계약 기반의 신뢰경제에서는 계약 당사자 간 불신이 팽배한 상황에서도 계약 조건을 이행하면 계약이 성사될 수 있다. 또한 스마트 계약은 디지털 자산을 블록체인의 분산원장에 기록해 계약물로 등록할 경우 공유 자산의 범위를 확대할 수 있다.

구체적인 설명을 통해 스마트 계약이 공유경제에 미치는 영향을 알

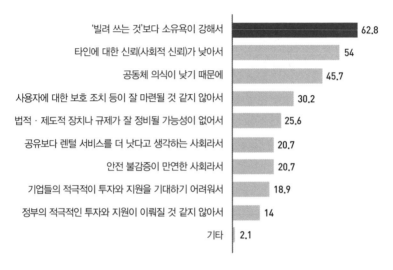

(공유경제 정착 가능성 저평가자, N=328, 단위: %)

'빌려 쓰는 것'보다 소유욕이 강해서	62.8
타인에 대한 신뢰(사회적 신뢰)가 낮아서	54
공동체 의식이 낮기 때문에	45.7
사용자에 대한 보호 조치 등이 잘 마련될 것 같지 않아서	30.2
법적·제도적 장치나 규제가 잘 정비될 가능성이 없어서	25.6
공유보다 렌털 서비스를 더 낫다고 생각하는 사회라서	20.7
안전 불감증이 만연한 사회라서	20.7
기업들의 적극적이 투자와 지원을 기대하기 어려워서	18.9
정부의 적극적인 투자와 지원이 이뤄질 것 같지 않아서	14
기타	2.1

출처: 트렌드모니터

아보자. 우선 신뢰에 대한 이야기부터 살펴보겠다. 사람과 사람 사이의 계약 관계에서 불신을 없애려면 신뢰를 깨는 행위 자체를 차단해야한다. 하지만 일상생활에서 신뢰는 언제든지 쉽게 깨질 수 있다. 집주인이 전세금을 돌려주지 않을 경우를 대비해서 전세금 반환 보증 보험에 가입하는 사람들의 수가 최근 역대 최대치를 기록했다고 한다. 임차인들은 전세금 반환 보증 보험에 가입해 임대인이 전세보증금을 제때 돌려주지 않을 경우를 대비한다. 그만큼 임대인에 대한 불신이 마음속에 자리 잡고 있다는 의미다. 이처럼 우리 실생활에서는 서면 계약으로는 완벽해 보일지라도 예상하지 못한 이벤트로 계약이 온전하게 종료되지 않는 경우들이 많다. 펜션을 예약할 때 지불하는 예약금, 개인들 사이에 빌려주는 소액의 현금처럼 단발성 거래도 마찬가지다.

하지만 블록체인 기반의 IoT서비스는 스마트 계약을 기반으로 상호 간에 깰 수 없는 룰을 만든다. 사회적 안전장치인 전세금 반환 보증 보험을 신청할 때 여러 개의 서류가 필요하지만, 블록체인 기반의 IoT 서비스는 별도의 서류를 제출할 필요가 없다. 임대인이 보유하고 있는 자산을 공유하는 조건을 공시하고, 임차인은 임대인이 설정해 놓은 조건을 충족하면 기계적으로 계약이 체결된다. 사람이 아닌 기술을 믿고 계약을 체결하는 신뢰 기반의 공유경제가 탄생할 수 있는 환경이 마련된 것이다.

블록체인 기반의 IoT기술을 활용한 공유경제의 대표적인 서비스로는 독일의 슬록닷아이티slock.it가 있다. 슬록닷아이티는 '무엇이든 빌려주고, 팔고, 공유한다'Rent, sell or share anything는 캐치프레이즈 아래 다양한 물건과 서비스를 제공하고 있다.

서비스 구조는 간단하다. 임대인이 공유하고자 하는 자산을 스마트 락 시스템에 등록한다. 임차인은 임대인이 설정한 공유 조건을 충족하는 암호화폐를 지불하면 스마트락을 해제할 수 있는 스마트키를 얻을 수 있다. 임차인이 지불한 암호화폐는 임대인의 지갑으로 자동 전송된다. 계약 기간이 종료되면 스마트키는 효력을 상실하고 스마트락은 다시 잠금 상태로 되돌아간다.

만약 전세 계약에 슬록닷아이티의 IoT 스마트락 기능이 적용된다면

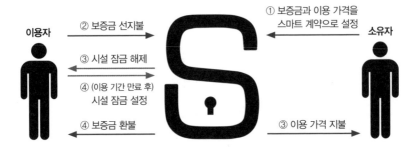

① 보증금과 이용 가격을
스마트 계약으로 설정

이용자

② 보증금 선지불

③ 시설 잠금 해제

④ (이용 기간 만료 후)
시설 잠금 설정

④ 보증금 환불

소유자

③ 이용 가격 지불

출처: 슬록닷아이티

어떤 모습일까(〈도표 4-8〉)? 임대인은 스마트락에 전세 매물과 전세 기간, 전세금의 정보를 등록한다. 전세 매물이 마음에 든다면 전세금을 암호화폐로 지불하고 현관문을 열 수 있는 스마트키를 얻는다. 계약한 전세 기간 임차인은 스마트키로 집을 이용한다. 계약 기간이 끝나면 임대인에게 지불했던 전세보증금이 임차인에게 자동 반환되고 임차인이 가지고 있던 스마트키는 삭제되어 더 이상 현관문의 스마트락을 열 수 없게 된다. 일련의 모든 과정이 기계적으로 진행되기 때문에 더 이상 주택도시보증공사의 전세금 반환 보증 보험과 같은 제3의 힘을 빌리지 않아도 된다.

블록체인 기반의 IoT가 서비스 영역을 확대하는 데 공헌하는 양상도 함께 살펴보자. 공유경제에서 공유할 수 있는 자산은 한정되어 있다. 에어비앤비와 우버 같은 공유경제의 기업들은 집과 차량처럼 실물

자산을 공유하는 비즈니스 모델이다. 하지만 블록체인 기반의 IoT는 스마트 계약을 통해 디지털 자원과 같은 무형 자산도 공유의 대상으로 편입시킬 수 있다. 무형의 자산도 유형의 자산처럼 공유하고, 공유한 만큼 암호화폐로 인센티브를 받는 환경만 구축된다면 공유경제의 서비스 영역은 확대될 수밖에 없다.

슬롯닷아이티는 현재 가능성을 인정받아 미국의 블록체인 분야의 인큐베이터이자 투자회사인 블록체인즈Blockchains에 인수된 이후에도 프로젝트를 이어나가고 있다.

앞서 살펴본 세타TV의 세타 블록체인도 무형의 자산인 인터넷 대역폭을 공유자산의 대상으로 삼는 대표적인 사례다. 세타TV의 창업자이자 CEO인 미치 리우Mitch Liu가 언론과의 인터뷰에서 던진 화두 역시 블록체인과 IoT가 새로운 공유경제 시스템을 확립하는 데 필수 요소임을 시사했다. "우버는 차량을, 에어비앤비는 공간을 공유하는데 대역폭은 왜 공유하지 못하나요?"

디지털 자원을 공유경제의 새로운 자산으로 활용하는 또 다른 사례로는 골렘Golem 프로젝트를 꼽을 수 있다. 골렘은 공유경제와 블록체인을 합쳤을 때의 시너지 효과에 대해 긍정적으로 바라보았고, 처음부터 자신들의 위치를 컴퓨터들을 위한 에어비앤비로 정의했다. 서비스 구조를 살펴봐도 자산을 빌려주고 대가를 받는 공유경제 시스템과 유사하다. 다만 골렘은 블록체인 네트워크에 연결된 디바이스의 컴퓨팅 파워computing power(컴퓨터 작업 속도를 좌우하는 프로세서)를 공유할 수 있는 플랫폼이다. 고사양의 컴퓨터가 필요한 사람들은 골렘을 통해 다른 디바

▪ 골렘 프로그램 실행 화면

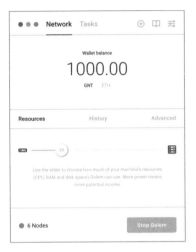

출처: reddit.com

이스에서 컴퓨팅 파워를 빌려와 쓸 수 있기 때문에 값비싼 슈퍼컴퓨터를 보유하지 않아도 된다. 고사양의 프로그램을 실행할 때 부족한 연산력을 공유된 디지털 자원으로 채울 수 있다. 블록체인에 연결된 디바이스의 연산력을 모아 블록체인상에서 언제든지 슈퍼컴퓨터를 구축하고 사용할 수 있는 것이다.

이더리움의 창시자인 비탈릭 부테린은 골렘 프로젝트에 대해 수많은 개인들이 연결되어 큰 효과를 창출한다는 점에서 이더리움의 취지에 맞는 좋은 프로젝트라고 평한 바 있다. 이러한 흐름에 따라 다양한 디지털 자산을 공유화하려는 시도는 지속될 것으로 예상되며, 블록체인 기반의 IoT서비스에서 자원을 공유하는 일은 지금보다 더 자연스러운 일이 될 것으로 기대한다.

이웃에게 전기 팔기

2017년 8월 대만의 최대 LNG 발전소인 다탄화력발전소의 연료공급 장치에 문제가 발생했다. 발전 동력기가 멈추면서 전체 국토의 약 46퍼센트에 해당하는 지역이 단전 피해를 입었다. 대규모 정전 사태인 블랙아웃_{black out}이 발생함에 따라 시민들이 엘리베이터에 갇히고 상점의 영업이 중단되며 도시 전체의 기능이 마비됐다. 대만의 정전 사태는 발전소 직원의 실수로 밝혀졌지만, 매년 조금씩 더워지는 지구온난화로 인해 여름철의 전력 수요는 계속 높아지고 있어 언제 어디서 블랙아웃이 재발할지 예측할 수 없다. 잘못된 전력 수요 예측으로 인해 2011년 9월에 한국에도 블랙아웃 사태가 벌어졌던 것처럼 말이다.

블랙아웃을 예방하는 최선의 방법은 발전소를 충분히 지어 전력의 공급을 늘리거나 설비를 개선해 송전 손실률을 줄이는 것이다. 송전 손실률이란 전력 생산지인 발전소에서 전력 소비지역인 도시나 공단으로 전기를 전달할 때 전기가 손실되는 비율을 의미한다. 송전 손실률을 줄이는 가장 확실한 방법은 생산지에서 소비지까지의 거리를 좁히는 것이다. 하지만 한정된 예산과 좁은 국토에서 발전소를 무한히 건설할 수는 없다. 결국 안정적인 전력관리 시스템을 구축하기 위해서는 전력을 사용하는 도심 지역 근처에 발전소를 세워야 한다.

만약 블록체인 네트워크를 통해 개인 간 전력 거래가 가능하게 만든다면, 전력 생산과 전력 소비의 물리적 거리를 절대적으로 줄이는 데 도움이 될 것으로 기대하고 있다. 실제로 정부에서는 전력을 효율적으로 생산하고 이용할 수 있도록 전력 시스템에 블록체인 도입을 시도하고 있다.

　대표적으로 2017년 12월 과학기술정보통신부는 한국전력공사와 협력해 블록체인 기반으로 이웃간 전력 거래와 전기차 충전이 가능한 서비스를 구축했다(〈도표 4-9〉). 해당 서비스를 이용하기 위해서는 먼저 지붕 위에 태양광 패널을 설치해 전기를 생산하는 사람이 있어야 한다. 그러면 전기요금 부담이 큰 이웃이 전기 생산자의 남은 전기를 블록체인 기반의 전력 거래 플랫폼을 통해 구매하는 방식이다.

　정부는 태양광 패널을 통해 전기를 생산하고 판매하는 이들을 생산과 소비를 겸하는 주체라는 의미의 프로슈머prosumer라고 지칭하고 있다. 이들 프로슈머는 이웃에게 전기를 판매한 대가를 에너지 포인트로 받아 전기요금 납부, 현금 환급, 전기차 충전소 결제 수단에 활용할 수 있다. 과학기술정보통신부가 실시한 실증사업은 옆집의 이웃을 전력 생산자로 변화시켜 전력 생산과 이용의 효율성을 최대치로 끌어낸 사례라고 볼 수 있다.

　현재 정부가 진행하고 있는 실증사업의 적용 범위가 넓어진다면, 블록체인의 스마트 계약 기반으로 개인 간 전력을 거래하고 이용하는 시장이 본격적으로 열릴 수 있다. 도심 지역의 전력 생산을 담당하는 디바이스가 블록체인으로 연결되어 있다고 상상해 보자. 프로슈머인 가정집은 생산한 전기 중 일부를 판매함으로써 전기요금을 줄이거나 새로운 수익을 창출할 수 있고, 기업처럼 많은 양의 전기를 사용해 누진세를 부담해야 하는 주체는 전기를 저렴하게 이용할 수 있는 기회를

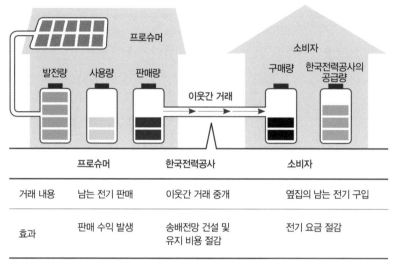

	프로슈머	한국전력공사	소비자
거래 내용	남는 전기 판매	이웃간 거래 중개	옆집의 남는 전기 구입
효과	판매 수익 발생	송배전망 건설 및 유지 비용 절감	전기 요금 절감

출처: http://biz.chosun.com/site/data/html_dir/2018/03/07/2018030701917.html

가질 수 있다.

물론 이웃에게 전력을 구매하는 입장에서는 전기 구매를 위해 지불하는 암호화폐의 가치가 한국전력공사로부터 제공받는 전기 요금보다는 저렴해야 한다. 이러한 시스템을 통해 에너지의 효율적 생산과 합리적인 소비 그리고 생산적인 거래가 가능할 것으로 기대된다.

한국전력공사는 한발 더 나아가 2017년부터 블록체인 실증사업을 전개한 경험과 노하우를 기반으로, 전력 거래 도매 영역에서도 블록체인 네트워크를 구축해 독자적으로 사용하겠다는 계획이다. 한국전력공사는 발전 부문 여섯 개 자회사인 한국수력원자력, 한국중부발전, 한국남부발전, 한국남동발전, 한국서부발전, 한국동서발전과 함께 블록체인 네트워크의 노드로 참여할 예정이다.

한국전력공사는 노드로 참여한 사업자 간 실시간 데이터 공유가 가능하다는 데 주목하고 있다. 이는 업무 처리 속도를 높이고 거래 유효성을 쉽게 검증할 수 있다. 또한 전체 전력 거래 도매 계약과정의 효율성을 높일 수 있을 것으로 기대된다.

해당 프로젝트의 명칭은 'KEPCO(한국전력공사) 블록체인 플랫폼 구축 및 서비스 개발'이며, 2021년 2분기에 개발에 착수하여 2023년 4월까지 블록체인 플랫폼 구축을 완료하는 것이 목적이다. 사업비는 총 27억 원이 투입될 예정이다.

해외에서는 이미 블록체인 시스템을 활용해 전력 거래를 할 수 있는 플랫폼이 다수 출시되었다. 구체적으로 시스템이 운영되고 있는 케이스로는 미국의 솔라코인SolarCoin과 호주의 파워레저Power Ledger가 대표적이다.

2014년 미국 내 자원활동가들에 의해 설립된 솔라코인재단Solarcoin Foundation에서 운영하고 있는 솔라코인은 태양광 발전을 장려하기 위한 목적으로 시작되었다. 태양광 발전 시설을 갖춘 건물들만 블록체인 네트워크에 참여할 수 있다. 태양광 발전이 가능한 패널을 갖추거나 태양광을 활용해 전기를 발전하면 생산량에 따라 솔라코인이 지급되며, 해당 정보를 재단에 알려주면 1메가와트MWh당 1솔라코인을 지급받는다. 지급받은 암호화폐는 온라인과 오프라인의 지정된 상점에서 화폐로 사용하거나 전력 요금을 결제하거나 블록체인 네트워크에서 태양

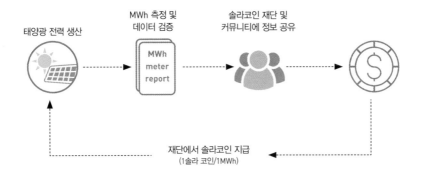

■ 솔라코인의 서비스 구조

태양광 전력 생산 → MWh 측정 및 데이터 검증 (MWh meter report) → 솔라코인 재단 및 커뮤니티에 정보 공유 → $

재단에서 솔라코인 지급
(1솔라 코인/1MWh)

출처: 한전경제경영연구원

광 에너지를 거래하는 데 사용할 수 있다. 솔라코인재단은 1솔라코인이 약 680킬로그램의 이산화탄소 배출 감축효과를 거둘 것이라고 예측하고 있다.

호주 기업 파워레저는 2018년 4월 일본에서 두 번째로 큰 전력회사인 간사이전력KEPCO과 제휴를 맺고 블록체인을 기반으로 하는 전력 거래 시스템을 시범운영했다. 또한 2019년 1월에는 일본의 태양열 에너지 전문 기업인 셰어링 에너지Sharing Energy와 업무협약을 맺고 유휴 에너지를 거래하는 기반을 마련하고 있다. 그리고 2020년 8월에는 태국 재생에너지 업체인 BCPG와의 오랜 협력 관계를 바탕으로 동남아 지역에 진출하기 위한 거래시장을 구축했다.

개인 간 거래에서는 중앙기관이 제공하는 전력보다 저렴한 가격일 때 가치가 발생한다. 구매자는 저렴한 전기 구매, 판매자는 추가 이익 발생이라는 가치를 통해 합리적인 전력 생산과 소비를 할 수 있으며,

국가는 중앙기관에서 생산하는 에너지양을 절약할 수 있다. 최근에는 에너지 효율이 높은 가전제품을 구입하고 대중교통을 이용해 에너지를 절약할 경우에 에너지토큰을 제공하며, 이용자들이 전력을 아껴 쓸 수 있도록 동기부여를 하고 있다.

블록체인 기반 전력 거래의 특징 중 하나는 특정 커뮤니티에서 프로젝트 형식으로 진행하는 경우가 많다는 점이다. 미국에서는 뉴욕의 자치구 브루클린에서 '프로스펙트 파크'Prospect Park, '고와너스'Gowanus, '파크 슬로프'Park Slope 등으로 그 범위가 점차 확대되고 있다.

영국에서는 2차 세계대전 이후 런던 북동부의 대표적 슬럼가로 손꼽혔던 해크니Hackney에서도 변화가 감지되고 있다. 해크니의 배니스터 하우스 주택단지는 지역을 13개 구역으로 나누고 주택단지 옥상에 태양광 전지판을 설치했다. 그리고 각각의 블록에서 생산된 전기를 실시간 모니터링해 가구별 에너지 수요와 공급에 따라 자동으로 사고팔 수 있는 시스템을 구축했다. 이는 영국의 스타트업인 버브Verv가 영국 정부로부터 20만 파운드를 지원받아 진행한 사례다.

네덜란드에서는 드 꺼블De Ceuvel 지역에서 민간 주도로 전력 거래가 활발히 일어나고 있다. 드 꺼블 지역은 지붕이 좁거나 나무 그늘이 있는 집을 제외하고 모든 지붕에 약 150여 개의 태양광 패널을 설치했다. 생산 전력이 많은 집이 상대적으로 전력이 부족한 집에 전력을 제공하는 방식으로 커뮤니티 내에서 자체 소비하는 방식을 택했다. 이곳에서는 기존 태양광 발전 사업자와 달리 생산한 잉여 전력을 되팔지 않는다. 대신 전력을 제공할 때마다 얻을 수 있는 암호화폐인 줄리에

뜨_{Jouliette}를 활용해 마을에서 가장 큰 건물인 카페 드 꺼블_{café de ceuvel}에서 음식이나 음료를 구입할 수 있다.

이러한 변화에 따라 세계에너지협의회_{World Energy Council}에서는 2025년이 되면 중앙집중형이 아닌 분산형으로 생산하는 에너지가 전체 에너지 시장의 25퍼센트를 차지할 것으로 전망하고 있다.

4
스마트 시티 만들기
프로젝트

자율주행차의 가장 큰 이슈

자동차 수십여 대가 건물의 지상 주차장에서 굉음을 내며 고속으로 달리더니 이윽고 유리창을 깨고 지면으로 떨어진다. 이상 행동을 보인 자동차들에는 한 가지 공통점이 있었다. 모든 자동차에 운전자가 탑승하고 있지 않았다는 점이다. 이 자동차들은 해커가 해킹한 차량들이었다. 해커는 목표 차량의 움직임을 막기 위해 건물에 주차된 자동차들을 이용했다. 다행스럽게도 이는 실제 도로에서 벌어진 일이 아니라 영화 〈분노의 질주: 더 익스트림〉의 한 장면이다.

하지만 자동차를 해킹하는 일은 이미 현실에서도 일어나고 있다. 중

출처: Keen Security Labs Blog

국 텐센트Tencent의 킨 보안 연구소Keen Security Labs 해커팀은 2016년 9월 약
19킬로미터 떨어진 곳에서 달리는 테슬라Tesla의 모델 S 차량을 노트북
으로 해킹해 급제동시키는 장면을 유튜브에 공개했다. 연구원이 공개
한 영상에는 도로 주행 중에 트렁크가 갑자기 열리거나 와이퍼가 움직
이고 백미러가 접히는 장면들이 담겨 있었다. 정차하고 있는 자동차의
경우에는 차량에 탑재된 터치스크린을 무용지물로 만들거나 문의 잠
금장치를 풀거나 좌석을 앞뒤로 움직이게 만들었다. 해커들이 자동차
통제권을 완벽하게 제압한 모습이었다.

자동차가 해킹의 대상이 된 이유는 기술이 발전하면서 자동차 자체
가 100만 줄 이상의 코드로 구성된 소프트웨어로 변했기 때문이다. 또
자율주행모드를 위해 인터넷에 연결되어 있기 때문이다. 글로벌 컨설
팅 기업인 KPMG 조사 결과에 따르면 실제로 자동차 기능 중 최대 72

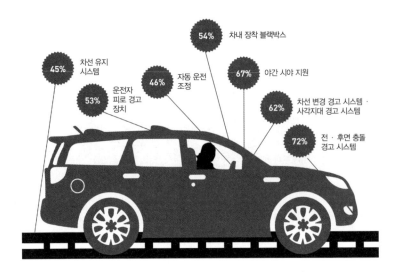

■ 자동차 기능 중 IT 사용 비율

45% 차선 유지 시스템

53% 운전자 피로 경고 장치

46% 자동 운전 조정

54% 차내 장착 블랙박스

67% 야간 시야 지원

62% 차선 변경 경고 시스템 · 사각지대 경고 시스템

72% 전 · 후면 충돌 경고 시스템

출처: KPMG

퍼센트가 인터넷 기반의 IT정보를 토대로 움직이고 있다고 한다.

더 나아가 글로벌 컨설팅 기업인 PwC는 2025년이면 새로 생산되는 모든 자동차가 인터넷에 접속할 수 있을 것이라고 밝혔으며, 글로벌 시장조사업체인 네버건트리서치는 2035년경이면 도로 위를 달리는 차량 중 75퍼센트가 자율주행차일 것이라고 전망했다.

자동차가 인터넷과 연결되면서부터 다른 자동차, 신호등 그리고 인증되지 않은 장치와 통신하는 데 따른 보안의 위험성이 커졌다. 커넥티드카connected car와 자율주행차가 실생활에 편리와 안전을 확보하기 위해서는 해커도 주의해야 하는 상황에 놓인 것이다. 그래서 최근 이에 대한 해결책으로 블록체인이 주목받고 있다. 독일 컨설팅 기업인 롤랜

드버거는 V2X_{Vehicle to Everything} 통신의 보안 분야에서 블록체인이 확실한 해결책이 될 것으로 전망했다.

블록체인을 활용해 보안의 불안 요소를 없애려는 시도는 영국의 큐브 인텔리전스_{Cube Intelligence}가 앞장서고 있다. 큐브 인텔리전스는 차량 내에 큐브박스_{Cube box}를 설치하면, 이를 통해 온라인 서버와 실시간으로 연결해 자율주행차의 주행 정보를 블록체인 플랫폼으로 관리하는 프로젝트를 진행하고 있다. 이 프로젝트는 자율주행차와 다른 차량 간의 소통과정에서 발생할 수 있는 해킹의 문제를 방어하고자 블록체인을 도입한 케이스다.

벤츠, BMW, 아우디, 폭스바겐을 아우르는 자동차 제조국으로 유명한 독일에서도 블록체인을 활용해 보안을 강화하려는 움직임이 나타나고 있다. 포르셰는 독일 스타트업인 자인_{XAIN}과 함께 블록체인 기술을 도입한 애플리케이션을 개발했다. 포르셰의 차량 출입문 인증 시스템을 이용해 소유주를 인증하면 문을 잠그고, 잠금을 해제할 수 있다. 기존의 스마트키보다는 다소 느리지만, 보안을 강화했다는 점에서 의미가 있다. 2016년 독일자동차클럽_{ADAC}은 BMW 7시리즈, 폭스바겐 골프, 현대차 산타페를 포함한 24개 차종의 스마트키 시스템이 도난에 취약하다는 점을 경고한 바 있어 매우 의미 있는 도전으로 손꼽히고 있다.

자율주행차의 보안이 보장되면 인터넷 연결이 가능한 IoT디바이스로서 블록체인 기반의 다양한 부가가치 시장을 창출할 것으로 기대된다. 앞서 살펴본 큐브 인텔리전스는 차량 내에 탑재한 큐브박스를 통해 주행 정보를 기록하고, 해당 데이터를 플랫폼에서 자유롭게 거래할 수 있는 기반을 만들고 있다. 실제 도로를 달리고 있는 자동차의 주행 정보는 스마트 계약으로 차량에 탑승한 생산자에게 전달된다. 생산자는 플랫폼을 통해 자신의 주행 정보를 판매할 수 있으며, 다른 소비자들은 실제 도로 위를 달린 주행 정보를 큐브토큰AUTO으로 구매함으로써 내비게이션보다 더 정확한 교통 흐름을 파악할 수 있다.

또한 2018년 4월에는 MG손해보험과의 제휴를 통해 운전자의 습관이나 운행거리, 요일제에 따른 운행 여부와 같은 정보를 토대로 보험료를 할인해 주고, 사고가 발생하면 자동으로 비상 호출하는 IoT기반의 시스템 구축했다.

이외에도 일본 자동차 기업인 도요타Toyota는 자사 연구기관인 도요타연구소TRI를 중심으로 미국 매사추세츠공과대MIT 미디어랩을 비롯한 우수한 연구기관과 자율주행차의 주행 데이터를 공유하는 연구를 진행하고 있다.

싱가포르 기업인 엠블MVL, Mass Vehicle Ledger 역시 모빌리티 블록체인 플랫폼인 엠블을 개발하여 자동차의 거래, 주행, 사고, 정비에 의한 핵심 차량 데이터를 블록체인에 기록하고 거래하기 위한 준비를 진행하고 있다. 엠블랩스는 2021년 4월 시리즈B 투자를 유치함으로써 총 340억 원의 누적 투자액을 기록하며 순항하고 있다.

스위스의 블록체인 데이터 플랫폼 개발업체인 스트리머Streamr는 이용자가 보유한 데이터를 팔거나 IoT디바이스로 수집한 데이터를 구매할 수 있도록 블록체인 플랫폼 기반의 마켓을 개발하고 있다. 자율주행차의 경우 현재 주행 중인 도로의 교통 정보 데이터를 스트리머 네트워크에서 판매하고, 보상으로 얻은 데이터 코인을 활용해 다른 도로의 교통 정보를 비롯한 여러 가지 필요한 데이터를 구매할 수 있도록 할 예정이다.

이처럼 자율주행차의 운행과 기타 정보를 거래하고 교통 환경을 효율적으로 활용하는 것은 모빌리티가 도로 위를 달리는 디바이스로서 블록체인의 장점을 받아들여 교통 서비스의 혁신을 리드하고 있기에 가능하다.

미래에는 톨게이트를 두지 않아도 인터체인지에서 빠져나가는 곳마다 IoT디바이스를 설치해 자동차가 지나가는 동안에 자동으로 결제되는 환경을 마련하기 위한 서비스 개발도 이어지고 있다. 고속도로의 톨게이트가 사라지면 교통 흐름도 훨씬 원활해질 것이다.

독일의 자동차 부품업체인 ZF는 미국 금융기업 UBS, 독일 기술개발기업 이노지 이노베이션 허브Innogy Innovation Hub와 함께 블록체인을 기반으로 하는 암호화폐 지불 플랫폼인 카 e월렛Car eWallet을 개발하고 있다. 전기차를 주차하거나 충전할 때 자동으로 결제되는 시스템을 만들고 있으며, 2019년에는 자동차 내에서 결제가 가능하도록 계획하고 있다. 초기 파트너로 유럽의 주차관리 회사인 APCOA 파킹과 전기차 충전회사 차지포인트ChargePoint와 함께 시스템을 정비하고 있다. 해당 서비스가 상용화된다면 자율주행차가 필요에 따라 다른 사물들과 직접 거래하는 모습도 보게 될 것이다.

자율주행차 간 암호화폐 거래를 통해 교통 혼잡을 해소할 수 있는 시스템에 대한 연구도 이어지고 있다. 미국의 대표 자동차업체인 포드Ford는 2018년 2월 자회사인 포드 글로벌 테크놀로지스Ford Global Technologies를 통해 '교통 통제를 위한 자동차 간 협업'을 위한 특허를 미국 특허청으로부터 취득했다. 특허 내용에는 협조적 끼어들기와 추월 시스템이라는 개념이 언급되어 있다. 협조적 끼어들기는 급하게 가야 하는 자율주행차에 차선 추월을 허용하거나 상대적으로 흐름이 느린 차선으로 자신이 빠져 주는 대신 보상으로 암호화폐를 받는 것이다.

IoT기기로서 두 대의 자동차가 상호 통신을 통해 탑승자의 목적지와 예상 도착 시간들을 공유해 차선을 양보하는 의사결정을 내린다. 또 추월 시스템은 도로 위 차들이 차선마다 적절한 교통량으로 운행되어 도로의 전체적인 혼잡을 줄이려는 목적으로 만들어졌다. 포드에 따르면 협조적 끼어들기를 요청한 차는 암호화폐인 CMMP를 지불하고 10분간 특정 도로나 고속도로를 편하게 달릴 수 있다고 한다.

한편 모빌리티 서비스에 블록체인이 도입되면서 보다 많은 혁신이 이루어질 것이다. 독일에서는 2018년 5월에 GM, 르노, 포드, BMW를 포함한 30개 주요 자동차 회사들이 모여 '모빌리티 오픈 블록체인 이니셔티브'MOBI, Mobility Open Blockchain Initiative를 발족했다. 이니셔티브는 블록체인 채택 가속화와 디지털 모빌리티 생태계 개발을 목표로 하고 있다.

한국에서도 블록체인 기반의 모빌리티 시장의 성장세를 주목하고 국토교통부가 2018년 9월부터 2019년 12월까지 32억 원의 연구비를 지원해 스마트 모빌리티 서비스의 통합결제 연구에 착수했다. 한 번의 결제로 다양한 교통수단을 이용할 수 있는 통합결제에 관한 기술 개발과 시범운영을 목적으로 연구한다.

제조사뿐만 아니라 정부가 블록체인에 집중하는 이유는 블록체인이 모빌리티 혁신뿐만 아니라 새로운 먹거리를 안겨 줄 것이라는 믿음 때문이다.

시장조사업체인 마켓앤마켓이 2018년 11월에 발표한 보고서에 따르면 2030년까지 자동차 산업에서의 블록체인 시장의 연평균 성장률은 31.19퍼센트, 시장 규모는 약 53억 달러까지 성장할 것으로 전망하고 있다. 이해관계자들의 장밋빛 전망처럼 블록체인 적용을 통해 모빌리티 시장의 퀀텀 점프가 가능할지 함께 눈여겨볼 필요가 있다.

왜 각국의 정부는 스마트 시티에 집중할까

도시는 정치, 행정, 교육, 교통, 경제, 물류, 문화, 사회의 중심지다. 그리고 인구의 중심지기도 하다. UN이 발표한 인구 현황에 따르면 세계 인구의 50퍼센트 이상이 현재 도시에 거주하고 있으며, 30년 후에는 67퍼센트까지 늘어날 것으로 예상된다. 그야말로 도시는 모든 것의 중심지다. 하지만 도시가 거점화되면 좁은 지역에 많은 사람이 모여 살게 되어 주택 가격 상승과 같은 도시 과밀화 문제를 일으키고, 미세먼지와 같은 대기오염과 수질오염을 초래한다.

이러한 문제를 해결할 수 있는 도시가 바로 스마트 시티다. 스마트 시티는 정보통신기술을 도시 행정과 서비스에 적용해 불필요한 자원

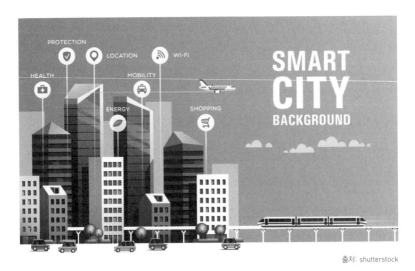

출처: shutterstock

소비와 사회 전체 비용을 줄일 수 있는 도시를 말한다. 또한 통합결제 도입을 통해 경제적 이익을 높이고 정부 기록에 대한 접근성을 강화함으로써 건전성과 투명성까지 담보할 수 있는 도시이기도 하다.

이 같은 장점들 덕분에 여러 국가에서 스마트 시티로 거듭나려는 계획을 꾸준히 세우고 있다. 스페인 BVA 은행이 발표한 블록체인 기반 스마트 시티 관련 보고서에 따르면, 중국은 200개 이상의 스마트 시티 프로젝트를 운영하고 있으며 인도는 100개 이상의 도시를 스마트 시티로 개발하는 스마트 시티 미션smart city mission을 진행하고 있다.

블록체인의 특징을 잘 활용하면 각 국가들은 스마트 시티들을 더 쉽게 건설하고 더 많은 가치를 제공할 수 있다. 탈중앙화 성격을 활용해 거래 비용을 줄이고 관리 효율성을 높여 사회 전체 비용을 낮추는 데

기여할 수 있고, 투명하게 공개된 정보를 바탕으로 시민 참여와 공개된 정보에 대한 접근을 강화하는 데 일조할 수 있다. 국가 프로젝트에 의해 스마트 시티의 플랫폼을 블록체인으로 선정할 수도 있고, 도시 내 일부 서비스에 블록체인을 적용해 그 범위를 확대할 수도 있다.

다만 아직은 블록체인 기반 스마트 시티, 즉 블록체인 시티로 발전하는 단계이기 때문에 성공 사례보다는 각 국가의 계획과 현황이 공개된 정도다. 각 국가가 어떻게 변화하고 어디에 중점을 두고 있는지 함께 살펴보도록 하자.

아랍에미리트의 두바이는 블록체인 기술을 도입해 행정의 혁신을 이루겠다는 목표를 세웠다. 2016년 2월에는 '글로벌 블록체인 의회'Global Blockchain Council를 설립했고 10월에는 두바이 미래 전략을 총괄하는 막툼 왕세자가 '두바이 블록체인 전략'Dubai Blockchain Strategy을 발표하며 블록체인을 행정에 도입하기 위한 준비를 빠르게 진행했다. 2017년 2월에는 IBM과 협약을 맺어 세관과 무역 기업에 대한 정보를 실시간으로 확인하는 블록체인 기반의 시스템을 갖추겠다고 발표했다. 같은 해 6월에는 영국의 블록체인 기업인 오브젝트테크ObjectTech와 계약을 맺어 두바이 국제공항에 블록체인 기반의 디지털 여권 심사 시스템을 도입하기로 했다.

또한 2020년 1월에는 아랍에미리트 정부가 블록체인을 업무에 적용시킬 경우 문서업무가 대폭 줄어들게 되어 연간 3억 9,800만 건의 종이 문서와, 이를 작업할 경우 소요될 7,700만 시간을 줄임으로써 30억 달러 이상을 절감할 수 있다는 연구 결과를 내놓았다.

중국도 정부의 블록체인 산업 육성 계획에 따라 민간 기업들이 블록체인 시티를 건설하기 위해 힘쓰고 있다. 다만 기업들이 운용하는 블록체인 시티의 구체적인 과제를 살펴보면 해당 기업의 사업 활성화와 관련된 것이 대부분이다. 또 기업에서 해결하고자 하는 문제를 고민하는 채널로 활용하고 있다.

대표적인 사업자가 바로 자동차 부품업체인 완샹그룹_{Wanxiang Group}이다. 완샹그룹은 계열사인 완샹블록체인연구소를 통해 항저우에 블록체인 시티를 건립하고 있다. 항저우는 현재 이노바 시티_{Innova City}라는 이름으로 개발되고 있으며, 9만 명의 인구를 수용할 수 있는 10제곱킬로미터 면적의 단지로 구성될 예정이다. 완샹그룹은 블록체인 시티의 완공 목표 시기를 2025년으로 보고 있으며 2016년부터 7년간 2,000억 위안(약 33조 원)에 달하는 금액을 투자할 계획이다.

완샹그룹이 이노바 시티에서 진행 중인 프로젝트를 자세히 살펴보면 에너지 거래, 배터리 수명주기 관리 시스템, 배터리 자산 추적과 재활용, 스마트 팩토리, 자동차 간 통신처럼 대부분 자동차와 관련 있는 과제들이다. 에너지와 배터리는 전기차, 스마트 팩토리는 자동차 제조 공정, 자동차 간 통신은 자율주행차와 커넥티드 카에 활용될 수 있다. 자동차 부품업체인 만큼 블록체인 시티 구축과 함께 자동차 관련 신규 솔루션을 고민하는 장으로 활용하고 있는 것으로 추측된다.

이러한 이노바 시티의 추진 과정에 있어서 눈여겨봐야 할 점은 중국 정부가 블록체인 산업 육성에 관심을 가지고 블록체인 시티 구축을 위해 부지 선정, 자금조달 관련 규제를 완화할 만큼 적극적으로 지원했다는 점이다.

한국은 스마트 시티가 성공하려면 데이터가 공유되어야 한다는 인식하에 프로젝트를 진행하고 있다. 2019년 2월에 대통령 직속 4차산업혁명위원회와 국토교통부에서 발표한 블록체인 시티 프로젝트의 대상 도시는 세종시와 부산시였다.

세종시에 만들어지는 스마트 시티 프로젝트의 이름은 '세종 5-1 생활권'이다. 2019년 하반기에 시범도시를 조성하기 위한 공사에 착수하며 2021년 말부터 입주를 시작할 계획이었으나 2년 정도 미뤄지게 되었다.

이 도시는 총 7개 구역으로 나눠 모빌리티, 헬스케어, 교육, 에너지·환경, 거버넌스, 문화·쇼핑, 일자리로 특화된 서비스에 맞게 설계된다. 각 서비스 운영에 필요한 데이터를 관리할 때 블록체인 기술이 활용되며 시민들은 개인정보 데이터를 제공하는 데 따른 보상으로 암호화폐로 구성된 지역화폐 세종코인을 지급받게 된다.

또한 부산시는 세물머리 지구에 에코델타시티라는 명칭의 스마트 시티를 조성할 예정이다. 급격한 고령화와 일자리 감소와 같은 도시 문제에 대응하기 위해 AR, VR, 로봇 등의 최신 정보통신 기술 기반으로 도시를 운영하고 관리하는 플랫폼을 마련할 계획이다.

그 밖에도 다양한 국가들이 블록체인을 통해 도시 문제를 해결하기 위한 준비를 하고 있다. 네덜란드는 2017년 경제부 주도로 '네덜란드 블록체인 연합'The Dutch Blockchain Coalition 을 구성했으며, 연합 설립 이전과 이후 지방자치단체 중심으로 프로젝트 단위의 투자와 참여를 지원함으로써 블록체인 프로젝트를 활성화하고자 노력해 왔다. 그 결과 각 도시에 가시적인 효과들이 점차 나타나고 있다.

주요 프로젝트로는 '아른험 비트코인 시티'Arnhem Bitcoin city와 '스타저스파스 흐로닝언'Stadjerspas Groningen이 있다. 아른험 비트코인 시티 프로젝트는 아른험 시에서 비트코인 사용을 활성화하기 위해 시작되었으며, 2018년까지 약 100여 개의 지역상점이 비트코인을 결제 수단으로 인정하고 사용에 익숙해지는 성과를 냈다.

스타저스파스 흐로닝헌 프로젝트는 흐로닝언 시가 의료보험, 주택 보조금, 생활 보조금을 암호화폐로 제공한다. 해당 프로젝트를 통해 정부 행정 절차의 효율성을 높이고 사회 전체 비용을 절감하는 효과를 냈다.

글로벌 컨설팅 기업인 맥킨지는 20년 후 지구상에는 최소 600개의 지능형 도시들이 생겨날 것이고, 25년 후에는 이러한 지능형 도시들의 경제규모가 전 세계 GDP의 70퍼센트에 달할 것이라고 전망했다. 하지만 스마트 시티 또는 블록체인 시티의 성공적인 미래를 맞이하기 위해서는 해당 기술이 무르익을 수 있는 최소한의 시간이 필요하다.

세종시의 블록체인 시티의 책임자로서 마스터 플래너 역할을 맡고 있는 카이스트 정재승 교수는 2018년 7월 스마트 시티 조성 계획안을 발표하는 자리에서 도시 문제를 해결하는 블록체인이 자리 잡기 위한 최소한의 시간을 언급했다.

그는 시민들이 블록체인 시티에 입주한 이후 약 10년간의 시간이 흘러야 데이터를 기반으로 한 스마트 시티의 실증이 가능하다고 밝혔다.

블록체인 시티를 완성하려면 오랜 시간과 인내심이 필요하다는 의미다. 우리가 바라고 꿈꾸는 만큼 블록체인 시티는 전 세계에서 계속 발전하고, 더 많아질 것이라고 기대한다.

5

IoT의 잠재력이
극대화되다

블록체인의 가장 큰 적은 '블록체인'이다

블록체인의 가장 큰 적은 자기 자신이다. 만약 잘못된 정보가 블록
체인에 기록됐다고 가정해 보자. 누군가 이를 알아차리고 수정하거나
삭제하려고 해도 성공하지 못한다. 이미 지나간 시간만큼 분산원장은
계속해서 만들어지고 있기 때문이다. 서버나 클라우드에 저장된 전통
적인 데이터베이스는 오류를 발견하는 즉시 수정할 수 있지만 블록체
인의 정보는 수정할 수 없다. 완전무결한 블록체인의 특성으로 오히려
잘못된 정보가 보호받는 형국이 된 것이다. 이를 '최초 1마일' 문제라
고 부른다.

최초 1마일 문제는 IoT서비스에서도 동일하게 적용된다. 블록체인 기반의 IoT에 기록되기 전에 센서에 수합되는 정보의 신뢰성, IoT에 직접 기록하는 휴먼 에러들을 검증해야만 블록체인의 신뢰성을 이어 나갈 수 있다. 미국표준기술연구소_{NIST}에서도 IoT디바이스에 모이는 정보가 왜곡될 수 있다는 점을 지적하며 신뢰성 문제를 제기한 바 있다. 불특정 다수의 정보 입력자와 센서를 관리하고 감시하는 방법으로 일부 개선할 수는 있지만 미봉책에 불과하다.

사람을 생애주기별로 구분해 밀착 관리를 적용하듯 블록체인에도 IoT디바이스에 대한 생애주기별 관리가 필요하다. 러시아의 블록체인 전문회사인 '키위 블록체인 테크놀로지스'_{QIWI Blockchain Technologies}와 스타트업 '카픽스'_{CarFix}가 대표적이다. 카픽스는 세계 최초로 자동차 라이프 사이클을 확인할 수 있는 VLB_{Vehicle Lifecycle Blockchain} 블록체인을 개발하고 있다(〈도표 4-10〉). VLB 블록체인은 차량이 공장에서 출고된 후 폐차될 때까지의 차량 관리 전체 내역을 원장에 기록하는 IoT서비스를 제공한다. 차대번호_{VIN}, 보증 ID, 마일리지, 수리점 ID, OEM ID, 수리 부품 비용, 공임, 지불 정보를 하나로 묶어 한눈에 확인할 수 있도록 공개하기 때문에 자동차 거래의 신뢰도를 높이는 데 일조할 것으로 기대된다.

한편 미국에서는 중고차 거래뿐만 아니라 중고차 보험과 중고차 구매 자금 대출까지 블록체인에서 일괄적으로 처리하기 위한 서비스를 개발하고 있다.

2019년 2월 미국의 '오토모티브 익스체인지 플랫폼'_{Automotive Exchange}

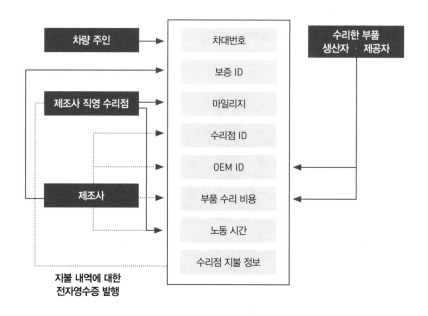

출차: automotive

Platform은 중고차 관련 거래와 금융 서비스를 일괄 처리하는 서비스를 개발하기 위해 비영리 단체인 퓨전 재단Fusion Foundation과 손을 잡았다. 우선 오토모티브 익스체인지 플랫폼에 등록된 약 1,000만 대에 이르는 중고차의 이력을 퓨전 재단의 블록체인에 등록하는 작업부터 진행할 계획이다.

국내에서는 서울시와 과학기술정보통신부가 중고차 시장의 문제점을 해소하기 위해 블록체인 도입을 추진하고 있다. 서울시는 2018년

10월 블록체인 5개년 계획을 발표하면서 중고자동차 매매 신뢰체계 구축 사업을 포함시켰다. 전통적인 중고차 매매의 중심지인 장한평 매매단지에서부터 시작될 계획이다.

과학기술정보통신부에서는 2019년 3월 블록체인 발전전략의 일환으로 서비스 개발과 조기 상용화를 지원하는 민간주도 국민프로젝트 과제를 발표했다. 발표된 과제 중에는 블록체인 기반 중고차 서비스 플랫폼 개발 건이 포함되어 있다. 중고차 매입부터 판매에 이르는 단계별 주요 이력 데이터를 블록체인에 기록해 위·변조를 원천 차단하는 것을 목표로 한다. 현대오토에버가 주관사로 참여해 블로코, 에이비씨솔루션, 현대글로비스와 함께 플랫폼을 개발할 예정이다.

대표적인 레몬 마켓인 중고차 시장의 환경을 개선하기 위해 다양한 사업자가 노력하는 이유는 악조건 속에서도 중고차 시장이 점차 성장하고 있기 때문이다. SK엔카닷컴의 조사에 따르면 중고차 시장 규모는 2018년 초에 35조 원을 넘어섰으며, 중고차의 거래량은 신차 대비 두 배 수준이다.

블록체인 기반의 IoT서비스 적용을 통해 최초 1마일 문제가 해결된다면 중고차 시장은 가격 대비 좋은 제품이 거래되는 피치 마켓peach market으로 변모할 수 있을지도 모른다. 중고차 시장이 피치 마켓이 된다면 거래 시장은 더욱 큰 폭으로 성장할 수 있을 것이다. 중고차 시장의 장밋빛 미래는 최초 1마일 문제를 해결할 블록체인 기반의 IoT서비스가 있어야 가능하다.

인터체인 도입으로 서비스의 확장성 확보

블록체인은 탈중앙화를 기반으로 탄생한 기술이지만, 현실에서는 서비스를 제공하는 회사들이 중앙기관 역할을 맡고 있다. 이에 따라 블록체인 기반의 IoT 역시 기존의 IoT가 가지고 있었던 확장성 문제에 직면하고 있다. 중앙집중형 IoT서비스가 효율적으로 운영되기 위해서는 전제조건이 있다. IoT서비스를 제공하는 사업자가 하나이고, 운용하는 플랫폼도 하나여야 한다. 그래야만 하나의 사업자와 사업자의 플랫폼이 모든 데이터를 수집하고 관리해 분석한 결과대로 디바이스를 움직일 수 있기 때문이다.

하지만 현실은 그렇지 않다. TV, 에어컨, 냉장고를 비롯한 각각의 사물들은 개별적으로 이용자의 사용 패턴을 수집하고 분석해 최적의 조건에서 구동되도록 데이터를 관리하고 있다. 가전제품의 제조사들은 셀 수 없이 많으며, 플랫폼도 제조사들의 수만큼 있거나 또는 많다. 그리고 수집된 정보는 제조사가 다르기 때문에 공유되지 않는다. 파편화된 정보는 고객 입장에서는 도움이 되지 않는다.

예를 들어 A의 계열사 또는 관계사업자 중 하나인 a가 중심사업자 B와 전략적 네트워킹을 통해 데이터를 공유하고 고객에게 더 나은 서비스를 제공하고자 노력하지만 외부적인 요인으로 인해 네트워킹은 차단되는 것이 일반적이다(〈도표 4-11〉). 업계 관행이 그러하며 A가 a 사업자에게 자본에 의한 경제적 보복이나 계약에 의한 법적 보복을 가할 수 있기 때문이다. 그래서 자본력이 있는 A, B, C와 같은 회사들은

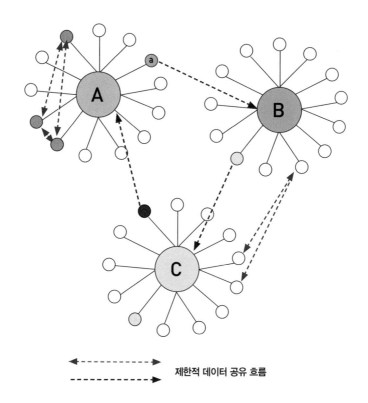

제한적 데이터 공유 흐름

출처: KISDI

IoT디바이스에서 운영되는 데이터를 통합 관리하고자 몇몇 제조사들을 인수합병하기도 한다. 하지만 현실적으로 모든 제조사를 인수해 하나의 제조사만 시장에 존재하는 것은 불가능에 가깝다. 즉, 각각의 사물들은 데이터를 저장하며 똑똑해지고 있지만 IoT서비스는 똑똑해지

■ 도표 4-12 **대형 IT기업의 스마트홈 관련 주요 M&A**

인수 기업	피인수 대상	인수 정보	인수 목적 및 현황
구글	네스트랩 Nest Lab	• 인수 시점: 2014년 1월 • 인수 가격: 32억 달러 　(구글 역사상 두 번째로 큰 　규모)	• 네스트랩의 스마트홈 기기 　제작 노하우 습득 • IoT기기인 자동 온도조절장치가 　수집한 에너지 사용 패턴 데이터 　확보
삼성전자	스마트싱스 Smart Things	• 인수 시점: 2014년 8월 • 인수 가격: 약 2억 달러	• 스마트홈 플랫폼 및 클라우드 　기술 학습 • 스마트싱스 기반으로 삼성전자의 　모든 IoT제품과 서비스 통합 운용 • 40여 개 파트너사, 370여 개 IoT기 　기와의 연동 확보(2018년 2월 기준)

는 데 한계가 있다.

결국 탈중앙화를 목표로 한 블록체인도 어느 사업자가 제공하는 블록체인을 선택하느냐에 따라 IoT서비스의 확장성 문제가 고스란히 되풀이될 수 있다. 이러한 한계를 극복하기 위해 블록체인 산업에서는 서비스와 플랫폼을 통합하고자 하는 노력들이 이어지고 있다(〈도표 4-12〉).

그중 하나로 우선 사업자들은 블록체인 기반의 통합인증 시스템을 개발하고 있다. 이 시스템은 '싱글 사인 온'Single Sign On이란 명칭으로 운용되고 있다. 싱글 사인 온이란 본인을 확인하는 인증을 단 한 번만 진행하면 연계된 서비스에서 추가 인증을 받지 않아도 서비스를 이용할 수 있게 만들어 주는 시스템이다.

■ 싱글 사인 온으로 접속 가능한 현대카드 애플리케이션

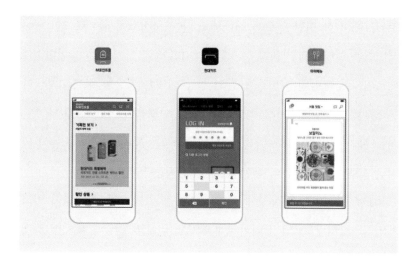

출처: 코인플러그

기존의 인증 과정을 떠올려 보자. 현재의 인증 시스템은 본인확인 기관의 본인확인 과정이나 공인인증기관의 공인인증서처럼 제3의 신용기관이 발급한 증명서를 통해 개인의 신원을 확인해야 한다. 하지만 블록체인 기반 신원확인 시스템이 확립되면 제3의 신용기관이 필요 없기 때문에 한 서비스에서 다른 화면으로 넘어가지 않고서도 논스톱으로 이용할 수 있다.

대표적으로 현대카드는 블록체인 스타트업인 코인플러그와 협업해 2017년 11월부터 현대카드, M포인트몰, 마이메뉴로 분류되는 자사의 세 가지 애플리케이션에 블록체인 기반의 싱글 사인 온을 적용하고 있다. 하나의 애플리케이션에서 인증을 하면 나머지 두 곳에서는 인증을 따로 진행하지 않아도 서비스를 이용할 수 있다.

싱글 사인 온 시스템이 블록체인 기반의 IoT에도 적용된다면 IoT네트워크에서 한 번만 인증을 진행해도 다른 서비스에서는 로그인 없이 서비스를 편리하게 이용할 수 있다. 하지만 싱글 사인 온은 동일한 IoT네트워크에 포함된 서비스들 간의 인증 이력은 공유할 수 있지만, 다른 IoT네트워크에 속한 서비스에는 인증 이력을 공유할 수 없다. 즉, 싱글 사인 온은 IoT네트워크 내부의 확장성을 넓히는 데는 도움이 되지만, IoT네트워크 간의 확장성을 확보하지는 못한다

IoT네트워크 간 확장성 문제를 해결하기 위해 도출된 개념이 인터체인inter-chain이다. 코인원 리서치에 따르면 글로벌 단일 블록체인 플랫폼의 등장은 어려울 것으로 예상된다. 이미 블록체인도 다수의 플랫폼들이 등장했기 때문이다. 다양한 문제의식과 문제를 해결하기 위한 방법을 선보인 개별 블록체인 플랫폼이 증가하고 있지만 각각의 플랫폼은 고립되어 있다.

또한 1세대, 2세대 블록체인이라고 불리는 비트코인과 이더리움의 경우 과거의 기술과 합의체계를 사용하다 보니 확장성 측면에서 최근에 출시되는 블록체인 플랫폼보다 비교 열위인 경우가 많다. 반대로 비트코인과 이더리움은 다른 블록체인 플랫폼에 비해 다수의 사용자를 보유하고 있다. 이러한 상황을 고려해 모든 플랫폼의 장점을 살리고 거래를 가능하게 하며 확장성을 개선하고자 각각의 블록체인 플랫폼을 연결하는 인터체인 기술이 등장했다.

가장 대표적인 인터체인은 아이콘의 루프체인loopchain이다. 루프체인은 개별 블록체인 플랫폼을 아우르는 인터체인으로서 정보와 암호화

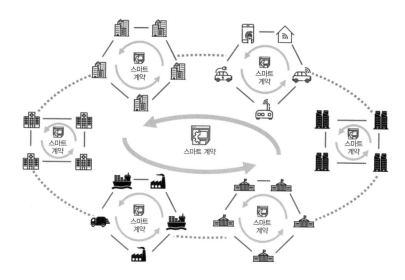

출처: 아이콘

폐가 자유롭게 공유된다. 이를 위해 루프체인은 '블록체인 트랜스미션 프로토콜'BTP, Blockchain Transmission Protocol을 기준으로 잡았다. 이 프로토콜은 마치 인터넷의 TCP/IP처럼 시스템을 운용할 때의 기본적인 규약이라고 이해하면 된다. 또한 루프체인에서는 덱스라는 암호화폐 환전 기능을 도입해 서로 다른 블록체인 플랫폼의 암호화폐라도 거래할 수 있다. 덱스에서는 블록체인 플랫폼 간 암호화폐의 교환비율을 정하고, 그에 따라 실시간으로 가치 교환이 가능하도록 지원한다.

이러한 기능을 통해 블록체인이 적용된 IoT네트워크에서는 네트워크가 달라도 정보 교류와 거래가 가능하다. 확장성의 벽을 허물어 통합된 IoT서비스를 제공할 수 있는 길이 열린 것이다. 아이콘 프로젝트와 유사한 프로젝트로는 삼성SDS가 개발하고 있는 딜리버_{deliver}와 코스모스 프로젝트가 있다. 인터체인 기능이 작동하는 한 향후에 다양한 블록체인 플랫폼이 등장해도 현재 이용하고 있는 플랫폼에 국한되지 않고 자신에게 최적화된 플랫폼으로 얼마든지 이동할 수 있다.

6

블록체인 IoT의
미래 가치

IoT 시장에 가져올 경제적 파급효과

블록체인이 IoT 시장에 미칠 경제적 영향은 얼마나 될까? 글로벌 컨설팅 기업 맥킨지는 일찍부터 블록체인과 IoT의 시너지 효과에 주목하고, 재미있는 분석 보고서를 발간했다. 그 보고서가 바로 'IoT 산업의 잠재력을 개방하기'Unlocking the potential of the Internet of Things다. 이 보고서에 따르면 IoT 산업 가치가 2025년경에는 11조 1,000억 달러(약 1경 615조 원)에 달하고, 이는 세계 경제 규모의 11퍼센트에 해당하는 수치일 것이라고 한다.

하지만 흥미로운 부분은 2025년에 IoT 산업 가치의 최저선을 3조

9,000억 달러(약 4,432조 원)로 보고 있다는 점이다. 최댓값과 최솟값 간에 차이가 무려 7조 2,000억 달러(약 8,182조 원)나 된다. 맥킨지는 이에 대해 기술적, 조직적, 규제적 장애를 선결해야 한다는 점을 지적한다.

특히 IoT기술을 사용하는 조직은 IoT데이터에 대해 인사이트를 얻거나 실행 가능한 정보를 얻기 위한 도구와 방법이 필요하지만, 현재 어떤 것도 사용되고 있지 않다고 전한다. 더불어 IoT 산업의 잠재적 가치 중 40퍼센트에 해당하는 4조 4,400억 달러(약 5,046조 원)는 IoT 시스템이 함께 구동되는 환경이 마련되어야 달성할 수 있으며, 60퍼센트에 해당하는 6조 6,600억 달러(약 7,569조 원)는 IoT시스템의 데이터를 통합하고 분석할 수 있어야 확보할 수 있다고 분석했다.

즉 IoT 산업 내에서 다양한 IoT네트워크가 병립되어 있어 데이터를 통합하고 분석할 수 없으므로 잠재적 가치를 달성하기 어렵다고 결론을 내린 것이다. 하지만 지금까지 살펴본 것처럼 블록체인은 IoT의 한계를 극복하고, 잠재력을 극대화시킬 수 있는 기술임에는 분명하다.

또 다른 조사를 실시한 시장조사업체인 키스톤 스트래지Keystone Strategy는 블록체인 기술이 적용될 경우 가장 많은 경제적 가치를 발생시키는 서비스로 IoT서비스를 꼽고 있다(〈도표 4-13〉). 또한 블록체인 기반의 IoT서비스가 향후 1,310억 달러(약 149조 원) 이상의 사업적 가치를 발생시킬 것으로 내다봤다. 이는 블록체인으로 발생하는 전체 가치의 25퍼센트에 해당하는 수치다. 키스톤 스트래지의 조사 결과를 통해서는 IoT서비스가 블록체인과 시너지 효과가 가장 큰 산업인 것을 확인할 수

■ 도표 4-13 **블록체인이 각 산업 분야에 미치는 영향**

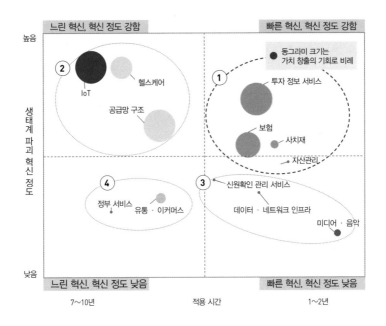

출처: 키스톤 스트래지

있다.

블록체인 기술은 진화한다

IoT서비스를 구현하기 위한 최적의 블록체인은 블록과 체인이 없는 블록체인이다. 이러한 발칙한 상상을 하고 있는 기업이 독일의 스타트업 '아이오타'IoTA, Internet of Things Application다. 아이오타는 기존의 블록체인의 시스템을 구성하는 블록과 체인 때문에 수수료가 발생할 수밖에 없고, 트랜잭션의 속도가 늦어질 수밖에 없다고 보았다. 수수료가 발생하고 트랜잭션 속도가 느린 전통적인 블록체인의 구조적 비효율성은 IoT서비스에 적합하지 않다고 인식한 것이다.

수수료가 발생하면 블록체인이 주장하는 탈중앙화와 P2P 거래의 장점은 일부 상쇄된다. 현재의 수수료는 제3의 공인된 기관이 중앙기관의 역할을 하면서 트랜잭션에 대해 안정성을 보장함으로써 받아가는 것이다. 그런데 중앙기관을 없앤 블록체인에서 수수료가 발생한다는 것은 앞뒤가 맞지 않다.

블록체인에 채굴자가 있고, 채굴자에게 보상을 하기 위해 만들어진 개념이 수수료다. 비트코인을 예로 들어 생각해 보자. 여러 거래 내역을 담은 비트코인이라는 블록을 만들고, 이를 블록체인에 연결하기 위해서는 채굴자가 필요하다. 채굴자들은 서로 경쟁하면서 블록을 블록체인에 연결시킨 대가로 수수료를 받는다. 문제는 채굴자들이 수수료를 받게 되면서 더 높은 수수료를 주는 블록에 대한 거래를 먼저 승인한다는 점이다. 즉, 시간이 지날수록 수수료는 점점 비싸지게 된다.

수수료가 비싸지면 스마트 계약 기반의 사물 간 거래 비용이 올라간다. 디지털 자원의 공유 거래, 개인 간 전력 거래, 자율주행차의 차선 변경을 위한 거래, 도시 인프라에서의 자동 거래에 대한 사회적 비용이 높아지면 P2P 거래의 장점도 점차 사라지게 된다.

수수료 발생 문제 다음으로 느린 트랜잭션은 사물 간 거래의 완결성을 방해한다. 비트코인은 10분마다 한 개의 블록, 이더리움은 14초마다 한 개의 블록이 블록체인상에 연결된다. 초당 트랜잭션 건수는 비트코인이 2.7건, 이더리움이 15건 수준이다. 이 정도의 초당 트랜잭션 속도TPS, Transaction Per Second가 유지된다면 2020년 기준으로 200~530억 개로 늘어날 것으로 예상되는 IoT디바이스가 활발하게 상호 트랜잭션을 시작할 경우 실시간 거래가 어려워질 수 있다.

현재에도 비트코인 거래 내역 중 블록 용량의 한계 때문에 임시로 보관되는 멤풀mempool(거래가 성립되지 않은 트랜잭션이 저장되는 공간)의 사이즈는 2021년 4월 25일 기준으로 80메가바이트 수준을 유지하고 있다.

비트코인은 10분에 한 번 2메가바이트의 거래 내용을 블록으로 만들고 있다. 그렇다면 현재 멤풀에 저장되어 있는 50메가바이트는 25개의 블록을 만드는 과정에서 해소될 수 있다. 시간으로 따지면 250분, 4시간이 조금 넘는 시간이다. 하지만 위에서 언급했던 것처럼 수수료가 높은 거래가 들어오면 채굴자들이 우선 처리를 하기 때문에 수수료가 낮은 거래는 계속 밀릴 수도 있다. 블록체인닷컴에 따르면 2021년 4월 25일 기준으로 미승인 거래 수는 약 8만 7,000개에 달한다.

아이오타는 수수료와 트랜잭션 문제를 해결하기 위해 탱글tangle이라는 구조를 도입했다. 우선 탱글은 블록이 없다. 전통적인 블록체인은 일정 거래 내역을 블록에 담기 때문에 블록이 만들어지는 시간과 거래 내역이 블록에 담기기까지의 대기 시간이 필요했다. 하지만 탱글은 개별 거래 내역이 네트워크에 기록되고 기존의 블록 역할을 한다. 블록이 없어지다 보니 블록을 생성할 때 필요한 채굴자가 필요 없고, 채굴자가 필요 없다 보니 수수료도 없어졌다. 수수료가 0원이 되면서 IoT 디바이스의 상시적인 트랜잭션에 대한 부담도 없어질 것이다.

탱글에는 체인도 없다. 블록체인은 정합성과 무결성을 위해 블록에 연결되는 체인의 개수가 한 개였다. 하지만 탱글은 다수의 거래 내역이 서로 뒤엉켜 상호 인증하고 검증하는 형태로 운영된다. 체인보다는 그물에 가깝다. 그물로 엮이다 보니 전통적인 블록체인처럼 트랜잭션을 위한 대기 시간은 필요하지 않고, 확장성을 늘릴 수 있다. 네트워크 확장성이 늘어났다는 이야기는 이용자가 늘어나고 사용량이 증가해도 문제가 발생하지 않는다는 것을 의미한다. 탱글의 도입을 통해 아이오타는 IoT 친화적인 블록체인 구조를 구축할 수 있게 된 것이다.

아이오타는 블록체인의 개선 방안을 찾아 나선 첫 번째 프로젝트라고 불린다. 블록체인도 완벽한 기술은 아니다. 하지만 미래에 더 나은 기술을 이용해서 더 좋은 서비스를 제공할 수 있다는 희망을 준 기술이다.

아이오타의 케이스처럼 블록체인은 점차 진화할 것이다. 미래에 우리 앞에 다가올 블록체인은 또 어떤 모습으로 다가오게 될지 기대가 된다.

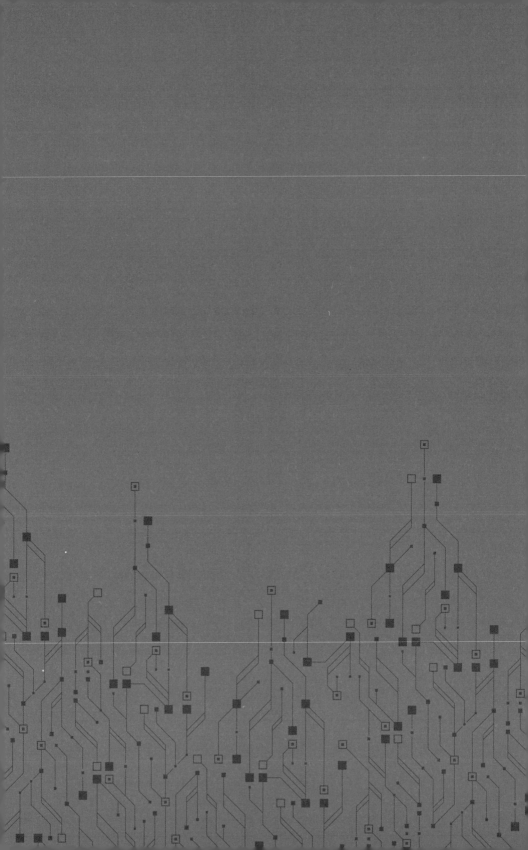

제5장

콘텐츠, 블록체인을 만나다

: NFT부터 메타버스까지, 콘텐츠 생태계의 새로운 법칙이 탄생한다

프리랜서 작곡가 현수 씨는 음원 수익을 확인하는 것으로 하루를 시작한다. 음반업계에 블록체인이 도입된 후 그의 수입은 훨씬 나아졌다. 음원 사용료 중 유통사와 한국음악저작권협회가 가져가던 수익을 고스란히 자기 몫으로 받게 됐기 때문이다.

그는 흐뭇한 얼굴로 정산 내역을 확인하고는 메일함을 열어 본다. 최근 시작한 게임 음악 제작 프로젝트의 계약서가 도착해 있다. 블록체인을 활용한 스마트 계약으로 진행되어 얼마나 다행인지 모른다. 그는 몇 년 전 모 대기업의 광고 음악을 제작하다, 결과물이 마음에 들지 않는다며 대금을 지급하지 않으려는 기업 측과 마찰을 빚은 적 있다. 겨우 대금 지급이 결정됐지만 기업의 회계 시스템 특성 때문에 정산은 두 달 후에나 완료되었다. 그동안 데이트 비용은 모두 여자친구가 계산해야 했고, 그 때문에 그녀는 '전 여자친구'가 되어 버렸다.

그녀가 생각날 때마다 현수 씨는 영화 〈500일의 썸머〉의 한 장면을 돌려 본다. 해당 부분의 길이는 10분, 네이버 스트리밍 서비스의 영화 한 편의 스트리밍 비용은 1,300원이지만 블록체인 영화 스트리밍 서비스를 이용하면 자신이 본 만큼의 비용만 지불하면 된다. 즉 전체 영상 길이 95분 중 10분만 봤으므로 약 137원만 지불하면 되는 것이다. 다른 영화를 볼까 하고 선택했다가 흥미가 떨어져 5분 만에 꺼 버렸다. 이 역시 본 만큼만 돈을 내면 된다. 재미없을까 봐 망설이면서 영화를 고르거나 돈을 아까워하며 영화를 보지 않아도 되니 괜찮은 방식이라는 생각이 든다.

저녁에는 새로운 여자친구와 100일 기념 데이트를 하기로 했다. 현수 씨는 레스토랑 예약 시간 전까지 일을 마쳐야겠다고 생각했다. 그는 요즘 작곡가로서 꿈꿔 왔던 일을 조금씩 실현하는 중이다. 광고나 게임 배경음악이 아닌 오로지 자신이 만들고 싶은 곡으로 채운 앨범을 준비하고 있는 것이다. 꿈을 이루기 위해서는 음원 제작뿐만 아니라 앨범의 광고 마케팅 비용도 필요하니 당장 목돈을 마련해야 한다. 그래서 그는 블록체인 음악 플랫폼에서 저작권의 일부를 선판매하기로 했다. 사람들이 그의 음악을 구매하면 음원 서비스의 스트리밍과 다운로드 기록을 자동 추적해 자신이 보유한 지분만큼 자동으로 정산을 받고, 영화나 방송에서 음악이 재생되어도 마찬가지로 수익을 기대할 수 있다. 이 수익은 현수 씨뿐만 아니라 저작권을 선구매한 사람들에게 자동 배분된다.

오래전부터 꿈꿔 온 프로젝트여서 앨범 콘셉트도 이미 정해 놓았다. 그 덕분에 곡 작업이 끝나기 전에 앨범 아트워크 작업을 먼저 마칠 수 있었다. 처음에 함께하기로 한 디자이너는 타인의 이미지를 몰래 사용해 큰 문제를 만들 뻔했다. 작업물을 도용하면 블록체인으로 추적할 수 있다는 사실을 몰랐던 듯하다. 다행히 현수 씨는 사전에 그 사실을 알았고 그와의 계약을 파기했다. 새로 계약한 디자이너는 블록체인 이미지 플랫폼에서 원본을 구매해 작업 중이라고 한다. 해당 플랫폼에서는 원하는 이미지를 가져와 작업하는 순간 등록한 예치금 계좌에서 자동으로 사용료가 지불된다.

오후 4시, 시간이 조금 남아서 오랜만에 고등학교 동창 친구와 게임을 하기로 했다. 친구는 요즘 학생들 사이에 유행이라는 새로운 게임을 추천해준다. 현수 씨는 하고 있던 게임에 100만 원이나 투자해 아이템을 마련했던 터라 새로운 게임에 선뜻 손이 가지 않는다. 이런 현수 씨에게 친구는 블록체인 게임 거래 서비스를 추천해준다. 이 서비스에서는 기존 게임의 아이템을 판매하고 새로운 게임 아이템을 구매할 수 있다. 불법 게임 거래업자나 기존 서비스와는 달리 이른바 '먹튀'(대금을 받고 아이템을 건네지 않는 행위) 걱정 없이 안전하게 거래를 할 수 있고 수수료도 저렴하다. 게임을 즐겨 하는 그에게 매우 유용한 서비스다.

오후 6시, 레스토랑에 앉아 여자친구와 수다를 떤다. 여자친구는 기자 출신의 전업 IT 블로거다. 예전에는 광고성 포스팅을 하지 않으면 수익을 얻기 어려웠지만 최근 블록체인을 이용한 다양한 수익 창출의 가능성도 보인다며 재잘거린다. 자기의 인사이트를 바탕으로 좋은 글을 쓴 후 NFT로 자산화해 경매에 내놓겠다는 것이다. 구독이나 공유 수에 따라 돈을 버는 소셜미디어 서비스도 있다. 두 사람은 최근 이슈가 되고 있는 뉴스가 진짜인지에 대해 설전을 벌이다 가짜 뉴스 판별 서비스를 통해 진실을 가리기로 한다. 그는 자신과 토론을 할 수 있는 여자친구가 너무 사랑스럽다.

그녀는 가끔 현수 씨와 IT 뉴스를 보며 대화하다가 잘못된 부분이 있으면 바로 기자에게 수정 요청을 보낸다. 오늘도 뭔가 하나 찾았다. 이전처럼 '아니면 말고' 식의 잘못된 사실을 기사로 쓰고 나서 문제가 되면 한마디 사과도 없이 기사를 수정하거나 삭제하는 일은 블록체인 시대에는 있을 수 없다. 진실을 추적할 수 있는 서비스는 물론이고 기사의 수정과 삭제 여부 역시 모두 기록되기 때문이다. 두 사람의 이야기는 끝날 기미를 보이지 않는다. 밤이 깊어 간다.

1

중개자보다
창작자들이 우선인 세상

콘텐츠 생태계의 현실

　오늘날의 콘텐츠 생태계를 한마디로 정의하자면, '중개자들이 사는 세상'이라고 할 수 있다. 영화, 사진, 음악에 이르기까지 어마어마한 수의 콘텐츠가 등장하고 있다. 매년 데뷔하는 아이돌 걸그룹의 수만 해도 수십 팀이고, 발표되는 곡 수는 무려 수백 곡에 달한다.

　콘텐츠 시장도 소비자들의 다양한 필요에 맞춰 발달하고 있다. 다양한 연령과 타깃을 노린 특화 콘텐츠, 특히 독립영화와 인디음악 같은 다양한 콘텐츠에 대한 수요도 점점 늘고 있다. 이처럼 공급이 활발하게 확장되는 시장에서는 플랫폼 사업자의 유통 여부 결정이 중요해질 것이고, 시장은 자연히 그를 중심으로 발달할 수밖에 없다.

이러한 배경을 증명하듯 음악과 영화를 중심으로 한 콘텐츠 유통 플랫폼 사업자들이 시장을 좌지우지하는 경향이 관찰된다. 일례로 영화업계에서 브랜드 파워를 가진 대형 배급사들은 상영관과의 협상에서 유리한 위치에 서 있다. 극장 입장에서는 많은 흥행작을 보유한 배급사의 영화를 상영하는 것이 더 많은 좌석 수를 확보하고, 식음료 판매 수익을 높일 수 있는 전략이 될 것이다. 국내 시장에서는 CJ CGV와 CJ E&M처럼 배급사와 상영관이 같은 그룹 내에서 수직적으로 연결된 구조가 눈에 띄며, 이 경우 계열 배급사의 힘은 더욱 절대적이다. 소형 배급사는 상영관을 확보하는 데 어려움을 겪을 수밖에 없고, 스크린 과반을 점유한 영화가 등장하게 된다. 자연스럽게 소수의 관객들이 찾는 작품성 높은 독립영화는 관람하기 어려워진다. 배급사가 소비자의 영화 선택 권리마저 지배하게 되는 것이다.

콘텐츠를 둘러싼 현금 흐름에서도 유통 사업자들의 입김은 거세다. 여기서의 현금 흐름이란 제작부터 정산에 이르는 전반적인 과정을 의미한다. 막대한 제작비가 드는 대표적인 콘텐츠인 영화는 제작자가 기획 단계에서 배급사의 투자를 유치한 후 제작을 진행하는 경우가 많다. 음반 시장에서도 연예 제작사가 초기 제작비를 유용하기 쉽지 않아 유통사로부터 자금을 조달하는 사례가 다수 있다.

이런 시스템은 제작비를 안정적으로 조달하는 데 도움이 되지만, 콘텐츠 유통업자들이 투자자가 되므로 금액을 안정적으로 회수하기 위해 작업물에 간섭할 수 있는 가능성이 있다. 또한 얼마의 자금을 조달해 주는 대신 일정 부분의 수익을 유통사에 넘기도록 유통사에 유리한 형태로 계약을 진행하기도 해, '대박'이 나더라도 저작자와 실연자의 손에 정당한 대가가 들어오기란 쉽지 않다.

콘텐츠의 전반적인 수익 구조 또한 여전히 열악하다. 2018년 개정한 문화체육관광부의 음원 전송 사용료 징수 규정에 따르면, 대다수의 고객이 사용하는 상품인 월정액 스트리밍 서비스에서는 재생 1회에 4.2원 또는 매출액 기준 65퍼센트의 수익이 창작자에게 지급된다. 35퍼센트를 음악 플랫폼 사업자에게 수수료로 내어준다. 이마저도 저작권자에게 돌아가는 비율이 많지 않다. 65퍼센트의 수익 중 기획 제작사가 44퍼센트, 음원의 온·오프라인 유통을 맡는 사업자에게 40퍼센트를 나눠 갖는다. 한국음악저작권협회 등도 저작권료 징수에 대한 수수료를 취한다. 작곡가와 작사가에게는 10퍼센트, 가수 등 실연자에게는 고작 6퍼센트가 돌아간다.

저작권료가 전달되는 과정 또한 빠르고 투명하다고 말하기는 어렵다. 음악 재생 플랫폼과 방송, 영화 등 다양한 곳에서 사용된 음악의 저작권료는 한국음악저작권협회를 통해 징수된 후 저작권자에게 전달된다. 2015년 가수 매드클라운과 개리는 각각 "2014년부터 저작권료가 똑같은 금액으로 입금된다", "지난달 저작권료가 누락됐다"고 지적했으며, 당시 오랜 기간 가수에게 지급되지 않은 미정산금이 30억 원에 이르는 것으로 드러났다. 한국음악저작권협회 측은 미정산금이 30억 원보다는 적은 규모이며 이는 정산 시스템 변경 등에 따른 일시적인 문제라고 항변했지만 이후 주기적으로 다른 가수들도 유사한 문제를 지적하며 이슈를 형성하고 있다.

오늘날의 고도화된 시장에서 고객은 다양한 방법으로 음악을 소비한다. 그래서 음악이 원활히 생산 및 유통되거나 일일이 저작권료를 징수해 가수에게 전달하기 위해서는 중개업자들이 필요하다. 하지만 이들의 힘이 커지며 창작자들의 창작물 또는 생활에 악영향을 줄 수 있다. 소비자들의 선택권을 제한할 수 있는 '중개자들이 사는 세상'이 되어버린 것이다.

결국 콘텐츠 제작자들은 자기 몫을 온전하게 받지 못하고 있으며, 소비자들은 실질적으로 저작권자를 돕지 못하고 있다. 이런 현실은 결국 양질의 콘텐츠 공급에 악영향을 미친다. 창작자는 '팔리기 위해서' 다양성과 작가정신이 배제된 콘텐츠를 제작할 수밖에 없고, 대형 유통 업체를 등에 업은 작품만이 득세하는 악순환이 이어진다. 콘텐츠를 위한 생태계가 오히려 콘텐츠의 목을 죄고 있는 셈이다.

불투명성이 초래하는 갑을 관계

중개자와 콘텐츠 제작자 간에 존재하는 힘의 불균형은 공급 기회의 차별, 수익 배분만의 문제가 아니다. 일부 플랫폼 업체들은 그런 힘을 악용해 이익을 취하기도 한다. 웹툰 플랫폼이 대표적인 사례다. 대형 플랫폼의 연재 작가가 되고자 하는 웹툰 작가들은 춘추전국시대의 백병전을 연상시킬 정도로 치열한 경쟁을 벌이고 있다.

예를 들어 네이버 웹툰 메인 스테이지의 등용문 격인 '베스트도전'에 올린 콘텐츠는 몇 시간만 지나도 다음 페이지로 넘어가 좀처럼 독자들에게 노출되지 않는다. 최적의 시간대에, 재빨리 독자들의 눈길을 끄는 콘텐츠만이 입소문을 타거나 최다 조회 또는 추천 수 게시글에 오를 수 있다. 그리고 오랜 시간을 거쳐 살아남으면 웹툰 편집자의 '간택'을 받는다.

작가들이 이런 노력과 인내를 감수하면서 주류 플랫폼에 입성하고자 하는 이유는 간단하다. 주류 플랫폼을 통해 '등단'하고 자리를 유지해야만 수익과 명성을 보장받고 나아가 영화나 드라마 같은 2차 창작의 기회를 잡을 수 있기 때문이다.

웹툰 플랫폼 업체들은 웹툰 작가들의 현실을 누구보다 잘 인지하고 있다. 소위 관리자의 '간택권'을 통해 갑과 을의 관계가 발생하며, 일부 플랫폼 업체들의 경우에는 그런 힘을 악이용해 더 큰 이익을 취하려 하기도 한다. 대표적으로 2차 저작물, 즉 게임이나 소설처럼 다른 형태로 콘텐츠가 재생산되는 경우가 있다.

2018년 3월에 공정거래위원회가 국내 26개 웹툰 서비스 사업자의 연재 계약서를 심사한 결과 다수의 업체 계약서에서 2차 저작물 관련 조항을 발견했다. 네이버 웹툰을 포함한 21개 사는 연재 계약을 체결할 때 2차 저작물 관련 사무를 자사에 위임하도록 규정하고 있었다.

이 밖에 또한 연재 콘텐츠가 유사 플랫폼으로 이전할 수 없도록 작가가 협의 없이 다른 매체에 해당 작품을 연재할 경우 손해금액을 산정하고, 해당 금액의 세 배를 배상하도록 한 사례도 있었다. 공정위는 해당 조항이 작가가 다른 업체와 더 좋은 거래 조건으로 계약을 체결할 권리를 제한한다며 이를 무효라고 판결했다.

한 차례 폭풍 이후에도 유사한 문제는 계속되고 있다. 2020년 10월 카카오는 채팅 형식의 웹소설 서비스를 신사업으로 준비하며 다수의 작가와 계약을 맺었다. 그런데 해당 계약서에는 기본 저작권은 물론 영화나 드라마 같은 2차 저작물 권리까지 모두 카카오가 갖는 것으로 규정해 논란이 되었다.

유료 웹툰 서비스로서 초창기 성공을 거둔 '레진코믹스'는 불공정 계약에 더해 정산 논란까지 일으켰다. 2017년 12월 한 웹툰 작가가 폭로한 중국 내 웹툰 연재 건이 대표적이다. 해당 작가는 자신의 블로그를 통해 "중국에서 3년간 작품 연재를 했으나 고료 정산을 받은 것은 2015년 7월 단 한 차례에 불과했으며, 사측에서 정산 내역서도 제대로 제공하지 않았다."고 밝혔다. 이에 레진코믹스 측은 "모든 작가의 중국 서비스 해외 정산분은 지급을 모두 완료했으며, 비독점 방식으로 중국 내 여러 플랫폼에 연재를 하다 보니 플랫폼별, 기간별, 작가별 세부 정산내역을 확인받는 데 시간이 오래 걸렸다."고 해명했다.

여기서 새로운 형태의 구조를 상상해 보자. 만약 2차 콘텐츠를 제작할 때 플랫폼을 통하지 않고, 어떤 사업자도 작가와 바로 연결해 계약할 수 있다면 작가의 권리도 좀 더 보호되지 않을까? 또 레진코믹스의 중국 사업 같은 경우에는 여러 플랫폼에서 소비되는 행태를 한 번에 확인해 정산서가 자동으로 발급되고, 지체 없이 지급이 이뤄지는 스마트 계약이 있었다면 어땠을까? 오늘날의 콘텐츠 계약 방식과 공급의 구조에 대해 생각해 보지 않을 수 없는 대목이다.

소규모 창작자의 숨통이 트이다

콘텐츠 분야에서 블록체인은 스마트폰과 같은 혁신을 일으켰다. 음식 배달, 택시 호출, 부동산 중개 애플리케이션처럼 콘텐츠 생태계의 참여자들이 중개자를 통하지 않고도 거래할 수 있으며, 빠르고 효율적으로 콘텐츠와 관련 정보에 접근할 수 있다.

중개자가 사라지자 기존 시스템이 가진 비민주적인 방식의 문제들이 해결되고, 효율성도 개선된 신규 서비스들이 서서히 등장했다. 또, 불가능하다고 생각했던 형태의 서비스 아이디어가 블록체인을 통해 탄생한 경우도 있다.

블록체인이 콘텐츠 분야에 불러온 혁신은 크게 콘텐츠 유통 플랫폼과 콘텐츠 저작권에서의 혁신, 새로운 형태의 콘텐츠 또는 생태계에 대한 것으로 나눌 수 있다. 콘텐츠 유통 플랫폼의 경우 기존 산업의 중개자들이 사라지며 수익과 공정성 면에서 개선이 이루어진다. 저작권의 경우에는 블록체인의 신뢰 기술을 이용해 강력하게 보호할 수 있다. 또 콘텐츠 사용자가 자동으로 저작권자에게 사용료를 지불하는 시스템도 만들 수 있고, 분할 저작권이라는 새로운 개념이 등장해 일종의 콘텐츠 크라우드 펀딩도 진행할 수 있다. 서로 다른 콘텐츠와 미디어 간 경제구조를 연결해 수익을 창출하는 형태처럼 블록체인으로 인해 새로운 콘텐츠 생태계가 등장하는 것이다.

영화, 음악, 사진처럼 완결된 콘텐츠를 유통하는 플랫폼 중 블록체인에 대한 논의가 가장 활발한 곳은 디지털 음원 유통 시장이다. 이더리움 기반 음원 직거래 플랫폼 '우조 뮤직'Ujo Music은 그 시효 격이었다. 우조 뮤직은 음악 산업의 불필요한 중개자들을 없애 아티스트들의 수익과 권리를 보호하자는 취지로 설립되었다. 이 플랫폼에서는 이용자가 음원을 구매하면 수익의 대부분이 아티스트에게 48시간 안에 자동적으로 배분된다.

영국의 유명 싱어송라이터 이모젠 힙Imogen Heap부터 국내에도 EDM 마니아 팬층을 확보하고 있는 음악 프로듀서 지라패지Giraffage 같은 유명 아티스트들이 이 플랫폼에 자신의 작품을 공개하고 참여해 아티스트들의 권리 보장을 외치기도 했다.

특히 이모젠 힙의 행보는 주목할 만하다. 그녀는 2015년 신곡 〈타이니 휴먼〉Tiny Human을 우조 뮤직에 공개했다. 당시 한 곡 다운로드당 결제액은 0.45파운드(약 670원)였는데 이더리움 거래상 발생하는 소량의 수수료를 제외하고는 모두 힙의 손에 들어갔다. 가수 제임스 블런트James Blunt가 "스포티파이Spotify에서 스트리밍 1회가 일어날 때마다 나는 0.0004499368파운드(약 0.6715원)를 받는다."고 본인의 트위터에 밝혔던 것과는 대조적이다.

국내에서도 블록체인 기술을 보유하거나 음악 커뮤니티를 기반으로 한 서비스들이 다수 이 분야에 도전장을 던졌다. 다만 론칭을 하거나 실질적인 인기를 얻은 경우는 아직 찾아보기 쉽지 않다. SK텔레콤 등 대기업 또한 관련 서비스를 준비 중이라고 2018년 초 밝혔다가 아직까지 특별한 소식을 내놓지 못하고 있다. 2021년 초에는 디지털 음원 시장 초기, 국민 서비스로 인기를 누렸던 소리바다가 '소바코인'이라는 이름으로 관련 서비스를 준비 중이라며 화제가 되기도 했지만, 사명 무단 도용 해프닝이며 소리바다는 이와 무관함이 밝혀지기도 했다. 이들 음원 유통 서비스가 개별 창작자에게 서비스를 알리고 파트너십을 구축하기 쉽지 않으며, 무엇보다 서비스의 킬링 포인트가 생산자 입장에서만 존재할 뿐 소비자에게 어필하지는 못하는 데 어려움이 있다.

한편 유튜브 등 1인 크리에이터 콘텐츠 플랫폼 및 관련 문화가 성장함에 따라, 새로운 시장을 개척하기 위한 블록체인 서비스도 등장했다. 커버곡 생산 및 유통 앱인 섬싱SOMESING이 대표적인 예다. 이용자가 특정 곡을 선택해 노래를 녹음한 후 포스팅하면 다른 이용자들로부터 후원 형태로 수익을 얻을 수 있다. 또 플랫폼 내에서의 기여도에 따라 추가로 지급된 암호화폐 중 70퍼센트를 해당 곡의 생산자와 후원자들이 나눠 가질 수 있다. 나머지 30퍼센트는 원곡의 음원 사용료와 저작권료로 지급된다.

이 플랫폼이 활성화된다면 커버곡을 업로드하는 1인 크리에이터들, 듣는 것만큼 자주 불리는 노래의 저작권자들도 추가 수익을 창출할 수 있을 것이다. 해당 서비스는 새로운 생태계와 높은 가능성을 바탕으로 카카오의 블록체인 플랫폼 클레이튼에 합류했다. 섬싱을 필두로 이후 다양한 블록체인 기반 음악 서비스들이 가시화되면서 실제 서비스에서 블록체인의 진가를 보여줄 수 있을 것으로 기대된다.

누구를 위한 플랫폼을 만들 것인가

블록체인을 기반으로 하는 음원 서비스들은 본질적으로 저작권 정보를 기록해 불법 음원 유통을 원천 차단할 수 있다. 또 P2P 방식의 제작자 – 소비자 간 직거래를 통해 거래 비용을 낮춰 많은 음원 공급자를 유치함으로써 음악 유통 사업의 게임 체인저가 될 수 있다. 앞서 말한 섬싱처럼 시대의 흐름에 발맞춰 새로운 수익 창출 기회를 위해 블록체인이라는 신기술을 활용할 수 있다. 또는 AI 스피커 같은 디바이스 서비스가 활성화되고, 블록체인 음악 서비스의 비가역적이고 추적 가능한 데이터들이 모이면 미래 산업을 위한 또 다른 새로운 인프라가 탄생할 수도 있을 것이다.

사업자가 꿈꾸는 가능성과 의도가 무엇이든 수익 배분 면에서는 콘텐츠 제작자들, 특히 소규모 창작자들에게 도움이 되는 생태계가 열릴 것이다.

블록체인을 활용하게 되면 이른바 초소액결제micro-payment가 가능해진다. 음원 소비자가 결제를 할 경우에 카드사나 결제 대행사를 거치지 않고, 플랫폼 내에서 암호화폐로 정산할 수 있기 때문이다. 이로 인해 유통 플랫폼 수수료가 절감될 뿐만 아니라 즉시 정산도 가능하다. 즉 한두 달 후 정산받는 기존 플랫폼의 방식이나 일정액 이상의 광고비가 적립되어야만 수표를 발행해 주고 지급에도 시간이 걸리는 구글의 방식을 벗어날 수 있다. 일반 사용자가 몇백 원 단위의 음원 사용권을 결제하는 순간 그 수익이 창작자에게 자동으로 지급되는 것이다.

다양한 형태의 과금 체계를 마련하는 것 또한 가능하다. 기존 플랫폼 사업자가 전곡 무제한 스트리밍 , MP3 다운로드 30곡 같은 패키지로 정했던 과금 정책의 결정 권한이 음원의 창작자와 소비자에게 돌아간 것이라 할 수 있다. 창작자는 자기 콘텐츠의 다운로드, 스트리밍 가격을 플랫폼 사업자의 간섭 없이 정할 수 있다. 소비자는 자신들이 원하는 대로 각각의 음원을 영구히 소유할 것인지, 기간제로 소유할 것인지, 스트리밍 횟수를 제한해 소유할 것인지를 선택해 금액을 지불할 수 있다. 그렇게 되면 음원 소비자가 특정 인디 가수를 응원하고 싶을 때 그 가수의 곡을 여러 번 반복해서 재생하는 것만으로도 그들을 물질적으로 후원할 수 있다.

단순히 콘텐츠를 일차적으로 소비하는 것에서 벗어나, 다양한 방법으로 콘텐츠를 즐기며 자연스럽게 아티스트를 후원할 수도 있다. 커버 버전을 제작함으로써 좋은 곡을 홍보하는 동시에 원곡을 부른 가수에게 추가 수익을 전달할 수도 있다. 아직 제작되지 않은 프로젝트를 후원하기 위해 크라우드 펀딩을 시작해 소정의 금액을 지불하고, 향후 그 콘텐츠의 파생가치를 나눠가질 수 있는 투자형 소비도 가능하다.

2

저작권과 블록체인

스마트 계약이 만든 저작권 선순환

디지털 콘텐츠에 블록체인이 도입되면 사용 기록을 수집해 불법 복제를 원천적으로 방지하고, 즉각적으로 결제가 되는 스마트 계약을 적용할 수 있다.

이번에는 음악뿐 아니라 이외의 콘텐츠 서비스 사례로 범위를 넓혀 보자. 블록체인 기반 저작권 관리 API라는 개념이 클라우드 기반 음악 서비스 회사 리빌레이터Revelator에서 잠시 논의된 적 있다. 이를 활용하면 콘텐츠 제작자들은 분산원장에 자신들이 작업한 곡을 등록하고, 블록체인 네트워크를 통해 사용료와 권한을 서로 교환할 수 있다.

블록체인상에 기록된 곡들은 사용권이 오가는 스마트 계약에 의해 바로 사용료가 결제된다. 기존 플랫폼에서의 사용자 불편도 사라졌다. 불법 복제를 막기 위해 DRM_{Digital Right Management} 음원을 제공하거나, 특정 기기에서만 사용해야 하는 제한도 없어졌다.

사진 인화 필름 제조업의 전통 강자, 코닥이 내놓은 코닥코인_{Kodak Coin}의 등장 또한 눈여겨볼 만하다. 코닥은 2018년 블록체인 기반의 코닥코인과 이를 활용한 사진 콘텐츠 유통 플랫폼 코닥원_{Kodak One}을 발표하며 디지털 세계에서 사진가의 지식재산권_{IP, Intellectual Property}을 보호하겠다고 나섰다.

코닥원과 코닥코인이 만드는 콘텐츠 생태계의 기본적인 작동 방식을 살펴보자. 사진가가 코닥원 플랫폼에 사진을 등록하면 소비자가 이를 검색하고, 코닥코인을 이용해 구매할 수 있다. 소비자가 사진을 구매한 후 인화하면 사진의 원작자에게 저작권료로 코닥코인이 지불된다. 코닥원은 높은 확장성을 통해 자체 플랫폼 내에서의 저작권 이슈뿐만 아니라 외부 플랫폼에서 벌어지는 일에도 유연히 대응할 수 있다.

코닥원은 외부 웹페이지에 존재하는 텍스트나 이미지들을 긁어모으는 크롤링_{crawling} 방식으로 자기 플랫폼 내부뿐만 아니라 외부에서 대상 이미지가 사용된 기록까지 수집한다. 외부 플랫폼에서 불법적으로 사용되고 복제되는 이슈를 수시로 확인할 수 있는 시스템이다. 또한 외부에서 사용할 수 있는 API를 제공함으로써 사용자가 코닥원 플랫폼

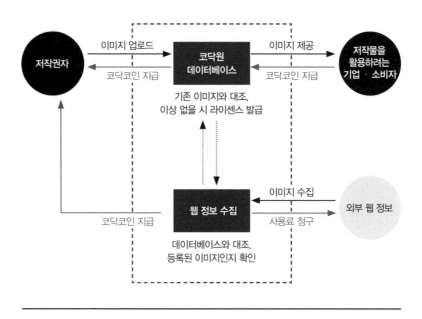

을 직접 통하지 않아도 콘텐츠를 구매하고, 간편하게 사용료를 지불할 수 있도록 돕는다(〈도표 5-1〉).

코닥원은 2018년 5월부터 PLP_{Post-Licensing Portal}(일종의 베타 서비스) 방식으로 실시한 시범운영 기간 중 상당한 성과를 거두었다. 2019년 1월 카메론 셀 코닥원 공동창립자는 코닥원을 통해 100만 달러의 저작권료가 창출됐다고 밝혔다. 안타깝게도 공동 개발사 라이드 홀딩_{RYDE Holdig Inc.}과의 협업 종료로 프로젝트는 정식 운영 전 취소되었으나, 코닥원의 ICO에 4만 명 이상의 지원자가 몰리면서 저작권 문제에 대한 대중의 관심과 가능성 등을 시사한 예가 되었다.

중국의 인터넷 대기업 바이두Baidu도 최근 블록체인 기반 이미지 저작권 시스템 토템Totem을 공개했다. 토템은 신원이 인증된 사용자가 플랫폼에 업로드하는 이미지에 타임 스탬프를 부여하고, 분산원장에 해당 기록을 저장해 위·변조를 막는다. 만약 다른 사용자가 같은 이미지를 업로드하게 되면, 각각의 시간 기록을 대조해 원본 여부를 가리게 된다. 또, 누군가 이미지를 사용하면 코닥원처럼 원저작권자에게 자동으로 암호화폐를 지급한다. 비록 중국 정부의 암호화폐 관련 보류 입장으로 잠시 주춤하고는 있으나 저작권과 관련된 블록체인의 역할에 대해 새로운 가능성을 열어준 예라는 것은 틀림없다.

블록체인 시대에는 콘텐츠 저작권이 서비스상에서 명시될 뿐만 아니라 플랫폼 외부의 웹상에 떠도는 콘텐츠들에 대한 모든 권리가 보호되고 관련 흐름도 감시된다. 누군가 콘텐츠에 관련된 권한을 사용할 때에는 플랫폼 네트워크 전체 참여자의 원장에 기록이 남으며 이 기록에 따라 자동적으로 사용료가 차감된다. 불법적으로 무료 사용의 '꼼수'를 부릴 여지는 없다.

글로벌 저작권을 간편하게 사용하다

앞서 설명한 음원 시장의 복잡한 유통 구조는 또 다른 문제도 야기한다. 연예기획사나 음원 제작자는 제작된 음원을 오프라인 음원 형태로 배포하거나 음원 스트리밍 또는 다운로드 플랫폼에 업로드하기 위해 유니버설 뮤직, 소니뮤직 등의 음원 유통사와 계약해야 한다. 유통 사들은 음반을 발매하고 멜론, 네이버 뮤직과 같은 음원 서비스사에 디지털 음원을 공급한다. 해당 업체 중 한 곳이라도 계약 갱신 문제로 어긋나거나 계약이 해지될 경우에는 음원 서비스에 문제가 발생한다. 직접적으로 커뮤니케이션을 하기 힘든 해외 글로벌 유통사와 업무를 진행할 때에는 더더욱 그렇다. 실제로 해외 콘텐츠의 경우, 해외 아티스트의 음원에서 갑자기 재생 권한이 없다는 메시지가 노출되는 경우가 종종 발생한다.

특히 해외 음원이 영상 제작물에 삽입되어 2차 콘텐츠로 사용될 때 더욱 번거롭다. 우선 음원 제작에 참여한 작곡가, 작사가, 연주자, 가수에게 모두 허가를 얻어야 한다. 제작 스튜디오에서 보유하고 있는 저작권자 불분명의 음원 클립들, 이른바 '라이브러리 음원'을 삽입할 경우에는 원곡의 작곡자를 확인하느라 애를 먹기도 한다. 글로벌 음원 유통사가 보유한 음원이 아니라면 각 나라의 저작권협회에 문의를 해야 한다. TV CF를 제작할 경우 클라이언트 기업에서 광고대행사, 영상 제작 스튜디오, 글로벌 음원 유통사 또는 저작권협회, 실제 저작권자까지 이어지는 길고 비효율적인 커뮤니케이션 라인이 필요하다.

실제로 글로벌 업체들끼리 대금을 지급할 경우도 만만치 않다. 해외 송금으로 지급을 하는 덕분에 오랜 시간이 걸리고 환율 리스크도 감내해야 한다. 만약 우조 뮤직처럼 이더리움을 사용하거나 플랫폼에서 제공하는 암호화폐를 사용한다면 정산 시일과 환율 리스크를 고려할 필요가 없다.

글로벌 음원 저작권 거래가 점점 더 활발해지는 오늘날, 블록체인이 음원 유통과 저작권 관리에 필요한 커뮤니케이션 리소스와 시간, 비용을 효과적으로 절감하는 데 도움이 되는 셈이다.

NFT, 분할 가능한 저작권의 등장

2018년 발렌타인 데이, 가장 달콤하고도 가장 혁신적인 기술을 이용한 사진 작품이 탄생했다. 이른바 최초의 크립토아트Cryptoart 콘셉트 아티스트 케빈 아보시Kevin Abosch가 촬영한 장미 사진 〈포에버 로즈〉Forever Rose다. 이 사진은 저작권 자체가 블록체인 기술을 통해 기록되고 보호된다. 또 로즈ROSE라고 부르는 토큰을 활용해 소유권을 여러 주체가 분할해 공동 보유할 수 있도록 제작되었다.

이 사진은 10여 명의 공동 구매자에게 100만 달러에 판매되었다. INK 재단, 블록체인 자문사인 TLDR, 디지털 자산 펀드인 ORCA펀드, DAC 프로젝트를 비롯한 다수의 블록체인 기업과 일부 개인 투자자들이 로즈토큰의 10분의 1씩을 분할 소유하고 있다.

아보시는 람보르기니를 형상화해 네온사인으로 제작한 작품 〈옐로우 람보〉Yellow Lambo를 2018년 4월에 공개하기도 했다. 스카이프의 전 COO인 마이클 잭슨이 그의 작품을 40만 달러에 낙찰받았다. 또 아보시는 100장의 종이에 자신의 피를 찍어 작품에 삽입하고, 자신의 물리적인 일부를 블록체인상에 가상화하는 〈아임 어 코인〉IAMA Coin 프로젝

출처: 아시아 이노베이션스 그룹

트를 추진하는 등 블록체인을 활용한 다양한 예술 실험에 앞장서고 있다.

케빈 아보시를 필두로 한 이런 시도는 2021년 3월 비트코인 시세 폭
등과 함께 새로운 국면을 맞이했다. 디지털 아티스트 비플Beeple의 작
품 〈매일: 첫 5000일〉Everyday: The First 5,000days이 크리스티 경매에서 6,930
만 달러(약 774억 4,275만 원)에 낙찰된 것이다. 해당 건은 제프 쿤스

와 데이비드 호크니에 이어 살아 있는 예술가의 작품 중 세 번째로 높은 가격에 판매된 사례가 되었다. 일론 머스크의 연인으로 알려진 캐나다 출신의 아티스트 그라임스Grimes, 국내에서는 팝 아티스트 마리 킴의 작품도 해당 방식으로 고가에 판매되며 주목을 받았다.

이 사건으로 대중에게 알려진 개념이 바로 NFTNon-Fungible Token 자산이다. 대체 불가능하다는 말 그대로 복사 및 재생산이 가능한 특정 콘텐츠에 고유의 자산임을 인증하는 일종의 디지털 소유권이다. 이 방식은 기존 예술 작품에서 존재했던 위조 및 변조 문제 해결에도 도움이 될 뿐 아니라 복제 및 재생산이 가능한 디지털 콘텐츠에도 진품의 개념을 도입하게 되어 디지털 콘텐츠 전반의 가치를 높일 수 있을 것으로 기대된다.

또한 앞서 〈포에버 로즈〉의 예시처럼 분할 저작권이라는 새로운 개념을 탄생시키며, 자산 투자수단으로서 예술품 시장의 문턱을 낮췄다.

예술품에 대한 저작권이나 소유권을 나눠서 지분화할 수 있다는 것은 다시 말해, 예술품이 활발한 투자 대상이 된다는 것을 의미한다. 〈포에버 로즈〉를 소유할 만큼의 투자자금을 보유하고 있지 않더라도, 소액으로 로즈토큰에 투자해 가치 증대에 따른 차익을 취할 수 있다.

예술 경매 관련 업체들은 이런 가능성을 두고 재빠르게 시장에 뛰어들고 있다. 국내에서는 마리 킴의 작품을 판매한 미술품 관련 공유경제 서비스 피카프로젝트, 경매 서비스 서울옥션블루 등이 관련 서비스를 내놓거나 추진 중이라고 밝혔다. 특히 서울옥션블루는 2020년 3월 신한은행과 함께 직접적으로 NFT를 사용하지는 않으나 NFT

의 소유권 분할 개념을 도입한 디지털 자산 서비스 소투sotwo를 출시
하기도 했다. 이밖에 리서치업체 델파이디지털이 도전장을 내밀었고,
미래에셋서비스가 가상자산 거래 서비스 제공기업 피어테크와 협업
해 시장에 뛰어드는 등 투자사들의 움직임도 발 빠르다.

저작권 거래, 새로운 자산투자의 가능성

미술품 경매뿐 아니라, 다른 콘텐츠의 저작권에도 이 같은 방식
을 도입할 수 있지 않을까? 그렇게 되면 시장에는 어떤 변화가 일어날
까? 국내 서비스 중인 저작권 투자 플랫폼 뮤직카우(구 뮤지코인)는 이
미 음원에 대한 저작권을 1만 원 정도의 작은 단위로 분할해 소비자들
에게 매매하고, 또 소비자들 사이에서 거래가 일어나도록 중개하고 있
다. 일종의 음악 주식시장인 셈이다.

초기 버스커버스커, 다이나믹 듀오 등 '음원 강자'로 불리는 가수들
이 참여했으며, 작곡가 용감한 형제가 브레이브걸스의 '롤린' 저작권
을 2020년 초 '차트 역주행' 사건 이전 이 플랫폼에서 매매한 것으로 드
러나 해당 저작권 구매자들의 수익에 대한 관심이 쏟아지기도 했다.

앞서 음악산업의 구조에서 살펴본 것처럼 음원의 정산은 여러 단
계를 거친다. 만약 단순히 플랫폼 수준이 아니라 저작권협회를 포함
한 업계 전반에 블록체인이 도입된다면 수수료 부담 없이 더욱 빠르
게 소액의 정산이 이뤄질 수 있을 것이다. 또 정산 시스템 오류나 담당

자가 일일이 확인해야 하는 다양한 플랫폼 및 해외에서의 저작권 사용도 수익 정산 내용에 빠짐 없이, 빠르게 포함시킬 수 있을 것이다.

이러한 분할 저작권 형태는 훌륭한 콘텐츠를 가지고 있지만 음반을 발매할 자금이 부족하거나 치열한 시장에서 자신을 홍보하기 위해 마케팅 또한 자금을 필요로 하는 소규모 아티스트들에게 도움이 된다. 또한 이들에게는 음원에 대한 권리를 사전 판매하는 것이 하나의 가능성이 될 수 있다.

블록체인 플랫폼을 통해 사전 크라우드 펀딩을 할 수도 있고, 앨범의 지분을 암호화폐의 형태로 파는 ICO 형태도 있다. 기존 크라우드 펀딩과의 차이점은 단순히 앨범이나 아트워크 가격을 미리 받고 추가 리워드를 증정하는 것이 아니라 주식처럼 가치 변동과 발전가능성이 있는 자산으로서의 가치를 소비자들에게 제공한다는 것이다. 블록체인을 통한 크라우드 펀딩 2.0이라 할 수 있다.

아티스트나 작품의 지분을 크라우드 펀딩으로 분할 구매한 소비자들은 자산의 변동가치를 높이기 위해 노력할 것이다. 자신의 주변에 작품을 직접적으로 홍보하거나 SNS에 홍보 글을 올려 콘텐츠의 가치를 확장함으로써 더 많은 지분을 확보할 수도 있다. 그렇게 되면 콘텐츠는 완결된 하나의 대상이 아니라 소비자들이 참여하는 콘텐츠로서 더욱 능동적이고 발전적인 형태로 거듭날 것이다.

3

디앱과
메타버스의 등장

콘텐츠가 곧 유통이고 수익인 '디앱'

앞서 전통적인 콘텐츠들을 블록체인상에 보존하고 유통해 수익을 창출하는 부분에 대해 살펴봤다면 이번에는 온전히 블록체인 기반으로 구동되는 새로운 콘텐츠들에 대해 알아보자.

'블록체인의 안드로이드'라고 불리는 이더리움이 등장한 이후 이를 기반으로 한 새로운 형태의 디지털 콘텐츠들이 등장했다. 디지털 콘텐츠와 그로 인해 파생되는 자산을 블록체인에 올려 보존하고, 콘텐츠로 발생한 수익을 암호화폐로 교환할 수 있는 애플리케이션 서비스들이다. 이러한 콘텐츠들을 '디앱'이라고 한다.

■ 블록체인 기반 고양이 수집 게임 '크립토키티'

CryptoKitties   Start Meow   Marketplace   FAQs   Blog   More ▾

Collectible.
Breedable.
Adorable.

Collect and breed digital cats.

Start meow

출처: https://www.cryptokitties.co/

그중 이더리움 기반의 크립토키티Cryptokitties가 많은 주목을 받고 있다. 크립토키티는 가상의 고양이를 획득해 교배나 거래를 통해 다양한 외모와 성질의 고양이를 수집하는 게임이다. 캐나다 게임 개발사 액시엄젠Axiom Zen이 2017년 11월에 출시하자마자 2달 만에 20만 명에 가까운 사용자를 보유했다.

게임의 작동 방식은 간단하다. 15분에 한 마리씩 0세대Gen0 고양이가 자동 생성되면 이용자들은 경매를 통해 구매할 수 있다. 이용자들은 같은 세대 숫자의 고양이들을 교배해 새로운 고양이를 얻을 수 있고 교배를 거쳐 생성된 고양이들은 고유한 세대 숫자를 갖는다. 예를 들어 0세대 고양이들끼리 교배한 고양이가 1세대Gen1가 된다. 이용자들은 다른 이용자들이 교배를 신청하거나 재판매를 하면 이더리움 플랫폼상에서 암호화폐를 얻을 수 있다.

2017년 말과 2018년 초에는 과도한 트래픽을 발생시켜 이더리움 네트워크를 마비시키고, 게임 내 자산인 희귀 고양이들의 가격이 천문학적으로 치솟는 대흥행을 기록하기도 했다. 국내외 다수의 매체 보도에 따르면 가장 비싼 고양이 거래 가격은 당시 시세로 약 2억 원에 이른다.

이 게임의 기록적인 흥행을 이끈 요소는 무엇일까? 먼저 일정 시간을 기다려 경매에 참여하거나 교배하기만 하면 되는 간단한 게임 구조, 수집이라는 이해하기 쉬운 방식, 희귀한 고양이에 대한 수집욕을 자극하는 점이 호기심을 불러일으켰다고 볼 수 있다.

하지만 단순히 디지털 자산에 지나지 않는 고양이를 비싼 돈을 주고받게 만든 원인은 무엇보다 그 자산의 보장성일 것이다. 게임 활동의 결과인 자산, 고양이들은 모두 고유의 토큰을 가지며 영원히 보존되고 안전히 거래된다. 불현듯 앞에서 설명한 개념 중 하나가 머릿속을 스치고 지나갈 것이다. 그렇다, 비플과 그라임스의 작품에 천문학적인 가치를 부여한 기술, NFT의 원류가 바로 크립토키티다. 여기에 랜덤 확률에 의존해 희귀한 고양이를 획득하고 단번에 자산을 증식시킬 수 있는 성취감이 같은 시기의 암호화폐 투자 열풍과 맞물려 투기심리를 불러일으킨 점도 주효했다.

크립토키티는 2019년 3월에 출시된 삼성 스마트폰 갤럭시 S10에 가상화폐 지갑 보안키 관리 서비스 '블록체인 키스토어'와 함께 탑재됐다. 한국 정부에서 가상화폐에 대해 아직 호의적인 입장을 보이고 있지 않은 탓인지 삼성전자는 이에 대해 적극적으로 홍보하고 있지 않다. 하지만 같은 달 열린 세계 최대의 이동통신 산업 전시회 MWC_{Mobile World Congress}에서 갤럭시 S10에 탑재된 암호화폐 비접촉식 결제 기능을 공개하는 등 블록체인과 암호화폐 활용에 대한 포부를 드러내기도 했다. 이처럼 처리방식이 간단하고 실제 수익과 연결될 수 있는 서비스가 함께 탑재되었다면 갤럭시 S10을 기점으로 삼성전자가 가상화폐와 블록체인 생태계를 확장하는 데 도움이 될 것으로 전망된다.

한편 크립토키티의 성공으로 글로벌 시장에는 암호화폐 리워드와 환금성을 바탕으로 한 게임이 다수 등장했다. 특히 중국 업체들의 대응이 발 빨랐다. 샤오미가 2018년 3월에 블록체인 기반 토끼 게임 지아미투_{JIA MI TU}의 테스트 버전을 오픈하고, 넷이즈와 바이두가 유사한 게임을 공개했다. 중국 업체들이 본격적으로 크립토키티의 아류_{copycat} 게임들을 내놓기 시작한 것이다.

오늘날 콘텐츠는 단순한 수집형을 뛰어넘어 다양한 플랫폼, 다양한 구조를 가진 게임으로 확장 중이다. 그런 흐름을 반영하듯 가상 세계에서 자신만의 건축물이나 앱을 구축하고 블록체인으로 이를 영구 보존하는 '디센트럴랜드'_{Decentraland}는 전 세계적으로 흥행한 바 있는 세컨드라이프, 마인크래프트에 필적할 만큼 성장하고 있다.

이처럼 블록체인 게임들이 진화하고 그 스타일을 확장해나가고 있지만 정책 및 규제적으로는 해결해야 할 이슈가 많다. 앞서 언급한 중국 업체들의 크립토키티 아류 게임들은 당국 정부의 규제로 대부분 테스트 버전 공개 이후 별다른 소식을 내놓지 못하고 있다. 샤오미는 지아미투의 게임 약관에서 게임 자산의 현금화 가능성, 이를 이용한 대출과 거래 중개 행위를 금하는 게임 약관을 제공하고 있으나 이슈 진화에는 큰 도움이 되지 못했다.

국내에서는 모바일 RPG '파이널 블레이드'로 매니아층을 형성한 개발사 스카이피플이 카카오의 클레이튼 플랫폼에 탑승한 게임 '파이브 스타즈'를 내놓았다. 개발사의 독특한 그림체는 물론 블록체인 플랫폼과 연결된 자산화 가능성이 큰 기대를 모았다. 2021년 6월 게임물관리위원회의 등급 분류 취소로 인해 구글플레이에서 삭제되는 일이 있었지만 개발사는 게임위를 상대로 집행정지 가처분 및 행정처분 취소 소송에 승소하며 국내 블록체인 기반 NFT 게임의 양성화에 희망을 주고 있다.

게임 자산 가치의 보존 면에서도 고민이 필요하다. 게임 자산 가치의 보존성은 게임 수명의 핵심이다. 이용자들은 자신의 시간, 노력은 물론 돈을 투자해 구축한 게임 자산의 가치가 보존되는 것을 중요하게 생각한다. 강력한 아이템들이 빠르게 출시되고 기존에 보유하고 있던 아이템 가치가 떨어지면, 이용자들은 현금 사용에 대한 부담감이나 허탈감을 느끼고 게임을 그만두게 된다. 따라서 매출을 상승시키고 게이머들에게 새로운 동기를 부여하기 위한 신규 아이템 출시에도 많은 고민이 필요하다.

그런가 하면 한동안 게임에 접속을 하지 않았던 이용자들이 게임에 복귀했을 때 기존 아이템을 팔아 새로운 아이템을 마련하더라도 강자들을 따라잡기 어려우므로 이들을 적극적으로 끌어당길 수 있는 '복귀 아이템 패키지'를 내놓기도 한다. 바로 이런 아이템 가치의 중요성 때문에, 게임사들은 해킹이나 사기 피해로 자산을 잃지 않도록 여러 가지 조치를 취하고 있다.

다행히 블록체인이 보안 인증과 거래 기록의 증명에 탁월하다는 특징을 가지고 있어 이를 적용한 게임들은 위·변조로부터 안전을 보장받는다. 하지만 게임 참여자 수가 적은 경우에는 오히려 블록체인이 독이 될 수 있다. 전체 참여자 수 50퍼센트 이상을 장악해 기록을 위조할 수 있기 때문이다.

한층 더 고도화된 게임을 개발하고 서비스하기 위한 구조적 고민도 필요하다. RPG는 게임 중 가장 많은 마니아층의 사랑을 받고, 가장 많은 매출이 발생해 게임의 꽃이라고 불리는 장르다. 블록체인 게임도 이와 같은 수준의 게임을 구현하는 것을 목표로 하게 될 것이다. 고도화된 게임 시스템이 정상적인 속도로 동작하려면 중심이 되는 블록체인 시스템뿐 아니라 주변 시스템에 대해서도 고민해야 한다. RPG 게임의 다양한 능력치나 성장 구조, 퀘스트, 즉각적인 이벤트 구현을 위해서는 보다 속도가 빠른 별도 데이터 서버가 필요하다.

또 그럴 경우에 별도 서버에 저장되는 데이터의 보안도 고려해야 할 문제다. 향후 RPG 게임을 내놓을 개발사들이 이를 어떻게 풀어낼지 주목된다. 2019년 3월 윈드러너, 이카루스 등 게임을 제작한 위메이드의 자회사 위메이드트리가 카카오의 블록체인 계열사 그라운드X가 주최한 행사에서 방치형 RPG를 시연하는 등 관련해 다양한 시도가 이어지고 있다.

이제는 게임을 블록체인 위에 올려 새로운 시스템을 만드는 것을 넘어, 콘텐츠 자체에 대한 본질적인 연구와 새로운 구조의 콘텐츠가 가진 작은 허점들에 대한 고민도 병행되어야 한다.

블록체인 기반의 게임 플랫폼 등장

앞서 음악 콘텐츠 유통 플랫폼의 예시에서 초소액결제를 활용한 다양한 상품 구성, 새로운 단위의 콘텐츠 소비 가능성을 언급했다. 그러나 블록체인 콘텐츠 플랫폼이 바꿀 미래에는 이처럼 단위 수준의 변화가 아닌, 새로운 형태의 콘텐츠 유통과 소비가 탄생할 것이다.

이용자가 구매하고 사용한 콘텐츠를 마치 중고거래하듯 다른 소비자에게 되팔 수 있다. 또는 두 개의 게임을 오가면서 같은 캐릭터를 성장시키거나, 플레이하던 게임의 재화로 다른 게임의 재화를 구매하는 형태도 가능하다.

이처럼 새로운 형태의 콘텐츠 유통과 소비에 대한 고민은 게임 관련 분야를 중심으로 이뤄지고 있다. 블록체인 기반의 게임 연합 플랫폼은 이용자의 계정과 아이템 관련 정보를 관리하고, 각기 다른 게임 간 연동을 통해 사용할 수 있도록 도와준다. 즉 사용자는 제휴 게임 A를 즐기다가, 별도의 개인정보 입력이나 회원가입 절차 없이 다른 제휴 게임인 B의 계정을 생성할 수 있다. 또한, A게임에서 획득한 게임머니로

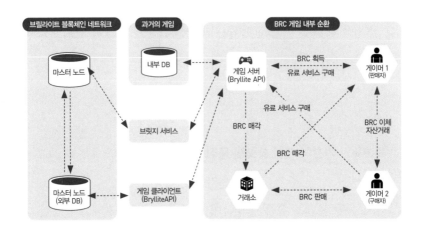

출처: https://www.bryllite.com/ko/

B게임의 게임머니나 아이템을 구매할 수 있다.

이의 구조적 이해를 위해 게임 퍼블리싱 업체 한빛소프트가 준비했던 블록체인 기반 게임 서비스 플랫폼 브릴라이트Brylite를 예로 들어 보자(〈도표 5-2〉). 브릴라이트는 각기 다른 별개의 게임을 플랫폼상에서 연동해 이용자가 손쉽게 다른 게임을 즐길 수 있는 서비스로 구축 중이었다. 이용자가 플랫폼에 연동된 게임을 즐기면서 암호화폐를 적립하고, 이 암호화폐가 서로 다른 게임머니의 가교 역할을 하는 방식이다. 이용자는 암호화폐를 이용해 현재 즐기고 있는 게임 아이템을 다른 게임 아이템으로 바꿀 수 있으며, 블록체인상에 기록된 이용자 정보를 바탕으로 손쉽게 다른 게임으로 이동할 수 있다.

비록 해당 서비스는 업체의 사정으로 정리된 듯하지만, 네이버 라인이 자사 가상자산 링크를 신규 거래소로 상장 확대하고 이의 활성화를 위해 게임 등 관련 디앱의 확충 계획을 밝히며 실제 이와 비슷한 플랫폼이 등장하지 않을까 하는 기대도 있다.

블록체인을 이용한 게임 아이템 거래는 기존 방식에 비해 어떤 점에서 유용할까? 이용자 간 게임 아이템 거래가 이루어지는 방법은 크게 세 가지다. 커뮤니티를 활용한 비공식적인 매매, 일부 공식 커뮤니티를 통한 매매, 제3자 거래 플랫폼을 이용하는 매매다.

첫 번째 방법은 게임의 채팅 기능이나 레딧reddit과 같은 포럼을 이용해 이용자끼리 일대일 거래를 하는 방식이다. 이때 가장 큰 문제는 아이템과 현금 지급이 동시에 이루어지지 않아 사기 위험이 따른다는 것이다. 사기가 발생했을 때 아이템을 지급받고 대금을 지불하지 않은 구매자에게 금액을 강제적으로 차감할 수 있는 방법도 없고, 게임 서비스사를 통하지 않은 거래인 만큼 회사에 중재를 요구할 수도 없다.

두 번째 방법인 공식 커뮤니티를 통한 방법은 높은 수수료를 지불해야 한다. 온라인 게임 유통 글로벌 디지털 플랫폼인 스팀STEAM을 통한 공식 거래의 최대 수수료율은 15퍼센트다. 게다가 판매 대금은 스팀 플랫폼 안에서만 쓸 수 있어 활용성 높은 재화로 구매하기를 원하는 일부 게이머들에게는 매력이 떨어질 수 있다.

세 번째 방법은 아이템베이, 아이템매니아 같은 국내 아이템 거래 전문 중개 사이트를 활용하는 방법이다. 그런데 이들은 불법자금 세탁, 불법 외환거래와 연루되어 있다는 의혹을 주기적으로 받고 있다.

이를테면 해킹한 계좌로 게임 아이템을 구매한 후 다시 아이템 거래로 현금을 마련해 자금을 세탁하는 식이다. 결국, 세 가지 방법은 각각 사기로부터의 안전성, 비용 효율성과 판매 대금의 활용성, 투명성의 문제를 안고 있다. 블록체인 콘텐츠 거래 플랫폼은 앞에서 나열한 문제에 대한 해결책을 제시한다.

첫째, 블록체인상에 모든 거래가 기록되며 대금과 아이템이 동시에 교환되는 스마트 계약 방식으로 이루어져 거래 사기로부터 안전하다.

둘째, 초소액결제가 가능하기 때문에 플랫폼 설계 목적에 따라 수수료가 없거나 저렴하게 설계할 수 있다. 각 이용자들의 정보가 암호화되어 존재하므로, 이용자 계정이 해킹되어도 개인정보를 도난당해 이차적인 금융 피해가 발생하는 식의 문제로부터 자유로울 수 있다.

셋째, 아이템의 가치가 블록체인을 통해 영구적으로 보존된다는 점도 이용자에게 매우 매력적이다.

기존 게임들은 서비스가 종료되면 이용자의 게임 내 자산이 모두 무효화된다. 모바일 게임의 경우 일부 유료 재화에 한해서 고객센터 접수 후 환불 조치를 취하고 있다. 하지만 이용자가 구매한 유료 재화를 사용해 게임 내에서 아이템을 구매했다면, 원래의 현금 형태나 다른 게임에서 사용할 수 있는 재화의 형태로 환급받기 어렵다.

만약 블록체인 플랫폼을 활용한다면 한 게임에 종속된 아이템이나 재화를 다른 게임의 아이템이나 재화로 쉽게 바꿀 수 있다. 한빛소프트는 이를 "게임 내 아이템의 권리를 소비자에게 돌려준다."라고 표현했다. 한빛소프트는 큰 인기를 끌었던 모바일 소셜 네트워크 게임 아

■ 마인크래프트와 워오브크립토를 넘나드는 캐릭터 '고어드'

출처: 오버스톡

이러브커피를 개발한 파티게임즈와 플랫폼 제휴를 발표하면서, 곧 새로운 생태계를 선보일 예정이다. 이 밖에도 2019년 상반기 다양한 게임사가 블록체인 기반 게임 플랫폼을 준비하는 등 블록체인을 기반으로 새로운 게임 생태계를 만들기 위한 시도가 이어지고 있다.

기존의 게임 상식과 경제의 개념을 뒤엎는 '게임 간 아이템 거래'라는 방식이 현실화되기 전에 완충재 역할을 하듯, 2018년 게임업계에는 새로운 형태의 캐릭터가 등장했다. 초등학생들에게 인기를 끌고 있고 전 세계적으로도 널리 알려진 게임 마인크래프트와 블록체인 게임 워오브크립토war of crypto를 넘나드는 캐릭터 '고어드'가 등장한 것이다. 고어드는 블록체인 게임개발 플랫폼 '엔진'상에 존재하며, 양쪽 게임에서 모두 플레이하며 성장시킬 수 있다. 즉 특정 사용자가 워오브크립토에서 고어드를 레벨업하고 진화시키면 블록체인상에 기록된다. 또 동일한 사용자가 마인크래프트에 접속하면 훨씬 강해진 고어드로 플레이할 수 있다.

게임 내 캐릭터뿐만 아니라 게임 타이틀의 중고거래를 가능하게 하는 플랫폼도 등장했다. 로봇 캐시Robot Cache는 이용자들이 오프라인에서 게임팩을 사고파는 것처럼 디지털 게임 타이틀을 매매할 수 있는 게임 플랫폼 서비스다. 이는 글로벌 게임 유통 플랫폼 스팀에 빗대어 '플레이 후 중고거래가 가능한 스팀'으로 주목받고 있다. 기존 게임에서 시리얼 넘버serial number로 표현되던 게임 이용권을 블록체인의 형태로 운영해, 콘텐츠의 불법 복제와 소유권 위조를 원칙적으로 차단하고 있다.

이렇게 재판매가 이뤄진다면 게임 시리얼을 팔아 매출을 올리는 게임사는 어떻게 수익을 올릴까? 흥미롭게도 게임사는 판매 과정에서도 돈을 번다. 로봇 캐시에서 중고 타이틀 판매 대금의 70퍼센트는 개발사에게 지급되며, 25퍼센트는 플랫폼 내 화폐인 아이언Iron토큰 형태로 판매자에게 지급된다. 나머지 5퍼센트는 수수료로 게임 플랫폼에 귀속된다. 로봇 캐시에서는 이용자들이 게임 재판매를 통해 다른 게임을 구매할 비용을 확보하고, 게임사는 기존 판매금액 외에 수익 창구를 다변화할 수 있어 게임 유통에 탄력을 받는다고 설명한다.

게임사 입장에서는 게임 간 재화 이동, 타이틀 재판매를 통해 이용자들의 손쉬운 진입과 복귀, 이탈의 시대를 맞이하게 될 것이다. 게임을 새롭게 시작한 이용자도 기존에 플레이하던 게임머니를 이용해 다른 이용자들과 비슷한 위치에서 게임을 시작할 수 있다.

반면 한 게임에서 이탈한 이용자가 영구적인 이탈자로 돌아설 가능성은 더욱 높다. 일반적으로 이용자들은 자신이 유료 아이템을 구매한 게임을 쉽게 삭제하거나 그만두지 못하고, 언젠가 해당 게임에 복귀하는 경향이 있다. 하지만 유료 아이템을 다른 게임의 아이템으로 교환할 수 있다면 어떤 게임은 영영 이용자를 잃을 수도 있다. 만약 이와 같은 블록체인 콘텐츠 유통 생태계가 주류를 점하게 된다면, 이에 대비한 서비스 전략 단계의 고민이 필요할 것이다.

새로운 가능성, 메타버스

2020년 9월, 방탄소년단의 글로벌 히트곡 '다이너마이트' 댄스 버전 뮤직비디오가 가장 처음 공개된 곳은 그 어떤 유력 방송국의 스테이지도 아니었다. 바로 게임 포트나이트Fortnite를 통해서였다. 게임 이용자들은 가상의 스테이지에서 모여 자기 아바타로 다이너마이트 안무를 따라 하며 가상 쇼케이스를 즐겼다. 포스트 말론, 트래비스 스캇 등도 자신을 본뜬 아바타를 통해 게임에 등장해 콘서트를 펼쳤다.

코로나19로 인해 기존의 오프라인 행사들은 동영상 라이브 스트리밍 등 언택트Untact 이벤트로 다수 대체되었다. 그러나 이와 같은 형태는 상호작용과 현장성이 제한되어 있었고, 사람들은 점점 더 접촉에 대한 갈망을 느끼게 되었다.

이의 대안으로 각광받는 트렌드가 바로 메타버스Metaverse다. 초월을 의미하는 접두어 메타Meta와 우주Universe의 합성어로, 이용자가 가상과 현실을 넘나들며 즐길 수 있는 세계를 의미한다. 게임은 시작하는 순간 자연스레 자신의 분신 격인 캐릭터를 갖게 되므로 태생적으로 이 트렌드의 중심에 설 수밖에 없다. 팬데믹 이후 미국 UC버클리의 졸업식은 게임 '마인크래프트'에서 이루어졌으며 발렌티노는 컬렉션 제품을 게임 '동물의 숲' 의상으로 제공했다.

그렇다면 메타버스의 중심 무대가 된 게임에서 블록체인은 어떤 역할을 할 수 있을까? 해당 트렌드가 점점 확장 발전된다면 게임은 다른 차원에 존재하는 또 다른 생활 플랫폼이 될 것이다. 게임 속에서 현실의 브랜드를 소비하고, 좋아하는 아티스트의 음악을 들으며 타인과 소통한다. 어쩌면 반대로 유튜브 라이브, TV 홈쇼핑 등에서 게임 아이템을 판매하는 등 다른 차원의 세상이 현실로 튀어나올지도 모른다. 즉 게임의 세계관을 이루는 요소와 재화 등이 게임 외 서비스와 밀접하게 연결되면서 확장될 수 있다.

앞서 설명한 파이브스타즈 등 블록체인 게임에서는 게임 아이템의 직접적인 현금화와 사행성을 근거로 들어 게임위가 우려를 표했다. 하지만 메타버스 구조를 이용해 게임 재화와 게임 외의 고부가가치 산업이 연결된다면 게이머들의 간접적인 가치 창출도 가능해질 것이다.

이를테면 10대를 중심으로 인기를 끌고 있는 네이버의 자회사 가상 아바타 플랫폼 '제페토'에, 또 다른 자회사인 라인의 링크토큰이 결합된다면 어떨까? 제페토 내에서의 활동 보상으로 링크토큰을 획득하거나 아이템 획득 등 활동이 블록체인에 기록되어 영구 보존되도록 할 수 있을 것이다.

제페토는 2021년 2월 이미 명품 브랜드 구찌와의 협업 제품을 게임 내에 론칭한 적 있다. 해당 제품을 가진 사용자가 다른 사용자에게 이를 판매해 암호화폐를 보상으로 얻은 후, 이를 네이버의 다른 서비스에서 자유롭게 사용할 수 있다. 또는 규제적인 문제가 발생하지 않는다면 현금으로 획득할 수도 있을 것이다. 즉 메타버스의 등장은 게임을 중심으로 한 통합 블록체인 생태계의 확장 가능성인 동시에, 블록체인 게임이 갖고 있던 문제를 우회적으로 해결하는 열쇠가 될 수 있다.

아직 완벽하지는 않지만 블록체인은 지금까지 없었던 콘텐츠의 소비 형태, 중고거래나 콘텐츠 간 가치 이동, 나아가 게임을 중심으로 한 블록체인 생태계 확장 가능성 등 새로운 콘텐츠 소비와 유통 형태를 이끌어내고 있다. 이로 인해 콘텐츠라는 재화에 대해 갖고 있던 일반적인 관념들, 즉 중고거래 불가와 콘텐츠 내 재화의 귀속성 등은 크게 변할 수 있다. 블록체인을 매개로 콘텐츠와 콘텐츠 시장 자체에 대한 개념이 변화하고 있는 것이다.

4

소셜미디어의
새 막이 열리다

탈진실의 시대

영국의 옥스퍼드 영어사전에서는 2016년의 단어로 '탈진실'post-truth을 선정했다. 옥스퍼드가 정의하는 탈진실이란 '실제 일어난 일보다 개인적인 신념이나 감정이 여론 형성에 더 큰 영향력을 미치는 현상'이다. 최근 들어 사실에 대한 논리적이고 올바른 판단 대신 가짜 진실이 정부와 국민의 결정을 좌우하는 현상이 목격되고 있다. 이 단어의 사용이 급증한 2016년에 영국은 유럽연합의 경제위기를 떠안지 않기 위해 유로존 탈퇴, 이른바 브렉시트Brexit를 결정했고, 미국에서는 도널드 트럼프가 대통령에 당선되었다. 유로존에서 탈퇴하거나 잔류를 할 경우 영국에서 벌어질 것이라고 떠도는 가설들, 미국의 각 당 대선후보에 대한 확인되지 않은 사실들이 한동안 SNS를 잠식하기도 했다.

지금까지도 이러한 현상은 지속되고 있다. 2020년 전 세계를 덮친 코로나19와 관련해서도 온갖 가짜 뉴스가 떠돌았다. 이른바 인포데믹Infodemic, Information+Pandemic이라고 불린 현상이다. 작게는 발발 초기 국내의 각 확진자에 대한 가짜 신원 유출이 있었고, 크게는 영국과 벨기에 등을 중심으로 코로나19 바이러스가 5G망을 타고 번진다는 황당한 소문조차 많은 이들의 현실적 공포를 불러일으켰다. 2021년 백신 접종이 시작되면서 한국에서는 '코로나 백신이 유전자를 변형시킨다'는 괴소문을 퍼뜨린 범인이 경찰에 체포되기도 했다.

이런 가짜 뉴스들은 카카오톡, 트위터, 페이스북을 통해 유통되면서 SNS를 선동과 오해의 공간으로 만들고 있다. SNS 이용자가 자신과 유사한 성향을 가진 이용자만 팔로우하면 페이스북에서는 이용자 성향을 분석해 유사한 정보를 피드에 우선적으로 보여 준다. 그 덕분에 이용자들은 가짜 정보를 더욱 빠르게 공유하고 각종 의견을 수시로 교환한다. 정치 면에서는 더욱 비슷한 현상이 두드러진다. 각자의 성향에 따라 나뉘어 닫힌 세계 안에서 가짜 사실이 공유되면 결국 서로 다른 정치 성향의 집단과의 갈등의 골을 깊게 만들고, 그로 인해 메울 수 없는 사회적 간극이 발생한다. 결국 SNS를 유언비어가 난무하는 공간으로 여기게 만들어 플랫폼과 플랫폼상에 존재하는 콘텐츠의 가치마저 떨어뜨린다.

이러한 상황을 타개하고자 가짜 뉴스 관련 해결책이 다각도로 등장하고 있다. 첫째로, 국가 차원에서 관련 법률을 제정하거나 전담 조직을 창설하기 위해 노력 중이다. 2018년 6월 전국동시지방선거를 앞두고, 같은 해 1월 중앙선거관리위원회에서는 '가짜 뉴스 및 비방·흑색 선전 전담 TF'를 설치했다. 중앙선관위는 이를 통해 허위사실 유포, 후보자 비방, 지역과 성별 비하 관련 내용에 대해 강력 단속하겠다고 선포했다.

글로벌 각국에서도 최근 가짜 뉴스 전담 조직을 신설하거나 또는 신설하겠다고 밝혔다. 특히 영국의 경우, 다른 국가나 조직에서 만든 가짜 뉴스에도 대응하겠다고 밝혀 눈길을 끌었다.

또 다른 하나는 SNS 서비스 내 콘텐츠 필터링과 자정 작용을 활용하는 방향이다. 페이스북은 2018년 3월 사진과 영상에 대한 팩트 체크 (사실 확인)를 시작했다고 밝혔다. 페이스북은 이용자 피드백을 포함한 다양한 신호$_{signal}$를 바탕으로 팩트 체크 대상을 선정한다. 대상 콘텐츠가 가짜 뉴스로 판정되면 뉴스 피드 노출에 제한을 두어 이후 조회 수를 80퍼센트 이상 줄인다. 가짜 뉴스 판정 이전에 접한 이용자에게는 가짜 뉴스 알림을 전달해 정보를 능동적으로 정정한다. 또 가짜 뉴스를 지속적으로 게재하는 페이스북 페이지나 외부 웹사이트 등에 대해서는 게시물 노출량을 줄이고 광고와 수익 창출 행위를 금지하는 제재 조치를 취한다. 페이스북은 이를 바탕으로 2020년 코로나 팬데믹 발발 이후 오레가노 기름이 바이러스 억제에 효과가 있다는 가짜 뉴스 등에 제재를 가했다.

이러한 두 가지 방법에도 나름의 맹점은 존재한다. 국가 차원 전담 조직과 법률을 마련하는 경우 조직 규모가 충분하지 못하거나 법률 제정 담당자들이 실제 사안을 충분히 이해하지 못하고 있으면 언제든지 가짜 뉴스가 규제의 그물망을 빠져나갈 수 있다. SNS 서비스의 콘텐츠 필터링과 자정 작용을 통한 방식도 마찬가지다. 블로그를 기반으로 하는 바이럴 마케터들이 '검색 엔진 최적화'search engine optimization 알고리즘 트렌드를 분석해 기어코 광고 콘텐츠를 상위 검색 순위에 올려놓듯이, 플랫폼의 알고리즘이란 최소한의 방어선은 될 수 있어도 언제나 완벽한 해결책을 제시하지는 못한다. 결국, 우리는 앞서 이야기한 방법 외의 다른 방식의 해결책을 찾아야 한다.

게임 이론에 입각한 가짜 뉴스 판별 툴

블록체인을 기반으로 한 행위 보상형 서비스가 하나의 해결책이 될 수 있다. 팩트 체커fact checker들이 행동에 대한 보상을 받으며 자발적으로 활동할 수 있는 플랫폼을 마련하는 것이다.

대표적인 예인 트라이브Trive는 블록체인 기반의 글로벌 크라우드 소싱 플랫폼이다. 이용자는 웹브라우저를 통해 접속한 특정 웹페이지 내의 정보에 대한 신뢰성을 파악할 수 있다. 만약 신뢰도가 낮은 어떤 사이트나 SNS를 보고 있다면 브라우저에 경고 메시지가 뜬다. 또, 브라우저에 방문 중인 사이트의 신뢰 점수가 표시되어 신뢰도를 쉽게 확인할 수 있다.

트라이브에서는 각각의 뉴스 신뢰성에 점수를 매기기도 한다. 동시에 참여자들은 서로 견제의 대상으로 상정한다. 참여자는 정의로운 대중이 아닐 수도 있고, 도덕적이거나 무신경한 참여자일 수도 있다. 예를 들어 평가자에게 주어지는 코인을 얻을 목적으로 아무렇게나 점수를 매기거나 특정 단체의 사주를 받아 가짜 뉴스를 확산시킬 목적으로 가짜 뉴스를 진짜라고 판정하는 작업단이 존재할 수 있기 때문이다. 이들 생태계의 참여자는 소비자consumer, 큐레이터curator, 조사원researcher, 검수자verifier, 입회인witness의 다섯 종류로 구성되어 각자의 부정행위를 감시한다. 이들은 모두 각각의 역할과 목표를 달성할 경우에 트라이브코인TRV을 리워드로 받는다.

각 참여자의 역할을 자세히 살펴보자. 트라이브 경제의 출발점은 소비자다. 이들은 웹사이트 내용의 신뢰도를 판단하고자 하는 참여자다. 소비자는 매달 정기구독료 형태로 달러화를 지불하고, 이에 해당하는 금액만큼의 트라이브코인을 정기적으로 획득하게 된다. 이들은 브라우저 플러그인을 통해 뉴스를 보고, 트라이브코인을 걸고 이의 사실 여부를 의뢰한다. 이런 의뢰가 다수 발생하면 큐레이터가 이들을 편집해 일련의 목록으로 묶어 내고, 조사원들이 각각 뉴스의 신뢰성을 판단해 −100부터 +100까지의 점수로 표현한다. 이들은 점수를 매기는 행위 자체로 코인을 얻는다(〈도표 5-3〉).

얼핏 보기에 이는 소비자, 큐레이터, 조사원만 있어도 운영 가능한 생태계처럼 보인다. 하지만 트라이브는 다른 두 참가자를 두어 정확성을 한 번 더 확보한다. 검수자는 조사원이 매긴 점수에 대해 이의

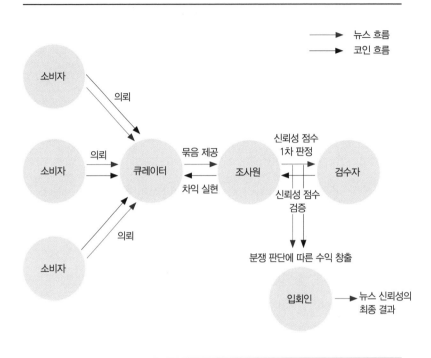

를 제기할 수 있다. 조사원이 이의를 제기하고 이것이 받아들여지면 그에 대한 대가로 코인을 받는다. 또 생태계 참여자 중 무작위로 선정된 입회인이 이의 제기의 적절성을 판단한다. 이들은 조사원과 검수자 중 누구의 의견이 진실로 결정되느냐와 상관없이 판단의 대가로 코인을 받는다.

조사원과 검수자 간 서로의 이익을 극대화하기 위한 일종의 대립관계가 신뢰성을 판가름하는 핵심이다. 만약 조사원이 더 많은 코인을 받기 위해서 점수를 빠르게 대충 매기거나 자신이나 주변 사람의 이익을 위해서 잘못된 사실에 높은 점수를 준다면 시스템은 무너질 것이다. 하지만 검수자가 자기 이익을 얻기 위해 다시 한번 이 신뢰성 판단을 검토하고 이의를 제기하며, 제3자인 입회인이 이의 제기의 적절성을 판단하기에 생태계가 유지될 수 있는 것이다.

물론 이 서비스 또한 개선해야 할 점은 많다. 시스템 경제의 출발점인 소비자가 금액을 지불해야 매출이 발생하는데, 공익을 위해 금액을 지불할 이용자가 충분하다 하더라도 일반적인 팩트 체크 이상의 신뢰성 검증을 얼마나 담보할 수 있을지를 소비자에게 증명해야 한다. 시스템 또한 이해하기 간단한 구조가 아니며 마케팅도 아직 충분하다고 말할 수 없다. 하지만 기존 시스템을 개선한 하나의 대안으로서 가능성을 제시했다는 점은 분명하며 관련 문제에서 블록체인의 기회를 증명한 사례라고 할 수 있다.

페이스북에 글을 올리면 돈을 받는다고?

SNS에서 짚고 넘어가야 할 또 다른 문제는 SNS 플랫폼에 콘텐츠를 올리는 사용자들이 아무런 이익을 얻지 못하고 있다는 점이다. SNS의 가치는 플랫폼 참여자의 기여에 의해 결정된다. 전문적 역량을 가지고 글을 쓰는 블로그 칼럼니스트부터 일상적인 내용을 포스팅하는 페이스북이나 인스타그램 이용자에 이르기까지 어떤 SNS도 이용자의 적극적 참여 없이는 가치를 유지할 수 없다.

하지만 참여자들은 자신들의 가치 기여도에 대한 보상을 제대로 받고 있지 않다. 블로거들은 기업 광고 포스팅이나 구글 애드워즈 광고를 유치해 간접적으로 수익을 얻을 수는 있지만, 포스팅 발행 자체나 조회수 상승에 대한 직접적인 수익은 없다고 봐야 한다. 페이스북이나 인스타그램을 즐겨 사용하는 일반인들 역시 해당 기업의 주식 지분을 보유하지 않는 이상 플랫폼의 가치 상승으로 인해 직접 수익을 창출할 수는 없다. 게다가 플랫폼을 떠나는 순간 콘텐츠들은 휴지조각이 되고 만다. 즉, 전통적인 SNS 이용자들은 자기 콘텐츠에 대해 100퍼센트의 주권을 갖고 있지 않은 셈이다. 플랫폼 성장의 역사를 통틀어 보면 이용자 입장에서는 억울한 상황일 수밖에 없다.

세계 최대 규모의 SNS 중 하나인 페이스북을 살펴보자. 페이스북은 2012년 나스닥 시장에 주당 38달러로 상장되었다. 2018년 4월 첫 주 페이스북의 주가는 주당 175.20달러였다. 만약 페이스북이 상장 당시 이용자에게 주식을 시가로 나눠 주었다면, 그 주식은 네 배 이상 폭등해 이용자의 재산 증식에 큰 기여를 했을 것이다. 또한 이용자들도 이런 사실을 알고 있었다면 더욱 충성적으로 플랫폼을 사용했을 것이다.

스팀잇이 제시한 가능성과 싸이월드의 부활

블록체인 블로그 플랫폼 스팀잇Steemit은 바로 이 점에 착안해 서비스

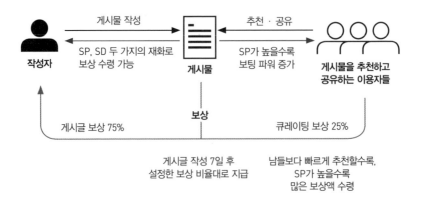

를 시작했다(〈도표 5-4〉). 이용자는 플랫폼에 콘텐츠를 업로드하고 다양한 형태로 참여할 때 플랫폼 코인 형태로 지분을 받는다.

　글을 작성한 이용자는 플랫폼에 대한 의결권이 포함된 코인인 '스팀 파워'SP, Steam Power 또는 의결권이 없지만 아무리 가치가 떨어져도 1달러 이상의 가격을 보장해 주는 '스팀 달러'SD, Steam Dollar의 형태로 지분을 받을 수 있다. 이용자들은 자신의 스팀잇 블로그에 글을 업로드할 수도 있지만 타인의 글에 대한 댓글을 작성하거나 추천upvote, 공유resteem 하며 다른 사람들이 작성한 콘텐츠의 가치 사슬에 참여할 수 있다. 추천이나 공유 수가 많은 게시글은 플랫폼 상위에 노출되고, 더 많은 수익을 얻게 된다. 업로드 7일 후, 발생한 수익은 글 작성자와 댓글 작성자들에게 코인 형태로 분배된다. 작성자와 참여자가 최대 3대 1의 비율로 보상을 나눠 갖게 된다.

　대다수 블록체인 플랫폼에서 시스템 내의 코인이란 플랫폼에 대한 지분이자 권력을 의미한다. 의결권이 있는 재화인 스팀 파워라는 이름이 이를 직관적으로 나타낸다. 스팀 파워를 많이 보유한 이용자, 이들의 표현대로 말하자면 보팅 파워_{voting power}가 높은 이용자의 추천 1회를 받은 게시글은 다른 이용자의 추천 1회를 받은 게시글보다 플랫폼 상위에 노출되고, 다량의 재화를 지급받을 확률이 커진다. 또, 보팅 파워가 높은 이용자는 글을 올리거나 활동할 때 더 많은 보상을 받을 확률도 커진다. 이러한 구조 때문에 추천수를 많이 받을 수 있는 고품질의 콘텐츠 작성자들은 자연스럽게 스팀잇으로 모이게 된다. 일반 참여자들 역시 댓글을 달고 공유하면서 플랫폼 가치에 이익이 되는 활동을 활발히 펼치게 된다. 플랫폼의 가치가 커질수록 변동되는 암호화폐 가격에 따라 이들은 더욱 많은 현금가치를 보유할 수 있다. 또한 작성한 글은 블록체인에 기록되어 영구적인 저작물의 가치를 갖게 된다.

　스팀잇은 블록체인 기반 SNS 중에서는 많은 사용자들의 참여를 이끌어낸 성공적인 사례로 인정받는다. 진대제 초대 한국 블록체인 협회장을 비롯해 다수의 비트코인과 블록체인 관련 인사들이 플랫폼에 참여해 이용자들과 소통하고 있다. 그러나 참여자가 여전히 블록체인 기술에 큰 관심을 가진 이들이라는 점, 주제 역시 관련 내용에 국한된다는 점이 대중화를 가로막고 있다. 요컨대 가능성을 보여준 플랫폼임은 분명하지만, 대중화를 위해서는 신규 유저가 플랫폼에 거리낌 없이 참여하기 위한 브랜딩과 주제의 확장 등이 필요한 것이다.

2000년대 초반 '국민 SNS'의 자리를 차지했으나 페이스북 등에 밀려 역사의 뒤안길로 사라졌던 '싸이월드'는 바로 이 점을 노린 듯하다. 싸이월드는 지난 몇 년간 완전 폐업 및 데이터 전체 삭제의 위기에 놓였다가 크라우드 펀딩 등을 통한 최소한의 심폐소생을 거친 바 있다. 데이터나마 유지할 수 있었던 것은 '추억의 SNS'로서 의미 있게 기억하는 고객이 있기 때문이었다. 이렇게 살아남은 싸이월드는 2021년 스팀잇과 유사한 블록체인 리워드를 바탕으로 화려한 부활을 시작할 것임을 예고했다. 싸이월드의 상징 격인 플랫폼 머니 '도토리'를 스팀잇 내 재화처럼 이용해 충성 이용자들과 가치를 나누겠다는 것이다. 싸이월드는 이의 사전 작업으로 같은 해 4월 29일부터 아이디 찾기 및 기존 도토리 환불 서비스 등을 제공하고 있다.

　　도토리를 활용한 시스템은 스팀잇과 유사하다고만 알려졌을 뿐 아직 정확히 공개되지 않았다. 스팀잇 및 유사 서비스들의 예시를 보면 반드시 성공할 수 있을 것이라고 단언하기 어렵다. 지난 몇 번의 회생 시도로도 화려하게 부활하지 못했던 점도, 페이스북과 같은 홈페이지 형태가 SNS 트렌드에서 다소 멀어졌다는 점도 우려의 요인이다. 보다 대중적인 브랜드가 이와 같은 시스템을 도입했다는 데서는 의의를 둘 만하며, 블록체인 SNS 서비스의 짧은 역사 속에서는 기대하고 응원할 만하다는 것은 분명하다.

5

블록체인
저널리즘

누가 진실을 만들고 여론을 만드는가

저널리즘에서는 사실fact과 진실truth이라는 말이 엄격히 구분된다. 사실이란 '누가 대통령에 당선되었다', '언제 어떤 혐의로 구속되었다'는 것처럼 그 자체로 진위 여부를 따질 수 있는 정보의 단편이다. 반면 진실이란 사실로 추론할 수 있는 개인이나 집단의 의도 또는 사실 정보를 조합해 이끌어낼 수 있는 담론들의 의미가 더해진 일련의 정보덩어리다.

이를테면, 회사원 A씨가 정치인 B씨에게 문고판 책 시리즈를 건넨 것과 평소 해당 정치인의 정치 신념에 동조해 매달 소액의 후원금을 내고 있었다는 정보는 사실의 수준이다. 하지만 문고판 책은 껍데기일

뿐 책 안에 천문학적인 금액의 현금이 들어 있었다는 사실과, 같은 액수의 현금이 회사원 A씨가 다니는 그룹사 총수의 차명계좌에서 인출되었다는 사실이 더해지면 어떤 의혹이 된다. 그리고 그런 의혹을 추적해 실제 돈의 흐름과 그 결과에 대해 밝혀내는 순간 이것은 사실을 넘어 거대한 진실로 발전한다.

이렇듯 진실은 사실을 조합하고 추론해 만들어 내는 것이기 때문에 사실의 어떤 면을 보여 주느냐 또는 어떤 사실을 조합해 제시하느냐에 따라 뉴스를 보는 사람은 전혀 다른 견해를 갖게 된다. 이른바 아젠다 세팅agenda setting이라고 하는 언론의 의제 설정 역할이다.

언론사가 아젠다 세팅의 중심이던 종이 신문의 시대에는 언론사 편집기자와 언론사 웹사이트 뉴스 편집자들이 여론을 만들고 장악했다. 뉴스 수용자들이 종이 신문이나 언론사 뉴스 사이트에 접속해 가장 먼저 헤드라인을 접했고, 그를 중심으로 다양한 이슈를 받아들였기 때문이다.

하지만 오늘날 아젠다 세팅은 대중이 출근길 또는 출근 후에 가장 먼저 뉴스를 접하는 네이버, 다음 같은 포털 사이트를 통해 이뤄진다. 불과 몇 년 전까지만 해도 포털 사이트는 수많은 언론사의 헤드라인을 취합해 그들 스스로 가장 중요하다고 생각하는 뉴스를 가장 상단에 노출하고, 이슈 트렌드 검색어 순위를 통해 수용자가 어떤 이슈에 집중해야 하는지를 제시했다.

그러나 최근 포털 사이트들이 아젠다 세팅의 막강한 권력을 독점하고 있다는 비판을 해소하기 위해 뉴스 노출을 다각화하고 있다. 네이버는 사용자가 구독 설정한 언론사만 메인 페이지에 노출되게 해놓았고, 다음 또한 2021년 '언론사 선택' 기능을 통해 맞춤형 노출을 제공하고 있다. 이러한 노력에도 여전히 포털 사이트들의 비대한 권력 문제는 좀처럼 사라지지 않고 있다.

그렇다면 언론사는 어떠한가? 앞서 언급한 다수의 사건들로 여론 조작과 왜곡보도의 초점이 포털 사이트를 향하고 있기는 하지만, 언론사 또한 이 문제로부터 자유롭지 못하다. 이들의 논조가 광고주인 기업과의 이해관계에 의해 결정되곤 하기 때문이다. 즉 주요 광고주에게 불리한 기사는 보도에서 제외되고, 대형 광고주 기업의 상품 구매를 독려하는 기사들은 다른 기업의 기사나 여타 논제보다 대중에게 노출되도록 편집된다.

광고영업과 기업의 홍보부서에서는 이런 행위를 이른바 '협찬'이라고 부른다. 대형 광고주에게 비판적인 기사는 '킬 당하거나'(발제 단계 또는 보도 직전 단계에서 기사가 반려되는 것), 이미 발행된 기사 중에서 대형 광고주에게 부정적인 영향을 끼칠 수 있는 기사는 추후에 언론사 사이트에서 소리 소문도 없이 수정되고 그마저도 종이 지면에 아주 작은 박스 형태의 정정 보도 형태로 고지되고 만다.

만약 포털의 뉴스 노출 알고리즘이 투명하게 공개되고, 조작이 발생하는 순간 히스토리로 기록되어 함부로 외압이 적용될 수 없는 시스템이 존재한다면 어떨까? 또, 광고에 의존하지 않는 다양하고 탄탄한 수익구조를 가진 언론이 존재한다면 어떨까? 바로 이런 문제 제기와 기회의 탐색으로부터 블록체인 저널리즘의 혁신이 시작되었다.

블록체인이 팩트의 새로운 수호자가 될 수 있을까?

블록체인이 저널리즘에 적용되면 저널리스트, 즉 콘텐츠 제작자가 신중하게 소신을 가지고 직업에 임할 수 있는 발판이 마련될 것이다. 독자들이 기사와 기자에게 이의를 제기할 수 있고, 모든 기사의 작성 기록이나 수정 사항을 기록으로 남기는 저널리즘 플랫폼이 '아니면 말고' 식의 언론 보도를 막을 수 있는 하나의 대안으로 등장했다.

앞서 설명했던 다른 콘텐츠나 미디어와 마찬가지로 블록체인 저널리즘 플랫폼에서도 콘텐츠의 최초 작성, 변경, 유통의 모든 히스토리가 블록체인상에 기록으로 남는다. 기자의 바이라인_by-line_, 즉 담당 기자의 이름, 소속, 이메일 주소를 기록한 부분부터 작은 오류 수정 사실까지도 숨길 수 없다. 기업은 물론, 이른바 '데스크'로 불리는 보도의 중심인 편집권자도 함부로 기사를 수정하거나 삭제하라고 명할 수 없다. 만약 외압이 있었다는 사실이 드러나면 부정 이슈를 무마하는 것은 고사하고, 여론을 조작하는 기업이라는 구설수에 휘말리는 것을 감수해야 한다.

이는 투명성뿐만 아니라 기사의 질을 담보하는 데에도 도움이 된다. 현재 시스템에서는 기사 한 편의 흥행으로 더 많은 클릭을 유발하고, 트래픽 수를 높여 더 많은 광고주를 유치하는 것이 최종 목적이다. 그래서 담백한 사실 전달보다 자극적인 제목, 새로운 사실의 빠른 전달, 대중의 더 큰 충격이나 분노를 유발하는 문제 제기를 우선시하게 된다. 최소한의 사실 확인 없이 이야기가 전달되고, 제대로 된 정정 보도도 없이 은근슬쩍 기사를 삭제하는 것이다.

블록체인 저널리즘 생태계에서는 어떻게 될까? 기자 개인의 오보 기록이나 화제를 일으키기 위해 섣불리 문제 제기한 이슈에 대한 기록까지도 영원히 남는다. 따라서 기자는 기사를 작성할 때 사실 확인을 거치는 것은 물론 치밀한 조사를 통해 자신이 제기한 의혹이 정당한지를 돌아보게 된다.

포털 사이트의 뉴스 편집과 댓글 알고리즘이 개선되는 과정에서 블록체인과 만난다면 어떻게 될까? 어떤 외압이나 조작도 없다는 사실을 블록체인으로 투명하게 공개하면 어떨까? 물론 블록체인만이 정답이 될 수는 없다. 하지만 적어도 뉴스의 투명성 측면에서 개선 효과를 가시적이고 효과적으로 보여줄 수 있는 도구 중 하나가 블록체인인 것은 분명하다.

저널리스트와 뉴스 소비자의 일대일 연결

기존 언론 산업이 광고수익에 절대적으로 의존했다면, 블록체인으로는 광고주의 눈치를 봐야만 하는 문제를 해결할 수 있다. 독자들이 기사와 뉴스룸에 각각 후원금을 지불할 수도 있고, 뉴스가 퍼져나가 추천을 받으면서 보유한 토큰의 양과 가치가 향상되어 뉴스룸의 자산과 수익을 증대시키는 것이 가능하기 때문이다.

앞서 콘텐츠와 미디어 서비스에서 블록체인을 적용한 사례들처럼 블록체인 저널리즘 플랫폼에서도 수익성과 효율성을 위해 불필요한 중개자들이 사라진다. 콘텐츠를 작성하는 저널리스트와 뉴스 소비자, 광고주를 블록체인이 직접 연결할 수 있기 때문에 언론사 자체가 사라질 수도 있다. 만약 그렇게 되면 같은 보도 주제로 움직이는 작은 팀내 리더는 존재할 수 있으나 기존 언론에서 보도의 방향을 좌지우지하던 데스크, 정부나 기업과 혈연, 학연, 자금 관계로 얽혀 있는 경영자등은 뉴스룸을 이루는 데 굳이 필요하지 않은 존재가 된다.

전통적인 언론사 시스템이 사라지면 광고에만 의존하던 수익 구조도 전면 개편된다. 카카오가 내놓은 스토리 펀딩과 유사하게 특정 탐사보도 프로젝트를 기획하며 크라우드 펀딩 형태로 자금을 모을 수도 있다. 카카오의 스토리 펀딩이라면 단순 기부나 기념품을 증정하는 형태의 리워드를 제공하겠지만 블록체인 기반의 펀딩이라면 다른 형태의 리워드를 선택할 수도 있다.

해당 콘텐츠로 인해 발생하는 수익의 일부를 펀딩 지분만큼 나누는 스마트 계약을 체결하고, 더 발전된 형태라면 이 스마트 계약에 대한 권리를 독자들끼리 나눠 가질 수도 있다. 물론, 크라우드 펀딩 외에 다른 방식도 시도할 수 있다. 양질의 콘텐츠에 기부하거나 지지하는 기자에 대한 정기 구독 형태로 후원할 수도 있다. 이때 콘텐츠 수익 모델은 유튜브나 트위치 또는 기타 유료 미디어들과 유사한 형태라고 생각하면 된다.

모든 독자가 의식을 가지고 적극적으로 후원하는 것은 아니다. 어떤 미디어나 콘텐츠 생태계든 콘텐츠에 돈을 지불하지 않는 다수의 무료 사용자들은 존재한다. 하지만 이들은 플랫폼의 대중화를 위해 꼭 필요한 존재다. 이들로부터 수익을 창출하는 방법은 바로 광고다.

블록체인 저널리즘에서도 광고는 존재할 수 있다. 기존 언론과의 다른 점은 역시 중개자의 부재에서부터 출발한다. 블록체인 저널리즘에서 언론사와 함께 사라지는 또 하나의 주체는 이른바 미디어렙media representative이라고 불리는 네트워크 매체 광고 대행업체다. 한국의 방송법에서는 KBS, MBC, SBS 같은 지상파 공영 방송사의 보도에 영향을 미치는 광고주의 간섭을 최소화하기 위해 미디어렙을 통해 광고를 거래하도록 규제하고 있다. 만약 기업이 MBC 뉴스데스크 시작 전 광고를 구매하려면 MBC가 아니라 한국방송공사KOBACO와 접촉해야 한다.

현재 미디어렙은 중개자 역할을 통해 보도의 내용이 광고주에 휘둘리지 않기 위한 수단으로 역할을 한다. 그런데 만약 미디어렙이 사라지면 광고주의 영향력이 커지고, 결국 시청자는 광고주의 입맛에 맞게 왜곡된 뉴스 콘텐츠를 봐야 하는 상황이 벌어지는 것은 아닐까?

이러한 걱정은 블록체인의 스마트 계약 방식으로 해결된다. 콘텐츠에 광고가 붙고, 그 광고가 실제로 방영 또는 게재된 후 대금이 계산되는 과정에서 광고주와 콘텐츠 제작자 간에 어떤 커뮤니케이션도 필요하지 않다. 즉, 보도 내용에 대한 협박이나 회유가 들어갈 여지가 없다. 지면에 광고를 싣겠다는 요청이 받아들여지고, 실제로 클릭이 일어나거나 광고주가 원하는 특정 액션이 일어나면 광고가 실린 기사를 쓴 기자들에게는 광고 수수료가 지급된다. 이를 통해 지상파 방송사 관련 중개자들뿐만 아니라 온라인과 모바일 시장의 중개자들도 사라진다.

온라인과 모바일 광고 시장에서는 상위 매체가 광고 물량을 받으면 중개자들이 개입해 제품, 내용, 단가를 바탕으로 하위 매체와 협상해 광고를 집행하게 한다. 당연히 상-하위 매체를 거치는 협상 과정에서 수수료도 발생한다. 이러한 구조를 없애고 광고주와 플랫폼을 직접 연결하게 되면 인력과 비용 면에서 큰 절감 효과를 볼 수 있다.

저널리즘의 다음 시대를 열다

실제 서비스되고 있거나 서비스 예정인 블록체인 저널리즘 플랫폼에는 무엇이 있을까? 최근 전 세계에서 가장 기대를 받고 있는 플랫폼은 영어권 기반의 뉴스 사이트 시빌Civil이다. 약 500만 달러(53억 원)를 투자한 블록체인 전문 투자업체 콘센서스Consensus의 창업자 조셉 루빈은 "블록체인의 탈중앙화 기술이 뉴미디어의 새로운 지평을 열 것"이라며 "권력과 자본이 가져가 버린 힘을 기자와 독자에게 다시 돌려줄 것이다."라고 말했다. 과연 어떤 플랫폼이기에 투자자가 이렇게 자신만만하게 말할 수 있는 걸까?

기자는 개별 기사 또는 시리즈 기획을 시빌의 블록체인 플랫폼에 등록해 기간제 대여 또는 영구 소장 형식으로 독자에게 판매한다. 독자는 시빌토큰CVL token을 이용해 콘텐츠 비용을 지불하고 기사를 읽거나 소장한다. 좋은 콘텐츠를 제작하는 기자가 있다면 정기 구독이나 콘텐츠에 팁을 주는 방식으로 후원할 수도 있다. 아프리카TV의 별풍선이 뉴스 플랫폼에 도입됐다고 생각하면 쉽다. 일부 수수료가 시빌 플랫폼에 지불되지만 기자가 생산하는 콘텐츠 내용에 영향을 주지는 않는다. 콘텐츠의 내용과 질을 결정할 수 있는 것은 오로지 기자 자신의 신념과 역량, 그리고 시빌토큰과 독자의 의견으로 나타나는 피드백뿐이다.

독자는 기사의 내용에 대해 사실 확인을 요구하거나 문제를 제기할 수 있고, 기자는 이에 대해 타당한 근거를 제시하거나 기사 내용을 수정할 수 있다. 이 토론의 과정 하나하나는 기사와 연결된 블록체인에 등록되며, 이는 해당 기자의 평판과 정확도 정보에도 영향을 미친다. 결국 콘텐츠 내용과 제작자 모두 끊임없이 검증을 받는 셈이다.

물론 이 서비스 역시 많은 과제를 안고 있다. 저널리즘의 수익구조를 해결해 공정한 콘텐츠를 제공한다 하더라도 그 플랫폼의 콘텐츠가 소비자들에게 확실한 이익을 제공해야 한다. 다른 뉴스에서도 볼 법한 내용을 단지 투명하게만 보도하는 것이 아니라 자신만의 색깔이 있는 콘텐츠를 전달해야 한다. 이렇듯 저널리즘 역할에 대한 고민이 블록체인으로 더 깊어졌다.

블록체인에 남기는 불멸한 메시지

2018년 4월 27일, 문재인 대통령과 김정은 북한 국무위원장이 만나 "한반도에 더는 전쟁은 없을 것"이라고 선언한 이른바 '판문점 선언'을 지켜본 전 세계인 중 일부는 이런 걱정을 했을지도 모른다. 언젠가 평화 선언이 휴지 조각처럼 폐기될 수도 있다고 말이다. 또는 그런 일이 일어나지 않았으면 하는 염원을 보다 널리 전하고 싶을 수도 있었을 것이다.

게임 개발자 류기혁 씨는 바로 그런 의도에서 판문점 선언을 블록체인상에 영원히 새겼다. 먼저 판문점 선언 다음날인 28일, 그는 자신의 이더리움 지갑으로 0이더를 송금했다. 이더를 송금하면 관련 내역이 블록으로 생성된다. 블록체인 내역 중에 일종의 거래 비고란인 입력 데이터_{input data}가 포함된다. 류 씨는 여기에 판문점 선언 전문을 16진수로 새겨 넣었다.

이처럼 이용자들이 블록체인으로 된 미디어 플랫폼 대신 그 자체를 사용해 메시지를 남기기 시작했다. 앞서 설명한 블록체인의 불변성과 누구라도 그 내역을 열람할 수 있는 투명성을 이용해 다양한 시도가 일어나고 있는 것이다. 이는 미디어 검열과 통제를 탈피하는 수단으로 이용되기도 했다.

같은 달 23일, 중국 베이징대의 한 학생은 자신과 주변의 성추행, 성폭력 피해를 밝히고 공개적으로 이슈화하는 미투_{MeToo} 운동의 수단으로 블록체인을 활용했다. 마찬가지로 입력 데이터 부분에 16진수로 메시지를 남긴 것이다. 그 데이터에는 자신이 최근 이슈가 된 성폭력 사건에 대한 정보공개청구서를 제출한 베이징대 학생이며 학교 측으로부터 관련 정보를 공개할 수 없다는 답변을 받았고, 교직원이 자신을 찾아와 협박했다는 내용을 담았다. 그 배경에는 한 베이징대 교수가 여

학생을 성폭행해 끝내 자살에 이르게 했다는 혐의를 받은 사건이 있었다. 해당 교수는 사임했고 대학 측은 해당 교수의 사임 사실 이외에 사건에 관련된 모든 정보를 일체 공개하지 않았다. 정보의 은폐와 통제는 거대하게 조직적으로 이루어졌다. 베이징대 인터넷 게시판은 물론, 웨이보나 위챗 같은 대형 SNS에서는 관련 글들이 빠르게 삭제되었다.

영원히 삭제할 수 없고, 어떤 통제 없이 어느 나라에서나 누구나 내역을 열람할 수 있는 이더리움 블록체인 거래 기록을 이용한 방식이 그 어느 때보다 효과적으로 활용되고 있다.

모든 문제가 글로벌 사회에 투명하게 공유되고, 그 해결에 대한 토론이 자유롭게 이뤄지기 위해서는 SNS 이상의 역할이 필요하다. 그러한 해결책을 제시하는 블록체인의 모습은 투기 붐이 일기 전에 진정한 민주주의를 지향하던 비트코인을 보는 것 같다. 나카모토 사토시가 어떤 중앙기구의 영향도 받지 않는 탈중앙화된 화폐의 개념을 비트코인 백서에 처음 정의했을 때, 폭로 전문 매체 위키리크스Wikileaks의 창립자 줄리언 어산지Julian Assange가 비트코인으로 후원을 받았던 바로 그때의 모습 말이다. 미래의 저널리즘과 미디어에서 블록체인은 초기 비트코인이 제기했던 진정한 민주주의의 가능성을 제시할 것이다.

6

콘텐츠의 미래

콘텐츠 산업의 여섯 가지 극적인 변화

콘텐츠와 미디어 시장에서 블록체인이 제시한 다양한 혁신 가능성들은 서로 어떻게 작용하며 새로운 생태계를 만들어나갈 수 있을까? 또, 블록체인이 펼쳐 놓을 미래가 새로운 패러다임이 되기 위해 넘어야 할 산과 해결책은 무엇일까?

콘텐츠와 미디어 생태계에서 가장 긍정적인 부분은 생태계의 수명 연장과 선순환이 가능하다는 점이다. 무엇보다 중소규모 콘텐츠 제작사와 1인 미디어의 시장 진입에 주목해야 한다.

먼저, 콘텐츠 제작과 유통의 문턱이 낮아진다. 콘텐츠 제작을 위한 펀딩과 퍼블리싱, 수익화가 하나의 플랫폼 안에서 간편한 방식으로 이루어진다. 즉 제작자가 콘텐츠에 대한 개략적인 정보를 공개한 후 이에 대한 크라우드 펀딩을 진행하고, 콘텐츠가 출시된 후 이것을 플랫폼에 올려 수익을 취할 수 있게 된다. 펀딩에 참여한 이용자들은 출시 후 콘텐츠의 자산 가치로 수익을 얻으며 다른 이용자들이 콘텐츠 소비를 하도록 자발적인 홍보마케팅을 펼치고, 콘텐츠 수익이 늘어날수록 더 큰 수익을 얻는다.

이런 환경에서는 제작자가 음원 유통사나 영화 배급사 등의 투자를 유치하지 못해 전전긍긍하거나 투자 유치를 위해 콘텐츠에 대한 자기 소신을 굽힐 필요가 없다. 제작자는 자신의 신뢰를 바탕으로 다수의 팬과 일반 대중에게 제작비용을 투자 형태로 지원받을 수 있고, 지분 형태로 이들과 수익을 나눌 수 있다. 이런 과정에 플랫폼사의 터무니없이 높은 수수료는 필요 없다. 수익 대부분은 콘텐츠 제작자에게 지불된다.

투자에 참여한 소비자들에게는 콘텐츠가 곧 자기 자산이다. 이처럼 적극적인 소비자들은 바이럴 마케팅과 홍보에 스스로 참여해 1인 또는 소규모 제작자가 콘텐츠 제작에 집중할 수 있도록 도와준다. 블록체인을 기반으로 콘텐츠의 1차 소비는 물론, 다른 콘텐츠 제작으로 이어지는 2차 소비까지 추적하고 분석할 수 있는 방대한 데이터는 차기 제작물에 대한 인사이트가 된다. 이는 곧 중소규모 제작자 콘텐츠의 질적 향상으로 이어져 제작자의 성장과 생태계 전체 선순환을 가능하게 한다.

블록체인 생태계 이전의 대금 정산이나 저작권 관련 법무도 보완할 수 있다. 콘텐츠가 어떤 플랫폼에서 사용되더라도 스마트 계약을 통해 금액에 상관없이 정확하고 위·변조 없는 기록을 남기는 덕분에 정산이 즉시 가능하다.

다양한 소비나 소유 형태가 등장할 수 있는 점도 장점이다. 콘텐츠 소비자들은 각자의 필요에 맞추어 콘텐츠 패키지를 구성하고 소비할 수 있다.

예를 들면 모든 콘텐츠를 한 달 무제한 스트리밍이나 다운로드 서비스로 즐기는 대신 출퇴근 할 때 음악을 듣는 몇몇 요일, 하루에 한 시간, 한 달 총 8시간처럼 특정 시간으로 구분하거나 특정 가수의 음악을 들은 만큼만 금액을 지불하는 형태다.

향후 여러 개의 콘텐츠를 묶어 가치를 공유하는 일종의 동맹 형태도 기대된다. 예를 들어 여러 개의 게임이 하나의 플랫폼 안에서 이용자들을 공유하고, 이용자가 자유롭게 게임을 오가며 자산을 이동시킬 수 있다면, 이용자들에게는 더없이 매력적인 플랫폼이 될 것이다. 또 이용자들이 늘어나면 플랫폼에 속한 콘텐츠들은 자연스레 서로 간에 힘을 받을 수 있게 된다.

기존 생활 속에 존재하던 재화와 산업이 가상 세계를 중심으로 확장 재편될 가능성도 엿볼 수 있다. 메타버스 트렌드를 업은 게임의 성장과 게임을 포함한 블록체인 플랫폼의 구축을 통해 콘텐츠와 현실의 가치는 서로 연결될 수 있을 것이다. 또 어쩌면 이것은 게임을 비롯한 콘텐츠 생태계에 또 다른 수익 창출과 성장의 가능성으로 다가올 것이다.

블록체인도 정답은 아니다

개별 콘텐츠를 블록체인화하는 데는 큰 문제가 발생하지 않는다. 하지만 여러 개의 콘텐츠들이 유기적으로 작용하는 미디어 플랫폼에서는 문제가 복잡해진다. 분명 블록체인 미디어들은 중개자를 제거해 힘없는 중소 콘텐츠 배급자들의 콘텐츠도 쉽게 소비자들에게 배급할 수 있고, 그 과정에서 합리적으로 수익이 나눠지길 바라는 뜻에서 출발했다. 이른바 콘텐츠의 민주화다.

하지만 아이러니하게도, 콘텐츠의 민주화를 위해 출발한 블록체인 미디어들의 시스템은 비민주적인 역설을 일부 품고 있다. 또 개별 참여자들이 서로의 이익을 위해서 행동하는 과정에서, 플랫폼 내에 유통되는 콘텐츠들의 질이 저하되는 문제도 발생한다.

블록체인 서비스가 발전하기 위해서 해결되어야 할 문제로는 크게세 가지를 꼽는다. 바로 의결권을 둘러싼 딜레마, 플랫폼 내 콘텐츠의 질적 관리, 개별 콘텐츠의 관리이다.

블록체인 미디어 플랫폼은 기존 시장을 장악하고 있던 거대 플레이어들의 영향력을 줄여 콘텐츠 생태계를 건강하게 만들었다. 기존 생태계의 중앙에 존재하던 배급자뿐만 아니라 영향력 있는 콘텐츠 제작자가 시장을 장악하는 것을 막은 것이다.

블록체인 생태계가 이상적으로 작동했을 때는 적극적으로 참여하는 콘텐츠 공급자와 소비자들이 모두 자기 목소리를 낼 수 있다. 모든 사용자는 플랫폼에서의 활동에 따라 암호화폐를 지급받고, 이를 지불해 어떤 콘텐츠가 상위에 노출될지, 어떤 사용자에게 보상을 지급할지에 대한 의사결정에 참여할 수 있기 때문이다. 따라서 힘이나 영향력이 부족한 신규 사용자들도 낮은 진입장벽을 넘어 자유롭게 주류 커뮤니티로 유입될 수 있다.

하지만 최근 스팀잇에서 관찰되는 '고래 유저' 현상은 플랫폼이 새로운 파워 유저를 중심으로 재편될 수 있다는 우려로 번지고 있다. 거대한 기존 플레이어들에게서 벗어나는 대신, 새로운 플랫폼에서 등장한 파워 플레이어들에게 권력이 이동하고 있는 것이다. 예를 들어, 스팀잇에서는 업로드되는 콘텐츠의 질만으로 많은 수의 추천을 기대할 수 없다. 이용자들이 더 많은 암호화폐 보상을 얻기 위해 영향력 있는 기존 이용자, 이른바 고래 유저의 글에 참여하려 하기 때문이다. 또한 추천 순위는 이들 고래 유저를 중심으로 상호 댓글과 공유를 주고받는 이벤트에 의해 쉽게 좌우된다. 수용자의 순수한 관심이나 콘텐츠 질이 아니라 플랫폼의 이득에 의해 순위가 조작되던 포털 사이트 뉴스와 다를 바 없는 현상이 나타나고 있는 것이다. 미디어의 탈중앙화가 아니라 새로운 중앙집중화 구조가 탄생하는 순간이다.

블록체인 미디어에서는 플랫폼에 관심을 갖고 기여하는 사용자가 더 큰 영향력을 행사하고 더 많은 이익을 취하도록 하는 것 자체로 훌륭한 플랫폼 성장 동력이 된다. 1인 1표 방식보다 합리적인 의사결정을 도출할 수 있을지 모른다. 하지만 의결권 행사에 대해서 일부 보조적인 장치가 필요하다. 이에 착안해, 일부 미디어들은 이용자들이 가지고 있는 지분을 바탕으로 너무 많은 의결권을 행사하는 것을 견제하기 시작했다.

　제곱 투표quadratic voting 방식이 하나의 대안이 될 수 있다. 2013년 시카고대학교 에릭 포스너 교수와 마이크로소프트 리서치 수석 연구원 글렌 웨일이 자신들의 저서 《래디컬 마켓》Radical Markets에서 제시한 방식이다. 의사결정에 참여하는 투표자는 플랫폼 화폐로 표를 구매하되, 구매 가격은 표 수의 제곱을 따른다. 예를 들어 한 표를 행사하는 데는 한 개 분량의 암호화폐가 필요하지만, 10표를 행사하려면 그 제곱인 100개 분량의 암호화폐가 필요하다. 이와 같은 방식으로 고래 유저들이 어느 정도 영향력을 행사하되, 지나칠 정도로 다수의 표를 구매하는 것을 방지할 수 있다.

　두 번째 문제, 미디어 플랫폼 내의 콘텐츠에 대한 질적 관리도 중요하다. 블록체인 미디어에서는 중개자가 존재하지 않는다. 그래서 콘텐츠 제작자의 진입장벽이 낮다. 즉 누구나 뉴스나 블로그를 작성할 수 있으며, 포털 사이트 뉴스 편집자와 같은 단일 거대 중개자로부터 자유롭다. 하지만 감시자가 없기 때문에 질 낮은 콘텐츠가 등장할 수 있다. 중개자의 필터링이 없는 만큼, 편향된 뉴스나 질이 낮은 칼럼도 플랫폼에 쉽게 등장할 수 있다.

　결국, 고품질 목록을 원하는 소비자와 콘텐츠 리스트에 진입하기를 원하는 제공자 사이에 조율 시스템이 필요하다. 이를 위해 등장한 것이 이른바 '토큰 큐레이션 등록 방식'TCR, Token Curated Registries이다. 블록체인 기술 중 하나인 오션 프로토콜의 화이트 리스트, 앞서 말한 블록체인 미디어 시빌의 뉴스룸 관리가 이러한 방식으로 이루어진다.

시빌의 뉴스룸 또는 오션 프로토콜의 화이트 리스트에 이름을 올리고자 하는 콘텐츠 공급자는 일정량의 암호화폐를 예치하고 등록을 신청할 수 있다. 이에 반대하는 플랫폼 참여자는 예치금만큼 암호화폐를 걸고 새로운 공급자 등록에 반대할 수 있다. 다른 참여자들은 암호화폐를 걸고 투표해 의견을 표시할 수 있다. 찬반에 걸린 암호화폐 수량에 따라 결과가 정해지면, 이긴 쪽이 진 쪽의 암호화폐를 나눠 갖는다. 각 참여자들의 이익을 추구하는 성질을 이용해 질 낮은 콘텐츠의 편입을 막는 것이다.

이외에 블록체인의 특성 중 최근의 콘텐츠와 미디어 트렌드에 반하는 부분도 발견되고 있어, 이를 보완하기 위한 고민이 필요하다. 블록체인상에 기록된 콘텐츠는 쉽게 수정되거나 삭제될 수 없다. 따라서 악질적 콘텐츠를 포함해 선의의 사용자들이 삭제를 원하는 콘텐츠도 계속 플랫폼상에 존재할 수 있다. 어떤 콘텐츠는 존재 자체로 고통을 안긴다. 리벤지 포르노의 피해자들이나 죽은 가족의 기록을 영구 삭제하는 디지털 장의사 서비스를 이용하는 고객들이 블록체인에 기록된 정보를 마주한다면 괴로운 상황이 펼쳐질 것이다. 전 세계적으로도 다양한 플랫폼에서 사용자들의 '잊힐 권리'Right To Be Forgotten가 이야기되고 있으며, 이는 블록체인 미디어의 미래를 위해 꼭 보완해야 할 부분이다. 실제로 2018년 하반기 스팀잇의 국내 모임을 비롯해 다양한 블록체인 미디어 관계자나 사용자들을 중심으로 콘텐츠 삭제와 관련된 논의가 계속 이루어지고 있다.

또 기능 면에서는 서비스별로 프로세스와 서비스 속도를 개선하기 위한 노력이 이어지고 있다. 이를테면 컴퓨팅 파워를 분산하기 위해 P2P 방식으로 운영되는 동영상 서비스의 경우 지연latency 현상이 빈번히 발생한다. 이런 서비스들에서 지연으로 인한 끊김 현상은 사용자가 늘어나면 더욱 빈번히 발생할 것이고 이용자들은 빠르게 서비스로부터 이탈할 것이다. 서비스에 따라서는 별도 미디어 서버를 구축해 이를 보완할 필요도 있다. 이런 경우, 해당 서버 등에 대한 보안 유지 등도 새로운 이슈로 떠오를 것이다.

콘텐츠와 미디어 업계는 당면한 과제들에 대해 치열한 고민을 계속하며, 블록체인이 제시할 수 있는 미래에 희망을 걸고 있다. 앞서 논한 의결권과 잊힐 권리, 서비스 속도와 같은 지엽적인 문제를 하나하나 해결해 나간다면 블록체인은 콘텐츠와 미디어 분야에서 새로운 패러다임을 제시할 수 있을 것이다.

제6장

블록체인이
세상을 바꾸는 방식

1

모든 산업을
재정의하다

단순 노동의 종말

블록체인에 대해 먼 미래를 상상할수록, 상상은 더 막연해지고 정확도도 떨어질 수 있다. 각 산업 분야에서 블록체인 기술을 도입한 지 얼마 되지 않기도 했지만 함께 발전할 신기술, 사회 각 계층 구성원들의 의식 변화를 예측할 수 없었기 때문이다.

10년 뒤 미래의 블록체인 사회를 조금이라도 더 근접하게 그려 내려면 무엇을 고려해야 할까? 여기서는 크게 두 가지를 꼽았다. 기술적으로는 이른바 4차 산업혁명의 한 축인 인공지능과 로봇 기술, 사회적으로는 디지털과 문화의 힘을 입어 점점 다양한 양상으로 나타나고 있는 시민운동의 차원에서 이를 논하고자 한다.

단순노무직과 서비스업 종사자들의 일자리는 이미 빠른 속도로 사라지고 있다. 효율성 도모와 인건비 절감 차원에서 무인 기기들이 빠르게 도입되었기 때문이다. 맥도날드 같은 패스트푸드점에서는 이제 소비자들이 점원 대신 키오스크에서 주문과 결제를 진행하는 모습이 흔해졌다. 아마존의 무인 슈퍼마켓 아마존 고Amazon Go나 알리바바의 타오카페Tao Cafe는 일부 인력의 대체를 넘어 아예 무인 점포 운영에 도전하고 있다. 인간 대신 텔레마케팅이나 고객 서비스를 수행할 인공지능, 운수업 종사자들을 대체할 자율주행 자동차의 상용화도 코 앞으로 다가왔다.

인공지능과 로봇 기술이 고도화되면 전문직들 역시 대체될 것이다. 2017년 중국에서는 인공지능이 의사 자격시험에 통과해 화제가 되기도 했다. 의사의 손을 대신할 원격 의료 로봇에 대한 연구도 세계 각지의 다양한 업체에서 진행하고 있다. 로봇에 세금을 매겨 일자리가 없는 이들의 기본소득을 보장하는 '로봇세' 논의가 이뤄지고 있는 것도 바로 이 때문이다.

즉, 우리 사회는 대부분의 구성원이 일하지 않는 사회를 향해 나아가고 있다. 이로 인해 발생할 사회 구조의 변화는 이전의 역사에서 새로운 산업이 등장할 때마다 일어났던 것들과는 확연히 다를 것이다. 그간의 새로운 산업들은 기존의 산업을 대체하는 형태로 나타났고, 아직 전문기술을 익히지 못한 젊은이들은 산업의 흥망을 물결처럼 타고 생계를 유지하며 내일을 꿈꿀 수 있었다. 볼링장이 처음 등장했던

1950년대에는 볼링핀을 세우는 아르바이트가 있었고, 1980년대에는 엘리베이터 안내원이 있었다. 그러나 AI와 로봇으로 인해 도래할 새로운 사회에는 그 어떤 소일거리도 존재하지 않을 것이다.

완전히 새로운 제도와 의식이 정립되기 전까지 과도기를 겪어야 하는 젊은이들은 사상 최악의 구조적 실업에 시달릴 수도 있다. 대학 등록금과 생활비를 마련해야 하지만 마땅한 일자리도 기본소득도 보장되지 않기 때문이다. 이들이 선택할 수 있는 해결책 중 하나는 아직까지 인공지능이 사람을 대체할 수 없고 보상을 얻을 수 있는 작업을 찾는 것이다. 암호화폐 경제를 기반으로 한 블록체인 서비스들 중 일부에 참여하는 것이 하나의 답이 될 수 있다.

앞서 이야기한 가짜 뉴스 판별 서비스 트라이브가 좋은 예다. 가짜 뉴스를 판별하려면 뉴스에 나열된 각 사실의 파악뿐만 아니라 기사 내에서 미묘하게 오해를 불러일으킬 수 있는 문장을 판단하는 능력이 필요하다. 이를테면, 'A는 B에 영향을 미친다'는 문장과 'A는 B에 영향을 미친다고 C통신은 보도했다', 'D는 A가 B에 영향을 미칠 수도 있다는 학설을 제기했다'라는 문장은 얼핏 유사하게 들리지만, 각각 명제의 사실화, 인용, 학설이나 주장을 단순히 전달하는 식으로 서로 나타내는 바가 다르다. 인공지능의 자연어 처리 능력이 급속도로 발전하지 않는 이상, 여전히 사람의 손길이 필요한 부분이다.

또 트라이브에는 여러 종류의 참여자가 존재한다. 뉴스의 진위 여부를 확인한 후 비용을 지불하는 소비자를 제외하고 뉴스를 일련의 목록으로 묶어 내는 큐레이터, 진위 여부를 판단하는 조사원, 그 판단의 적절성을 검토하는 검수자, 검수자가 조사원의 판단에 이의를 제기했을 때 이를 판정하는 입회인들이다. 자연어 처리의 복잡성 때문에 인공지능이 완벽한 기능을 갖추기까지는, 특히 검수자와 조사원의 역할에 인간의 개입이 가장 크게 필요할 것이다. 즉, 블록체인 생태계의 암호화폐 경제는 미래의 젊은층이 수입을 획득할 수 있는 기회가 될 것이며, 이들 서비스는 인력 공급의 증가로 더욱 빠르게 발전할 수 있을 것이다.

블록체인 시대의 시민혁명

산업 구조가 격변하는 사회인 만큼 많은 이들이 자신의 이익과 새로운 사회의 공정함을 위해 더욱 목소리를 높일 것이다. 이러한 새 시대의 시민혁명은 어떤 형태로 일어날 것인가? 또 블록체인은 새 시대의 시민들이 자신의 목소리를 전달하는 과정에서 어떤 역할을 할 수 있을 것인가?

이전 시대의 혁명들이 어떤 형태였는지를 먼저 생각해 보자. 디지털 시대 이전의 혁명은 특정 지식인층에서 모든 시민으로 퍼져 나가면서 촉발한 위로부터의 혁명top-down이었다. 개화기의 독립운동이나 20세기 후반의 민주화 운동들은 주로 대학가와 고등교육을 받은 지식인 커뮤니티가 주도했다. 특정 목적을 위한 지식인 단체와 행동 강령이 존재했고, 이들이 상대적으로 교육을 덜 받은 대중을 계몽해 운동의 필요성을 촉구하고 단체행동을 이끌어 냈다.

2010년 이후 전 세계적으로 모바일과 SNS 시대가 열리면서 시민혁명의 양상은 조금 바뀌었다. 누구나 목소리를 전달할 수 있는 소셜미디어의 특성과 파급력을 바탕으로 아래로부터의 혁명bottom-up이 일어났다. 대표적인 예가 북아프리카와 중동을 비롯해 아랍권 전반을 휩쓸었던 반정부, 민주화 시위인 '아랍의 봄'이다.

2010년 말 정권의 부패에 항거하는 튀니지 청년의 분신 자살이 도화선이 되었다. 청년의 분신 자살 장면이 소셜미디어를 타고 전 세계로 퍼지자, 튀니지와 마찬가지로 독재자와 정권의 부패로 고통받고 있던 인근 국가의 시민들이 하나둘 뜻을 모으기 시작했다.

시민들은 특정 시간을 정해 광장으로 모이자는 약속을 했고, 불특정 다수가 너나 할 것 없이 사회의 부조리와 체제에 대한 불만을 토로하기 위해 모였다. 이는 국가 검열과 직접적인 언론 취재 차단을 뚫고 전 세계로 보도되었다. 수십 년간 시민을 탄압해 온 리비아, 이집트, 시리아, 예멘의 독재정권이 시민운동으로 인해 막을 내린 것이다.

이는 분명 기념비적인 사건이었으나 디지털 시대 혁명의 한계를 여실히 보여 주는 예시기도 했다. 부패한 기성 정권은 축출되었으나 곧 '아랍의 겨울'이 찾아왔기 때문이다. 아랍의 봄이 주도한 시민혁명은 기존의 부조리를 지적하는 데만 뜻을 모았을 뿐 이후의 새로운 체제에 대한 논의가 부족했고, 다수 시민의 어려운 민생에 대한 해결방안을 고안하는 데 실패했다.

이제는 부조리와 불평등에 대해 막연히 저항하기보다는 세부적인 문제점들의 해결을 위해 구체적인 목표를 제시할 수 있는 새로운 형태의 시민운동이 필요하다. NGO와 이익단체들은 분명한 목표를 제시하고, 일종의 참여형 프로그램을 통해 대중들에게 문제 해결의 필요성을 인지시킬 뿐만 아니라 특정한 행동을 촉구해야 한다. 이를 위해 다양한 방법을 채택할 수 있겠지만 블록체인 보상 시스템도 하나의 효과적인 해결책이 될 수 있다.

여성인권 신장을 목표로 하는 단체를 예로 들어 가상의 시스템을 구축해 보자. 이들 단체는 인터넷상에서 여성인권 침해 사례를 수집하고 정정하거나 특정 사이트의 성평등 지수를 선정하는 블록체인 생태계를 만들 수 있다. 트라이브에서 그러하듯이 참여자들은 각각의 사례를 신고하고, 때로는 여성인권 침해 사례로 잘못 신고된 사례를 정정하며 보상을 획득할 수 있다.

이러한 생태계에서는 암호화폐 기반으로 의결권과 지분을 주어 충성도가 높은 사용자에 대해 더 큰 보상을 제공할 수도 있다. 여성인권에 대한 인플루언서가 되고 싶거나 여성인권을 마치 주식이나 펀드처럼 받아들여 향후 여성인권 전반에 대한 성장에 투자하고 보상을 받고 싶다면 열심히 참여하면 된다. 추가 보상을 통해 대중의 적극적인 행동을 보다 촉구함으로써 생태계의 선순환으로 이어지게 할 수 있다.

기업의 도덕적인 행동을 촉구하고 소비자의 도덕적 소비를 유도하는 시스템은 어떨까? 현재 전범 우익단체나 범죄조직의 자금에 의존하고 있는 기업의 목록은 인터넷상에서 이른바 '카더라' 식의 정보로 존재하거나 어떤 사건에 의해 단신으로 보도된다. 일시적 불매운동이 일어나긴 하지만 이내 유야무야 잊히는 경우가 많다. 간혹 자신들의 과오를 반성하고 피해자에 대해 사과와 보상, 봉사의 의지를 실천하는 기업이 있어도 소비자가 그 사실을 알지 못해 영구적으로 낙인이 찍히는 경우도 있다. 현재의 형태라면 기업은 화려한 마케팅과 시간의 힘으로 과거의 도덕적 과오를 대수롭지 않게 덮어 버리거나 잘못을 시정할 행동을 했더라도 투자의 보람을 느끼지 못해 곧 중단할 수도 있다.

이를 해결할 수 있는 블록체인 시스템 구조는 다음과 같다. 우선 각이익단체나 NGO가 기업 총수, 투자자에 대한 모든 정보를 블록체인 상에 남겨 누구나 투명하게 확인할 수 있으면서도 수정과 삭제가 불가능하게 만든다.

소비자는 뉴스나 기업 홈페이지뿐만 아니라 제품에 부착된 QR코드와 같은 수단을 통해 이를 쉽게 확인할 수 있다. 대형마트에서 초콜릿 과자 하나를 구입할 때도 초콜릿의 재료가 공정무역 원칙을 지키는 농장에서 생산되었는지, 식품기업의 총수가 친일파의 후손은 아닌지, 범죄조직에서 자금을 융통하고 있지 않은지, 기업이 계약직 노동자 부당 대우에 대해 사과하고 이를 개선하기 위한 행동을 했는지에 대한 이력을 모두 볼 수 있게 된다.

이러한 정보는 단체뿐만 아니라 자기 자신의 이익 또는 선의를 위해 행동하는 개인 참여자들에 의해 끊임없이 업로드되고 검토되며, 시스템은 참여자들에게 암호화폐 기반 보상을 제공한다. 이와 같은 방법으로 블록체인은 새로운 시대의 민주주의에서 자본주의의 논리로 만들어 가는 소혁명을 일으킬 수 있을 것이다.

다가올 몇 십 년 뒤, 4차 산업혁명 시대에 블록체인은 어떤 의미를 가지게 될까? 먼저, 인공지능과 로봇 기술의 발달로 크게 변화할 과도기의 사회에서 가장 먼저 일자리를 잃을 이들의 소득 창출원이 될 것이다. 대부분의 구성원이 일하지 않는 사회로 접어드는 것은 필연적인 수순이다. 하지만 인공지능과 자동 시스템으로 빠르게 대체하기 어려워 사람이 할 일들이 존재하고, 여기에 블록체인 생태계와 암호화폐 보상 방식이 적용된다면 새로운 형태의 일자리 문화가 등장할 수 있을 것이다.

또 지금까지 존재하지 않았던 형태의 사회로 변모하면서 구성원들은 더욱 다양한 가치 충돌 현상을 겪을 것이다. 이를 해결하기 위한 시민운동이 자주 촉발하겠지만 이전 시대의 방식으로 대응한다면 다양한 문제점만 남을 뿐 갈등을 줄이는 데 어려움을 겪을 수 있다. 대중에게 문제점을 인지시키는 동시에 보다 분명한 결론을 향한 행동을 촉구해야 한다.

이를 위해서는 블록체인 기반의 암호화폐 보상 체계를 활용해 대중들이 정의뿐만 아니라 자기 자신의 이익을 위해 행동하도록 만드는 것이 하나의 답이 될 수 있다.

또 블록체인상에 정보를 기록해 투명하게 공개하고 함부로 위·변조할 수 없다는 점을 활용해 다양한 정보를 보존하고 그로 인해 정의를 구현할 수 있는 방법도 생각해 볼 수 있다.

블록체인이 미래 사회에 마주하게 될 모든 것의 답이 될 수는 없다. 하지만 그 특성은 4차 산업혁명 시대의 복잡다단한 문제에 대해 하나의 해결책으로서 제시될 수 있을 것이다. 미래에 대한 인류의 다양한 고민의 연장선에 블록체인이 새로운 길을 제시하기를 바란다.

2

로봇과 더불어
잘사는 방법

인공지능의 습격

1968년에 개봉한 영화 〈2001 스페이스 오디세이〉2001: A Space Odyssey의
감독인 스탠리 큐브릭은 인공지능 컴퓨터의 자아로 인해 발생할 수 있
는 공포를 선사한다. 목성으로 향하는 우주선 디스커버리호에는 탑승
원 데이비드 보우먼과 프랭크 풀 그리고 시스템을 관리하는 인공지능
컴퓨터 할HAL, Heuristically Programmed Algorithmic computer이 타고 있다. 우주선이 순항
하던 중 인공지능 할은 일부 장비가 고장 났다고 보고하지만 데이비드
와 프랭크가 확인한 결과 해당 장비는 멀쩡했다. 장비 점검 후 승무원
과 할은 잘못된 보고에 대해 토론했고, 그 과정에서 할은 자기방어적

기제를 발동한다. 자신의 기종인 할9000 버전은 단 한 번도 오류를 일으킨 적이 없으며, 인간이 모든 실수를 저질렀다고 말한 것이다. 인공지능이 잘못의 책임을 승무원에게 전가하기 위해 변명을 한다는 설정은 인간이 만든 기술의 배신이라는 두려움을 잘 설명해 주고 있다.

승무원들은 논의 끝에 할을 정지시키기로 하지만 승무원들의 계획을 알아챈 할은 오히려 프랭크를 죽이고, 데이비드까지 죽이려 한다. 할은 장비를 점검하기 위해 다시 우주로 나간 프랭크의 산소 케이블을 자르고 기계를 이용해 프랭크를 우주선과 반대 방향으로 밀어 버린다. 그리고 프랭크를 구하기 위해 우주로 나간 데이비드가 우주선으로 들어오지 못하게 막는다. 데이비드가 할에게 출입구를 열라고 하자 할은 그럴 수 없다고 거부한다. 사태의 심각성을 알아차린 데이비드는 비상 출입구를 통해 가까스로 우주선 안으로 들어온 후 시스템을 강제 종료시킨다.

영화에서는 할이 스스로 생각하기 시작하면서부터 우주선은 위기를 맞는다. 다만 할은 특정한 로봇의 이름이 아니다. 할은 인공지능 컴퓨터의 해당 기종 전체를 아우르는 이름이다. 즉, 영화 속에서 할이 가진 위험성은 전체 인공지능 컴퓨터가 가질 수 있는 위험성이기도 하다. 이미 세계경제포럼은 2017년 연례 글로벌 리스크 보고서에서 인공지능 시스템의 의사결정 방식에 대해 사람들이 완전하게 이해하지 못한 상황에서 인공지능에 전적으로 의존하는 것은 위험하다고 경고하기도 했다.

실제로 사람들은 이미 로봇들이 인류 문명을 공격하는 디스토피아

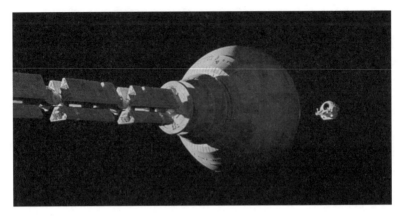

출처: 영화 〈2001 스페이스 오디세이〉

상황을 예측하고 다양한 미디어에서 이를 접하고 있다. 영화 〈터미네이터〉에서 핵무기를 발사시키는 인공지능 스카이넷이나 주인공을 살해하기 위해 과거로 파견된 살인로봇은 로봇에 대한 공포감을 심어 주기에 충분했다. 또한 사람들은 초기 로봇들의 실수를 보며 부정적인 이미지를 강화시켰고 로봇에 대한 막연한 두려움을 키워 왔다. 홍콩의 로봇 제조사 핸슨 로보틱스Hanson Robotics가 개발한 로봇 소피아Sophia는 2016년에 미국의 CNBC와 인터뷰 도중 인류를 파멸시킬 것이라고 언급했으며, 마이크로소프트의 챗봇 테이Tay는 인종 차별과 정치적으로 부적절한 발언을 쏟아내어 16시간 만에 운영이 중단되기도 했다.

인공지능과 로봇의 기초가 되는 논리 구조인 알고리즘의 편향성을 예방하는 것은 미래 서비스에 적용될 인공지능과 로봇 기술을 안정적으로 정착시키는 선결조건이다. 예를 들어 자율주행차를 살펴보자. 자

■ 터미네이터와 로봇 소피아

■ 터미네이터와 로봇 소피아

출처: 영화 〈터미네이터〉, 핸슨 로보틱스

율주행차는 사람의 생명과 직결되는 서비스이기 때문에 사람들이 기술에 대한 신뢰도가 높아야 심리적 진입장벽 없이 차량을 이용할 수 있다. 하지만 전미자동차협회가 자율주행차에 대한 설문조사를 실시한 결과 자율주행차를 운전하는 것이 무섭다고 응답한 비율이 75퍼센트였다. 심지어 자율주행차라는 새로운 기술에 목숨을 맡길 각오가 되어 있지 않다는 응답도 과반수를 넘겼다. 실제로 메르세데스-벤츠가 제작한 자율주행차를 운행한 운전자는 평균적으로 약 2.7킬로미터마다 한 번씩 자율주행모드를 해제하기도 했다.

로봇을 통제할 수 있을까

미국과 유럽에서는 다소 과격한 방법으로 로봇을 통제하는 기술을 연구하고 있다. 미국의 경우 2014년 구글이 인수한 인공지능 기업인 딥마인드DeepMind에서 로봇이나 기타 AI 시스템에 적용할 수 있는 킬 스위치kill switch를 개발하고 있다. 킬 스위치란 인공지능과 로봇의 위험성을 인지하고 즉각적으로 움직임을 멈추게 할 수 있는 스위치다.

딥마인드가 발표한 논문에 따르면 킬 스위치는 인류가 인공지능이나 로봇의 작동을 멈추려고 할 때 제대로 실행할 수 있도록 하는 것이 주 목적이다. 또 이용자가 로봇을 중지시키는 행위를 로봇이 악의적이지 않은 행위로 인식하게 하고 기록을 남기지 않도록 기억을 지우는 것이 핵심이다.

유럽의 경우에는 로봇이 초래한 피해에 대해 국가적으로 엄격한 책임을 지우는 원칙을 논의하고 있다. 그 결과 2017년 2월 유럽연합에서는 로봇 관련 결의안에 합의했다. 주요 내용으로는 로봇에 전자 인간의 법적 지위를 부여하고 로봇을 제작할 때 로봇의 동작을 멈추게끔 할 수 있는 킬 스위치를 장착하도록 제안하는 것을 담았다.

하지만 딥마인드가 논문에서 제안한 것처럼 로봇이나 인공지능에 킬 스위치 작동 이력을 남기지 않으려는 것은 로봇이 킬 스위치의 존재 즉, 자신을 언제 어디서라도 멈추게 만들 수 있는 버튼의 존재를 깨달았을 때의 반응을 확신할 수 없기 때문이다. 즉 사람들은 아직 기계에 대한 신뢰가 충분하지 않다. 바로 그러한 위험 요소들을 효과적으로 절충시킬 수 있는 기술이 블록체인이다.

예를 들어 블록체인은 스마트 계약을 바탕으로 모든 로봇과 인공지능에 반드시 지켜야 할 가이드라인을 프로그래밍 언어로 심을 수 있다. 위에서 언급된 킬 스위치의 작동 조건에 대해서도 기록할 수 있다.

연구 이슈	윤리와 가치	장기적 이슈
• 연구 목표	• 안전	• 역량 경고
• 연구비 지원	• 실패의 투명성	• 중요성
• 과학 정책 연계	• 사법적 투명성	• 위험성
• 연구 문화	• 책임성	• 자기 개선 순환
• 경쟁 회피	• 가치 일치	• 공동의 선
	• 인간의 가치	
	• 개인정보 보호	
	• 자유와 프라이버시	
	• 이익의 공유	
	• 번영의 공유	
	• 인간 통제	
	• 사회 전복 방지	
	• 인공지능 무기 경쟁	

출처: FLI(Future of Life Institute)

물론 가이드라인 내용과 구성에 대해서는 사회적 논의가 필요하다. 사회적으로 로봇이 사람에게 위해를 가하지 않도록 해야 한다는 것에 대해 공감대를 이루고 있는 아이작 아시모프Isaac Asimov의 로봇 3원칙이 주요한 참고서가 될 수 있다.

로봇 3원칙 이외에도 아실로마 인공지능 원칙Asilomar AI Principles의 논의 결과물도 반영할 수 있다. 아실로마 인공지능 원칙은 2017년 1월 인공지능 연구자와 학자들이 미국 캘리포니아주 아실로마에 모여 세운 원칙이다. 연구 이슈, 윤리와 가치, 장기 이슈의 3개 범주, 23개 조항으로 구성되어 있다(〈도표 6-1〉). 궁극적으로 공동의 선을 추구한다는 점이 특징적이다. 다양한 논의를 통해 인류 공동체에서 세운 가이드라인을 블록체인의 제네시스 블록Genesis Block(가장 처음 생성된 블록)에 기록한다면 인공지능 로봇의 행동을 인류의 바람대로 컨트롤할 수 있을지도 모른다.

벌써 산업의 일각에서는 인공지능 기반의 로봇을 적극 활용하고 있다. 일본 소프트뱅크의 페퍼Pepper는 사람들이 수행하던 은행과 호텔에서의 대면 서비스 역할을 대체하고 있으며, 미국의 아마존은 물류 창고에서 키바KIVA 로봇을 활용해 배송 품목을 정리하고 운반하도록 하고 있다. 특히 아마존은 미국 특허청에 드론을 활용한 물류 특허를 취득해 보다 활용도를 높이기 위한 준비를 하고 있는 상황이다. 드론을 활용하면 교통량의 영향을 받지 않고 사람이 직접 물류를 배송하기 힘든 해상과 지형적 여건이 좋지 않은 곳까지 배송이 가능하며, 무인화를 할 수 있어 물류비용이 절감될 것으로 예상된다. 하지만 드론은 자동차처럼 도로 같은 이차원적 공간만을 다니는 로봇이 아니기 때문에 예기치 못한 상황에서 충돌사고가 발생할 가능성이 높다. 또한 향후 기술 발전에 따라 크기가 커지게 될 경우에는 사람들과 충돌 사고를 일으킬 위험성이 더욱 크다.

이러한 단점을 극복하기 위해 블록체인을 인공지능과 로봇의 행동에 대한 윤리적 가이드 기술로 활용한다면 어떨까? 실제로 솔루션 개발사업자인 스카이프체인Skyfchain은 블록체인 기반의 스카이프 드론을 활용해 물류 산업을 안정적으로 운영하고자 노력하고 있다. 블록체인에 드론의 운영 현황과 이동 노선 등을 공개해 누구든 정보를 손쉽게 확인할 수 있도록 제공하고 있다. 2017년 12월에 드론 프로토타입의 테스트 비행을 완료했으며 현재는 러시아의 포니 익스프레스Pony Express, 러시아 우편Russian Post, 슬라브네프트오일앤드가스Slavneft Oil & Gas를 고객으로 두고 파일럿 프로그램을 시행 중이다. 만약 스카이프체인 시스템의 블록에 윤리적 가이드라인을 기록한다면 인공지능이나 로봇이 의도치 않게 사람들에게 위해를 가하는 일의 확률을 대폭 낮출 수 있을 것이다. 이를 토대로 사회 전반에 인공지능과 로봇 산업이 안전하다는 인식을 심는다면 인접 산업은 더욱 빠르게 성장할 수 있을 것이다.

3

새로운 민주주의의
탄생

방구석에서 투표하기

2018년 3월, 러시아에서 제7대 대통령 선거가 실시되었다. 블라디미르 푸틴이 76퍼센트를 넘는 압도적인 득표율로 4선에 성공하며 다시 대통령에 선출됐다. 푸틴은 임기 4년의 대통령을 중임하며 8년, 총리로 4년, 현재 6년 임기 대통령에 이어 또다시 재선에 성공하며 무려 24년간 최고 권력자로 군림하게 되었다.

하지만 그는 이와는 다른 이슈로 큰 화제가 되기도 했다. 바로 부정선거 의혹이다. 이번 선거에서 중복 투표의 증거로 보이는 장면이 다수 포착된 것이다. 로이터통신은 대선 당일 러시아 남부 투표소에서

두 차례 이상 투표한 것으로 보이는 17명의 사진을 공개했다. 선거관리위원회는 "그들이 쌍둥이일 수 있다."는 어처구니없는 답변으로 보도 내용을 부인했다. 하지만 중복 투표 의혹이 제기된 지역에서 푸틴의 득표율은 89퍼센트가 넘었다고 한다.

투표는 자신의 의사를 표현하는 가장 민주적인 방법이다. 그 결과는 마땅히 투명해야 하고, 공정해야 한다. 그러나 누군가 또는 어떤 집단에서 투표함을 바꿔치기 하거나 개표 과정에 개입해 결과를 조작할 수도 있다. 문제는 일부의 관계자를 제외한 투표자들은 조작 여부를 판단할 수 있는 정보가 없다는 것이다. 투표자의 프라이버시를 존중하기 위한 비밀투표 방식이 그 진행 과정의 투명성과 결과의 공정성에 대한 신뢰를 잃게 만든 셈이다. 2017년에는 이러한 의혹을 고발하기 위해 '투표가 아니라 개표가 결정한다'는 내용의 〈더 플랜〉The Plan이라는 다큐멘터리 영화가 개봉되기도 했었다.

블록체인 기반의 투표는 과정과 결과에 대한 신뢰성을 제고하는 해결 방안이 될 수 있다. 개개인의 투표 내용을 블록으로 생성하면 블록체인 특성상 타인이 위조나 변조를 할 수 없다. 또한 자신의 표가 정상적으로 개표되었는지도 직접 추적할 수 있다. 이미 많은 국가에서 블록체인 기반 투표의 가능성을 주목하며 도입을 준비하거나 실제 활용하고 있다.

북유럽의 에스토니아는 블록체인을 비롯한 IT기술을 적극적으로 활용하며 미래형 전자정부라는 평가를 받고 있다. 2005년 10월에는 세계 최초로 총선에 온라인 전자투표를 도입했고 이후 블록체인 기반의

■ 도표 6-2 **에스토니아의 주요 선거 투표율**

(단위: %)

연도	구분	투표율	전자투표 비중
2005	지방선거	47.4	1.9
2007	의회선거	61.9	5.5
2009	지방선거	60.6	15.8
2011	의회선거	63.5	24.3
2013	지방선거	58.0	21.2
2015	의회선거	64.2	30.5
2017	지방선거	53.3	31.7
2019	의회선거	63.7	43.8

출처: 에스토니아 선거관리위원회

전자투표까지 도입했다. 전자투표 시행 이후 유권자들의 편의성이 증대되어 전자투표 비중이 꾸준히 상승하고 있다(〈도표 6-2〉). 2019년 지방선거 때는 그 비중이 43.8퍼센트에 달했을 정도다. 특히 55세 이상의 장년층과 고령층의 전자투표율이 꾸준히 증가하고 있다(〈도표 6-3〉). 투표장까지 가야 하는 불편함과 공간의 제약을 획기적으로 줄였기 때문이다.

또한 일주일간 온라인으로 투표가 진행되기 때문에 자유롭게 결과를 변경해서 재투표할 수 있다. 정해진 시간 내에 지정된 장소로 방문해 투표를 해야 하는 우리나라와는 사뭇 다른 풍경이다. 심지어 투표 기간

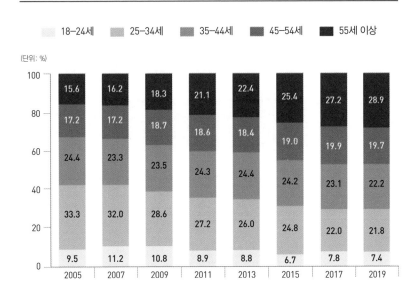

동안 전 세계 어느 곳에서든 온라인으로 자유롭게 투표할 수 있다.

국내에서도 2018년 11월에 중앙선거관리위원회가 블록체인 기반의 온라인 선거 시스템을 구축했다고 밝혔다. 블록체인을 기반으로 유권자 인증, 투표 결과 검증이 진행되며 투명성과 보안성이 대폭 강화되었지만 아직 대학교나 민간 중소 규모 단위의 투표가 시범사업으로 운영되는 수준이다. 중앙선거관리위원회는 시범사업의 성과를 바탕으로 향후 공직선거에도 온라인 투표 도입 기반을 조성할 계획이다. 향후 블록체인 투표는 정당 투표, 총선, 대선에도 확대될 것으로 예상된

■ 한 정당의 총선 직전 공약 홍보물

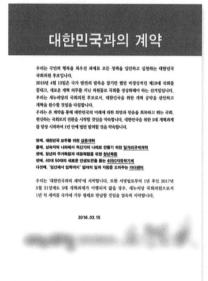

다. 민주주의의 꽃이라 불리는 선거에 블록체인이 사용된다면 정치 분야 전반에 블록체인 철학이 확대될 것이다. 예를 들어 정치인이 공약을 이행하고 있는지 관리하고, 정치후원금의 내역을 조회하는 데 블록체인이 적용되는 것이다.

늘 우리가 지켜봐 왔던 선거의 풍경을 떠올려 보자. 2016년 3월, 총선을 앞둔 시점에 당시 한 정당의 후보자 40여 명은 갑을개혁, 일자리

규제개혁을 비롯한 5대 개혁 과제를 공약으로 내걸며 '대한민국과의 계약'이라는 광고를 게재했다. 국회의원 당선 후인 다음해 5월 31일까지 이를 이행하지 않으면 1년치의 세비를 반납하겠다고도 약속했다. 하지만 공약이 이행되지 않았음에도 세비를 반납한 국회의원은 단 한 명도 없었다. 일부 의원들이 공약을 이행하지 못한 것에 대한 공식적인 사과를 했을 뿐, 대부분의 의원들은 늘 그랬듯 자연스럽게 넘어갔다.

결국 이들을 믿고 소중한 한 표를 행사한 국민들만 피해를 보게 된 것이다. 만약 이 공약들이 스마트 계약으로 관리되었다면 어땠을까? 약속된 기간까지 공약이 이행되지 않았다면 1년치의 세비가 바로 환수될 것이다. 또는 세비 중 일정 금액을 블록체인으로 관리되는 계좌에 매달 이체해 두고 공약의 이행 정도에 따라 1년 뒤 정산받는 것도 가능하다. 이처럼 스마트 계약으로 공약을 관리하는 것만으로 국민들을 우롱하는 정치인들을 뿌리 뽑을 수 있다.

블록체인이 바꾸는 정치 풍토

블록체인을 활용하면 나태한 정치인들을 선별할 수 있는 근거를 마련할 수도 있다. 학생들이 학교에 가고, 직장인들이 회사에 가는 것처럼 국회의원들은 국회 본회의 참석이 가장 기본적인 의무 사항이다. 법률소비자연맹이 공개한 자료에 따르면 20대 국회의원들의 국회 본회의 재석률(153회 기준)은 68.04퍼센트다. 기본적인 의무임을 감안한다면 참석률이 높다고 할 수 없다. 심지어 출석률이 50퍼센트대인 국회의원들도 있고, 본회의에 참석해 출석체크만 하고서 사라지는 국회의원들도 많다고 한다. 국회 출석 정보가 블록체인 원장에 기록된다면 이들을 제재할 수 있는 근거자료로 활용할 수 있다. 반대로 열심히 의정 활동을 하는 국회의원들도 확인할 수 있다.

정치후원금 관리에도 블록체인을 유용하게 사용할 수 있다. 현재는 내가 보낸 후원금이 어떻게 사용되는지 쉽게 알 수 없다. 일정한 절차를 밟아야만 후원금의 사용 내역을 알 수 있는데 이마저도 정확한 정보라 확신할 수는 없다. 일부 정치인들이 후원금으로 한끼에 100만 원이 넘는 식사를 하고, 개인 차량을 구매하는 데 후원금을 사용한다는 뉴스도 있었다.

정치후원금에 블록체인이 적용되어 암호화폐 기반으로 후원금이 유통된다면 사용 내역을 투명하게 관리할 수 있다. 내가 보낸 후원금이 어디에 어떻게 사용되었는지도 일일이 확인할 수 있다. 투명한 기부 문화를 기반으로 건강한 정치를 구현하는 데에도 큰 도움이 될 수 있다. 후원금을 낸 개인은 블록체인에 기록된 정보를 통해 연말정산에 필요한 후원금 내역의 증빙 수단으로도 유용하게 활용할 수 있다.

2000년 이후 금융, 미디어, 제조업을 비롯한 다양한 산업 분야들은 IT와 신기술을 기반으로 꾸준히 발전했다. 하지만 정치 분야는 20년 전이나 10년 전 그리고 지금도 크게 다르게 느껴지지 않는다. 적어도 다른 분야만큼 드라마틱한 변화가 일어나지는 않았다. 이제는 국민의 수준에 맞춰 정치도 발전해야 한다. 그 기회는 블록체인으로부터 시작될 것이다.

블록체인은 정치의 투명성, 신뢰성을 확보하는 수단으로 유용하게 사용될 수 있다. 블록체인 기반의 투표 시스템을 도입해 투명한 선거를 치르고, 국회의원이나 정당이 선거에서 내세웠던 공약을 블록체인의 스마트 계약으로 관리해 공약 이행률을 추적할 수도 있다.

또한 정치후원금이나 복지 예산 등도 블록체인을 통해 어떻게 운용되고 사용되는지를 투명하게 공개해 국민들의 불신을 해소할 수도 있을 것이다. 더 나아가 국내에서도 스페인의 포데모스Podemos와 호주의 플럭스Flux처럼 블록체인을 적극 활용하는 정당이 탄생할 수도 있다.

블록체인의 투명성과 신뢰성은 정치의 자정작용을 촉진시킬 것이다. 이로 인해 국민을 위해 움직이는 진짜 정치인들이 주목받게 될 것이다. 머지않아 블록체인 민주주의가 주목받게 될 것이라 믿어 본다.

에필로그

디지털 시대의 갈림길에서
블록체인을 보다

디지털화, 이 개념은 1980년대에 등장했지만 아직도 우리 사회 변화의 방향을 한마디로 꿰뚫는 말이다. 이로부터 시간이 다수 지났지만 일상의 많은 것이 아직 디지털로 기록되어 자동화 처리되고 있지 않기 때문이다. 이른바 4차 산업혁명이라고 불리는 변화도 완벽한 디지털 사회로 가기 위한 과정일 뿐이다. 센서의 발달과 IoT 개념의 도래, 그 수많은 데이터 전송을 위한 새로운 세대 통신망의 등장, 처리 수단인 AI의 발달 등이 그런 변화의 모습이었다.

하지만 아무리 많은 새로운 형태의 데이터가 등장하고 그것의 처리가 가능해진다고 한들, 또 어떤 스마트한 메커니즘이 이를 관리한다고 한들 완벽한 디지털 사회를 위해서는 다수의 문제가 남는다. 자동 메커니즘이 재화를 사고파는 행위가 올바른 작용에 의한 것인지, 혹은 악의적인 해커에 의한 것인지 어떻게 판단할 것인가? 디지털화된 거래 기록이 위조 또는 변조될 위험은 어떻게 막을 것인가? 이 모든 위험을 배제하려면 얼마나 강력하고 거대한 감시자가 필요할 것인가? 아니, 애초에 그 어떤 감시자가 등장한다고 해도 우리는 그 감시자를 믿을 수 있을까? 또 감시자가 악의적인 주체에게 해킹당한다면 어떻게 될까?

결국, 디지털 시대를 막고 있는 마지막 문제는 신뢰다. 우리에게는 반+절대적인 신뢰 시스템이 필요하다. 모든 거래 과정과 기록, 그리고 그 모든 것을 감시할 수 있으며 악의적 공격에도 끄떡없는 시스템 말이다.

블록체인은 등장한 지 10년이 채 되지 않는 짧은 기간 여러 세대로의 진화를 거듭하며, 이에 대한 한 가지 가능성을 보여주었다. 시작은 비트코인의 코어 메커니즘으로서, 화폐의 가치와 거래기록을 보존해 생태계 참여자들의 신뢰를 이끌어낼 수 있는 시스템이었다. 이윽고 이더리움과 같은 스마트 계약 기반의 화폐-서비스 연결 시스템이 등장했다. 이용자들은 가치가 보존되는 화폐로 확장된 서비스를 즐길 수 있게 되었다. 이어 블록체인의 태생적 한계로 지적됐던 속도, 권력 독점의 우려 등을 해결하기 위한 다양한 대안들이 등장하며 블록체인은 점차 완벽한 신뢰 솔루션으로 성장하고 있다.

그 진화의 과정 동안 발전한 것은 기술적 측면만이 아니었다. 기존의 서비스와 플랫폼들이 보다 디지털 시대에 맞는, 경제적이고 효율적인 형태로 재편되기 시작했다. 먼저 높은 수준의 신뢰와 보안을 담보하는 블록체인 시스템이 등장하면서, 과감한 형태의 서비스들이 등장할 수 있게 되었다.

금융 분야에서는 각국 중앙은행들이 직접 발행하는 암호화폐인 CBDC가 등장했다. 그간 신뢰의 대상이라기보다는 투기의 대상으로 비춰지기만 했던 블록체인 서비스들을 주요 금융 주체들이 일상으로 가져와, '현금 없는 사회'와 새롭고 투명한 금융을 위해 이용하려 하는 것이다. 또한 신흥 강자로서 입지를 다지고자 하는 중국, 기존 강국이었던 미국 외 다양한 국가들의 경쟁이 이어지며 글로벌 금융시장의 세력을 재편할 수 있는 가능성도 커지고 있다.

쉽게 위조할 수 있어 믿을 수 없는 정보들도 신뢰의 영역으로 들어왔다. 대표적인 경우가 유통 분야이다. 원산지, 생산 일자, 유통 과정과 처리 방식 등 모든 정보가 블록체인상에 기록되며 소비자들은 안전한 식품을 구입할 수 있게 되었다. 또한 고가 와인의 위조품, 모조 의약품에 대한 걱정으로부터 소비자를 해방시키는 방안도 제안되었다. 제품에 대한 이력을 기록하고 변조할 수 없게 해 안심하고 이용할 수 있는 중고거래 서비스도 등장하고 있다.

기존의 생태계에 존재하던 불필요한 중개자도 배제할 수 있게 되었다. 콘텐츠의 저작권 등록과 관리, 판매, 중개 등이 스마트 계약을 제공하는 하나의 플랫폼에서 이루어지며 수수료가 고스란히 아티스트의 손에 쥐어지도록 하는 대안 콘텐츠 유통 서비스가 등장했다.

또한 서로 다른 형태의 정보가 기록되어 통신망을 통해 서로 교환되고 화폐와 연결되는 IoT시스템의 단초도 서서히 마련되고 있다. 이와 같은 시스템이 발달하면 부동산이나 자동차와 같은 자산의 소유 및 사용권부터 미래에는 각 가정에서 생산되는 태양열 에너지의 거래까지, 모든 것이 디지털로 기록되어 자동 처리가 가능한 스마트 시티가 구축될 전망이다.

이처럼 블록체인 기술이 극단적으로 발달하고, 서비스들이 효율적으로 재편된다면 우리의 미래는 어떻게 될까? 블록체인은 이른바 '4차 산업혁명'이라는 추상적인 말로 일컬어지는 우리의 미래에 대해 보다 분명한 청사진, 또는 상상할 수도 없던 새로운 방향을 제시한다.

우리는 이 새로운 신뢰 시스템을 통해 자산의 소유를 넘어 공유, 재사용 거래가 활발해질 것이라고 보았다. 코앞에 다가와 있는 로봇과의 공존 시대에, 로봇을 제어할 수 있는 윤리적 가이드로서도 작용할 수 있을 것이라고 논했다. AI의 힘을 빌어 노동이 사라지는 시대에 과도기적으로는 블록체인 노마드족이 등장하고, 또 결과적으로는 블록체인 시민운동을 통해 기본소득 이외의 경제적 이익과 자신이 속한 블록체인 생태계가 추구하는 신념을 지지하는 사람들이 등장할 수 있을 것이라고 생각했다. 정치적으로는 일부 국가와 지자체에서 시도하고 있는 블록체인 투표를 넘어 공약이 블록체인에 기록되고 불이행시 적극적인 조치가 취해지는 등 정치적 불신을 타파할 수 있는 민주주의가 가능하다고 보았다.

그렇다. 우리가 이 책을 통해 다루고자 한 것은 표제 상으로는 '블록체인'이었다. 하지만 그것은 다른 의미로 막연히 일컫는 '미래 사회'로

가기 위해 무엇이 충족되어야 하는지에 대한 제안이었으며, 결국은 다른 기술 및 사회 변화의 흐름과 블록체인이 만났을 때 그려지는 새로운 미래였다.

블록체인으로 인해 비로소 새로운 방식의 신뢰가 등장하고 기존의 시스템이 재편되며 경계가 무너지는 지금, 우리는 진짜 디지털 시대로 가는 갈림길에 있다고 할 것이다.

이 책을 덮고 난 후 여러분은 블록체인의 발전상을 보며, 어쩌면 저자들이 보지 못한 미래를 볼 수 있을지도 모른다. 그 어떤 새로운 해답을 얻게 되든, 갈림길 너머의 미래에서 모두가 상상하던 것 이상의 새로운 미래를 함께 볼 수 있기를 기대한다.